FA YUAN SHU JI YUAN ZHI YE NENG LI
SHI XUN JIAO CHENG

法院书记员职业能力

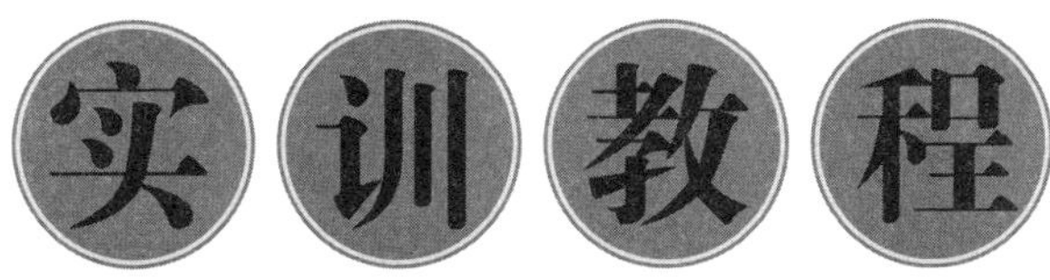

薛树旺 主编

人民法院出版社

图书在版编目（CIP）数据

法院书记员职业能力实训教程/薛树旺主编 . —北京：人民法院出版社，2018.4
ISBN 978－7－5109－1957－2

Ⅰ.①法… Ⅱ.①薛… Ⅲ.①法院—书记员—工作—中国—教材 Ⅳ.①D926.2

中国版本图书馆 CIP 数据核字（2017）第 297303 号

法院书记员职业能力实训教程
薛树旺　主编

责任编辑　范春雪　**执行编辑**　杨晓燕
出版发行　人民法院出版社
地　　址　北京市东城区东交民巷 27 号（100745）
电　　话　（010）67550525（责任编辑）　67550558（发行部查询）
65223677（读者服务部）
客 服 QQ　2092078039
网　　址　http://www.courtbook.com.cn
E － mail　courtpress@ sohu.com
印　　刷　保定彩虹印刷有限公司
经　　销　新华书店

开　　本　787×1092 毫米　1/16
字　　数　249 千字
印　　张　14.75
版　　次　2018 年 4 月第 1 版　2018 年 7 月第 2 次印刷
书　　号　ISBN 978－7－5109－1957－2
定　　价　45.00 元

法院书记员职业能力实训教程编委会

主　编：薛树旺

副主编：郑志峰

委　员：马　勇　高　峰　高　明　谢孟水
崔素琴　寇　森　王耀鹏　申福林
史艳利　刘最跃　张立军　姜金霞
蔺小俊　毕冬冬　闫　华

编写说明

人民法院要完成宪法和法律赋予的审判工作，实现“努力让人民群众在每一个司法案件中感受到公平正义”的目标，拥有一支政治坚定、作风优良、业务精通、清正廉洁的法官队伍是先决条件，而书记员则是这支队伍中的一个重要组成部分。随着司法体制改革的不断深入，全社会对人民法院提出了更高的要求，因此，抓好法官队伍和书记员队伍的职业能力建设和职业能力教育培训工作，就显得尤为紧迫。

国务院2015年7月29日颁布的《（2015）国家职业分类大典》中首次将“书记员”作为与“法官、检察官、律师、公证员、司法鉴定人员”并列的一种社会职业，这是对书记员职业能力专业化、职业道德规范化、法律服务职业化的一个非常重要的标志和要求。

所谓书记员职业化，就是书记员工作的标准化、规范化和制度化。我国现行的书记员队伍缺乏相应的职业能力和职业能力规范，距离书记员职业化要求还有很长的路要走。千里之行，始于足下。从现在起，我们就要以职业化要求，高度重视书记员队伍的职业能力培训，理解其重要性和深远意义，大力推进书记员队伍的能力提高和素质建设。2015年，最高人民法院印发了《2015——2019年全国法院教育培训规划》，随后召开了全国法院第六次教育培训工作会议，周强院长作了重要讲话，要求全国法院系统要高度重视和改进人民法院的教育培训工作。标志着全国法院的教育培训工作迈入新的发展阶段。

书记员是司法机关法定组成人员，是一种法定工作，在政法队伍中所承担的工作任务不容忽视，而且，很多法官都有担任书记员的经历。书记员在案件审理中要协助法官做大量的工作，为法院通过审判“维护社会公平正义”发挥着重要作用。因此，书记员职业素质和综合业务水平的高低直接影响着案件审理的效率和质量。不断提高书记员的业务技能和素质，努力造就一支专业化、规范化、职业化的书记员队伍，是关系到法院审判事业健康发展的一项重要而又紧迫的任务。

“工欲善其事，必先利其器”。《法院书记员职业能力实训教程》的出版可以说是恰逢其时。以前，法院系统在培训书记员时，所能用的系统性专业性教材非常少，与法院书记员队伍建设的迫切需要不相适应。本书由全国法院系统和政法院校的专家、教授以及与书记员职业密不可分的计算机速录领域的专家共同编写。本书第一次从书记员的职业定位入手，从培养书记员的专业化、职业化角度出发，比较全面地论述了书记员的职业素质、基本技能和计算机速录技能的实训要求，是一本不可多得的好教材，必将在今后的全国书记员职业能力培训工作中发挥重要作用。希望本书能为广大书记员提升职业能力提供帮助，书中难免存在疏漏和不足，敬请广大读者和书记员指正。

薛树旺
2018 年 1 月 18 日

目 录

第一章 书记员的基本素质

第一节 书记员的政治素质…………………………………………（1）
一、用科学的理论武装头脑，具有坚定的政治信念………………（2）
二、坚定不移地贯彻执行党的路线方针政策，具备一定的政治理论水平………………………………………………（3）
第二节 书记员的职业道德素质……………………………………（4）
一、爱岗敬业，认真履职……………………………………………（4）
二、严肃执法，廉洁自律……………………………………………（4）
三、谨言慎行，保守秘密……………………………………………（5）
四、遵守规则，注重礼仪……………………………………………（5）
五、顾全大局，团结协作……………………………………………（5）
六、忠于职守，秉公办案……………………………………………（5）
第三节 书记员的心理素质…………………………………………（6）
一、良好的气质………………………………………………………（6）
二、高尚的品德………………………………………………………（7）
三、坚强的意志………………………………………………………（8）
第四节 书记员的法律业务素质……………………………………（10）
一、树立宪法意识……………………………………………………（10）
二、不断提高实体法律适用能力……………………………………（11）
三、熟练掌握程序法…………………………………………………（11）

第五节　书记员应具备的文化素质和其他业务素质……………………（12）
一、驾驭语言文字和写作的能力……………………………………（12）
二、掌握计算机速录技能……………………………………………（12）
三、熟练使用现代化办公设备………………………………………（13）
四、具备一定的司法鉴定能力………………………………………（13）
五、较强的处理具体事务能力………………………………………（14）
第六节　提高书记员职业素质的主要途径和方法……………………（16）
一、提升政治素养，秉公执法………………………………………（16）
二、排除心理障碍，保持良好的工作状态…………………………（17）
三、加强岗位能力培训，不断提高法律素质修养…………………（17）
四、发挥正反两方面激励与警示作用………………………………（17）
本章小结………………………………………………………………（18）

第二章　计算机速录技术

第一节　计算机速录技术与书记员工作……………………………（19）
一、如何掌握计算机速录……………………………………………（20）
二、速录技能等级与书记员的速录能力……………………………（22）
第二节　标准指法与双文速录技术…………………………………（22）
一、学习目标…………………………………………………………（23）
二、教学难点与实训…………………………………………………（25）
第三节　辅音、声调、隔音号………………………………………（29）
一、辅音………………………………………………………………（29）
二、声调………………………………………………………………（30）
三、隔音号……………………………………………………………（31）
第四节　元音与元音的分类…………………………………………（32）
一、单字母元音………………………………………………………（33）
二、双字母元音………………………………………………………（35）
第五节　高频字、常用词、缩略词的应用…………………………（44）
一、高频字……………………………………………………………（44）
二、常用词……………………………………………………………（48）
三、缩略词……………………………………………………………（50）
四、词汇录入规则……………………………………………………（52）

第六节 自造词 数词 标点符号……………………………………………（54）
一、自造词……………………………………………………………………（54）
二、数词………………………………………………………………………（56）
三、标点符号…………………………………………………………………（57）
第七节 速录工作实践中的常见问题………………………………………（58）
一、造成误击的原因…………………………………………………………（58）
二、如何避免误击以及准确使用缩略词……………………………………（59）
三、出现误击情况怎么办……………………………………………………（60）
四、有关“打词销字法”的运用 …………………………………………（60）
五、句子分析与击键的连续性………………………………………………（61）
六、压句训练…………………………………………………………………（61）
七、中级速度训练中常见的问题及解决办法………………………………（62）
第八节 提速实训……………………………………………………………（62）
第九节 汉字查字识字技术与司法文书校对………………………………（132）
一、查字识字的作用…………………………………………………………（132）
二、查字识字方法……………………………………………………………（132）
三、文稿看录与司法文书校对………………………………………………（136）
第十节 常用词、冷僻地名、姓名用字应用实训…………………………（136）

第三章 速录稿（笔录）的制作格式与内容

第一节 送达起诉书副本笔录格式与内容…………………………………（184）
第二节 讯问笔录格式与内容………………………………………………（185）
第三节 调查笔录格式与内容………………………………………………（186）
第四节 勘验、检查笔录格式与内容………………………………………（187）
第五节 法庭审理笔录格式与内容…………………………………………（189）
第六节 合议庭评议笔录格式与内容………………………………………（190）
第七节 审判委员会讨论案件笔录格式与内容……………………………（191）
第八节 调解笔录格式与内容………………………………………………（192）
第九节 宣判笔录格式与内容………………………………………………（193）
第十节 查封（扣押、冻结）财产笔录格式与内容 ………………………（194）
第十一节 执行笔录格式与内容……………………………………………（195）

第四章　诉讼卷宗的整理、装订

第一节　诉讼卷宗的整理………………………………………………（200）
一、刑事案件诉讼卷宗的整理……………………………………（200）
二、民事案件诉讼卷宗的整理……………………………………（207）
三、行政案件诉讼卷宗的整理……………………………………（209）
四、经济案件诉讼卷宗的整理……………………………………（210）
第二节　诉讼卷宗的装订要求………………………………………（213）

第五章　书记员法制新闻写作能力

第一节　法制新闻写作的基本要求…………………………………（215）
一、真实性和客观性是法制新闻的生命线………………………（216）
二、公正性和严肃性是法制新闻的基本要求……………………（217）
三、时效性和可读性是法制新闻的生存之本……………………（217）
第二节　法制新闻的写作技巧………………………………………（218）
一、法制新闻标题的写作…………………………………………（219）
二、法制新闻导语的写作…………………………………………（221）
第三节　法制新闻正文和结尾的写作………………………………（223）
一、正文……………………………………………………………（223）
二、结尾……………………………………………………………（224）

第一章　书记员的基本素质

书记员的基本素质是指书记员能够胜任职务履行职责所必须具备的基本条件。

习近平总书记在十九大报告中明确全面推进依法治国总目标是建设中国特色社会主义法治体系、建设社会主义法治国家要把党的领导贯彻落实到依法治国全过程和各方面，坚定不移地走中国特色社会主义法治道路，坚持法治国家、法治政府、法治社会共同推进，一体建设深化司法体制改革，提高全民族法治素养和道德素质。

司法队伍是司法的主体，是社会公平正义的实现者。队伍建设是司法工作的重中之重，是做好各项工作的基石。书记员作为司法队伍的重要组成部分，是司法工作的“润滑油”和“助力器”，其素质和能力，直接影响和决定着司法工作的进程与质量，在提高诉讼质量、审判质效、完善业务庭室管理方面，具有不可替代的作用。在司法任务日益繁重的新形势下，提升书记员素质已成为当务之急。司法实践对书记员的素质要求与其职业责任、职业特点密切相关，就司法系统书记员应具备的基本素质而言，主要由政治、心理、法律业务、速录技能等素质因素构成，这些因素之间相互影响、相互促进、相互制约。

中国特色社会主义进入了新时代，不忘初心，牢记使命，是做好书记员工作的出发点和落脚点。

第一节　书记员的政治素质

书记员政治素质，就是指书记员的政治立场、态度、觉悟、信念和品质的总和。良好的政治素质是书记员基本素质的首要因素，是书记员做好工作的保证，不仅决定书记员本人的发展方向，而且在根本上关乎司法事业的顺利发展。司法系统书记员政治素质的主要内容和要求是具有坚定的政治方向、高度的政治觉悟和高尚的政治品德等。

一、用科学的理论武装头脑，具有坚定的政治信念

政治素质的基本内容和要求之一是具有坚定的政治方向，集中体现在有远大的共产主义理想，坚定地走建设有中国特色的社会主义道路。

1. 坚定理想信念，坚持正确的政治方向

在多元价值观背景下，书记员应保持清醒，坚定信仰、坚守理想。要通过加强思想政治建设，始终坚定马克思主义信仰，满怀共产主义理想，任何时候都以此为激励和鞭策，并为之砥砺奋进。党对一切工作领导的信念，坚持社会主义核心价值观，用中国特色社会主义理论体系特别是从十九大报告和习近平总书记系列重要讲话精神武装头脑、指导实践、推动工作，切实增强对中国特色社会主义的道路自信、理论自信、制度自信和文化自信。要树立全局观念、增强大局意识，自觉服务于党和国家工作大局，坚定不移地走中国特色社会主义发展道路，保持政治定力，对党忠诚、为党工作、向党负责，始终在思想上、政治上、行动上与党中央保持高度一致。要坚定实现“两个一百年”奋斗目标、实现中华民族伟大复兴中国梦的决心和信心，执着无悔，奋斗不息。

2. 牢固树立社会主义法治理念

社会主义法治理念是中国特色社会主义理论体系的重要组成部分。概括为依法治国、执法为民、公平正义、服务大局、党的领导五个方面。其中依法治国是社会主义法治的核心内容，执法为民是社会主义法治的本质要求，公平正义是社会主义法治的价值追求，服务大局是社会主义法治的重要使命，党的领导是社会主义法治的根本保证。这五个方面相辅相成，体现了党的领导、人民当家作主和依法治国的有机统一。国家司法机关，必须全面准确理解社会主义法治理念的本质要求和深刻内涵，自觉坚持用社会主义法治理念指导司法实践。书记员作为司法队伍的组成部分，必须树立牢固的社会主义法治理念，坚持中国特色社会主义法治道路，坚持人民主体地位，司法为民、公正司法，努力让人民群众在每一个司法案件中都感受到公平正义，以此作为自己工作的出发点和落脚点。

二、坚定不移地贯彻执行党的路线方针政策，具备一定的政治理论水平。

具有高度的政治觉悟是政治素质的基本要求。而能否坚定不移地贯彻执行党的路线方针政策则是衡量一个人政治觉悟高低的重要标志。

1. 深刻理解党的路线方针政策含义

党在社会主义初级阶段的基本路线：领导和团结全国各族人民，以经济建设为中心，坚持四项基本原则（即坚持人民民主专政、坚持马克思列宁主义毛泽东思想、坚持共产党的领导、坚持社会主义道路），坚持改革开放，自力更生，艰苦创业，为把我国建设成为富强、民主、文明、和谐的社会主义现代化国家而奋斗。总任务是实现社会主义现代化和中华民族伟大复兴，在全面建成小康社会的基础上，分两步在本世纪中叶建成富强民主文明和谐美丽的社会主义现代化强国。

2. 坚定不移地贯彻执行党的路线方针政策

党的方针政策是法制建设的依据和指导思想，法律法规是党的政策的定型化、具体化、条文化，也是贯彻党的路线方针政策必不可少的重要工具。书记员作为国家机关的一员，在坚决贯彻实施国家法律、法规的同时，要坚定不移地贯彻执行党的路线、方针、政策，履行好书记员的职责，完成好书记员的各项具体工作任务，必须坚持四项基本原则，坚决贯彻执行党的路线方针政策，在政治上、思想上和行动上自觉与党中央保持高度的一致，才能在社会主义法制前线，明确和坚持正确的政治方向和工作方向，这是书记员做好工作的前提和重要保证，也是书记员应具备的政治素质。

3. 深入学习和践行社会主义法治理念

社会主义法治理念是司法工作的指导思想，是以马克思列宁主义、毛泽东思想、邓小平理论为指导，在总结中国社会主义法治建设实践经验，合理借鉴中外法治文明发展的优秀陈国基础上形成的，为当前和今后建设社会主义法治国家提供了正确的思想指南。社会主义法治理念的内容可概括为依法治国、执法为民、公平正义、服务大局、党的领导五个方面。其中，依法治国是社会主义法治的核心内容，执法为民是社会主义法治的本质要求，公平正义是社会主义法治的价值追求，服务大局是社会主义法治的重要使命，党的领导是社会主义法治的根本保证。这五个方面协调一致地体现了党的领导、人民当家作主和依法治国的统一。

第二节 书记员的职业道德素质

政治素质的基本内容和要求是具有高尚的政治品德，主要体现在职业道德方面。书记员的职业道德是其在履行工作中，从思想到行为理应遵循的道德规范和准则，从属于社会主义职业道德。书记员工作的特殊性决定其除了应遵守普通公民和司法人员应遵守的道德准则外，还应结合其工作的职业特点，提出相应职业道德要求。书记员应具备的职业道德主要有：

一、爱岗敬业，认真履职

爱岗敬业，认真履职是书记员职业道德的首要内容，它反映了书记员对本职工作价值的正确认识和真挚感情。要树立“三种意识”：一是责任意识。书记员工作质量的高低与案件的质量和效率紧密联系，比如一张传票的开庭时间或地点填写错误就会导致不能如期开庭，不认真如实记录则使法官难以裁判，还影响到当事人的合法权益。因此，作为书记员，在工作中一定要有责任意识，要认真细致，绝不能马马虎虎，粗心大意。二是服务意识。这是对书记员最基本的工作要求，工作要主动，不能拖沓，主动搞好服务；和案件主办人紧密配合，书记员与案件主办之间的配合是否融洽默契，直接影响到案件审理的质量与效率；案件审理结束后，要及时整理卷宗归档，笔录、送达、整卷这些日常性的工作，都要求书记员要有一种主动服务的意识才能圆满完成。三是效率意识。书记员工作多是日常性，较为繁杂，但是如果工作中有一步不到位就会影响到下一步工作的开展，因此要求书记员要有“严、准、快、细、实”的工作作风。对工作高标准，严要求，合理安排工作时间，提升工作效率，确保各项工作准确无误，高效完成。

二、严肃执法，廉洁自律

书记员作为国家司法机关的工作人员，严肃执法、廉洁自律是其最基本的职业道德要求。严肃执法，就要在工作中始终坚持以事实为依据，以法律为准绳的原则。在书记员工作中要一切从实际出发，忠于事实真相，坚持在法律面前人人平等，自觉维护程序公正和实体公正，不歪曲事实、主观臆断，不篡改、伪造或者故意损毁证据材料及庭审或审讯笔录。廉洁自律就是要遵守各项反腐倡廉的规章制度，强化正确的世界观人生观，自觉抵制人情、金钱的诱惑，坚守道德防线，以树立严肃执法廉洁自律的形象，维护司法尊严。

三、谨言慎行，保守秘密

书记员在案件的处理过程中经常会接触到案件秘密，其中包括审判委员会或检察委员会的会议记录、合议庭合议笔录、领导批阅意见、有关个人隐私和商业秘密等，这些秘密一旦泄露出去，往往会造成严重的后果。这就要求书记员时刻保持高度的警惕性，具体来说，首先要增强保密意识，重视保密工作，不向当事人或无关人员泄露案件秘密，不打听与自己工作无关的案件秘密；其次要谨言慎行，对有关案件工作的言行稳重小心，与书记员身份不符的话不说，自己不清楚的事不说，对审判工作不利的话不说。

四、遵守规则，注重礼仪

司法礼仪是司法活动的外在形象，体现书记员的职业素养和职业文明，也是人民法院和人民检察院文明执法的具体表现。书记员应遵守的司法礼仪包括：举止文明，仪表得体。礼貌对待当事人和其他诉讼参与人，通过自己的言语文明、外表端庄传达一种司法公正的信息，使他们对裁判过程和结果产生信服。遵守法庭规则。法庭是司法活动的主要场所，所有参加庭审活动的人包括书记员都应遵守法庭纪律和规则。

五、顾全大局，团结协作

具有大局观念和协作精神是书记员职业道德的要求和内容之一。树立全局观念，坚持全院“一盘棋”理念，注重协调配合。注重与法官配合，在主办法官和检察官指导下正确处理好与审务有关的事务；注重与院内其他部门配合，由于书记员事务性工作内容广泛，接触部门较多，应了解各部门职能与运作程序，主动与其他部门进行配合，提高工作效率；注重书记员之间的配合，可以通过合作进行统筹安排。

六、忠于职守，秉公办案

人民法院书记员应参照《中华人民共和国法官职业道德基本准则》和

《中华人民共和国检察官职业道德基本准则》要求，努力做到忠诚法律、公正文明。忠于党、忠于国家、忠于人民、忠于宪法和法律。坚持执法为民的宗旨。忠实履行职责，自觉接受监督制约，维护司法机关的形象和公信力。保持高度的政治警觉，严守政治纪律，不参加危害国家安全、带有封建迷信、邪教性质等非法组织及其活动。勤勉敬业，尽心竭力，不因个人事务及其他非公事由而影响职责的正常履行。树立忠于职守、秉公办案的观念，保持客观公正、维护人权的立场，培育刚正不阿、严谨细致的作风。依法履行职责，不为金钱所诱惑，不为人情所动摇，不为权势所屈服。严格遵守检察纪律。以社会主义核心价值观为根本的职业价值取向，遵纪守法，严格自律。妥善处理个人事务，按照有关规定报告个人有关事项。注重学习，精研法律，增强履行法律能力和做群众工作的本领。弘扬人文精神，体现人文关怀。做到执法理念文明，执法行为文明，执法作风文明，执法语言文明。遵守各项检察礼仪规范，注重职业礼仪约束，仪表庄重、举止大方、态度公允、用语文明，保持良好的职业操守和风范。

第三节　书记员的心理素质

书记员的心理素质就是书记员对其职业所反映出的认知、情感、意志、行为、性格、气质和能力水平的心理特点，是其职业特性内化融合进心理因素形成的特殊能力倾向。审判工作的严肃性、特殊性和重要性要求书记员应具备良好的气质，高尚的品德，较强的能力。

一、良好的气质

书记员作为国家司法工作人员，在和当事人接触时必须具备良好的气质。

（一）坚毅勇敢

在协助法官办案中，可能会遇到当事人请客送礼、其他人员干预等问题，书记员要做到忠于职守，秉公执法，坚守信念，忠于党和人民，忠于社会主义法律，坚决抵制各种不良习惯的影响，敢于同以权压法、徇私枉法、因私费法等行为做斗争；同违法、犯罪行为做斗争，维护法律的尊严，保护当事人的合法权益，具备大公无私、勇敢无畏、公正廉洁、刚直不阿的心理素质。

（二）谦和沉稳

在接待当事人时，要和气待人，谦虚稳重，不急不躁，才能较好完成收集证人证词、听取当事人充分陈述、做好记录、校对法律文书、正确完整装订档案资料等工作，从而保障审务工作的顺利开展。在处理具体事务时分清轻重缓急，有计划、有步骤地处理，办事要快，但不能急躁。在待人处事时不卑不亢，坚持自己的原则，对于在工作中遇到的压力和困难，能够灵活应对，泰然处之。

（三）审慎多思

书记员要做好笔录、校对法律文书、装订卷宗、收案发卷、证据材料保管、接待当事人等工作，需要对每一项工作都谨慎精细，善于思考。不该说的话，一律不说；不该做的事，一律不做；不该表态答复的事，一律不擅自答复。在协助法官办案的过程中，要仔细听，认真记，勤于思考。

（四）理智好学

书记员的工作涉及审判工作的多个环节，需要各方面丰富的知识和经验。在工作中经常面对当事人情绪激动，矛盾纠纷较为激烈，需要书记员处事冷静，深入思考，并且掌握法律、心理、医学、教育等多方面的知识，来缓解冲突，促进矛盾的有效化解。当前，知识更新周期越来越短，书记员需要坚持终身学习理念，善思善学，在工作实践和书本学习中，不断更新知识结构，积累庭审技巧、庭审艺术、驾驭庭审能力等庭审实践经验。

（五）自省自控

自省自控是书记员职能工作的要求，也是进行心理修复、保健，保证心理健康的重要方法。通过自省自控，可以过滤、清理自己的思维，稳定、控制自己的情绪，确保在心理健康的情况下完成本职工作。自省自控不仅表现在回顾总结工作办案中的成果与不足，更重要的是加强自身修养。通过自我约束，自我警醒，在案件诉讼过程中，严守庭审纪律，保守审判机密，对自己负责调查、记录、整卷案件各项工作完成后，经常性地进行总结经验，吸取教训，更好地做好今后工作，避免失误。

二、高尚的品德

品德是评价和衡量人们思想品质的社会标准。人民法院书记员应具备高尚的思想品质和道德行为。

（一）高度的责任感

书记员是司法工作人员，其代表国家依法行使自己的职权，处理与审判活动有关的程序方面的事务。对当事人而言，不论是程序方面还是实体方面的事宜，都会直接影响其切身利益。书记员是沟通法官、检察官与当事人之间的桥梁，书记员制作的案件卷宗是检查办案质量和检验办案法官公正执法的文字依据，稍一马虎就可能造成无法弥补的损失。因此，作为一名优秀的书记员，首先要具备高度责任感，不惧艰辛，不贪财物，不受诱惑，以对党和人民高度负责的态度做好本职工作。

（二）坚定的求实感

坚持以事实为依据，坚持坚定的求实感，要求书记员在工作中认真细致，录制笔录，一切从实际出发，忠于事实真相，一是一，二是二，不扩大，不缩小，不主观臆测、臆造、臆断，使卷宗资料真实地反映案件的客观情况；在工作中要明辨是非曲直，不受人为因素的影响，意志坚定维护法律权威，及时向法官检察官提出建议，保证裁判公正。

（三）强烈的正义感

强烈的正义感是书记员维护社会法制应有的心理品质，也是书记员所具备的职业道德心理。作为人民法院的书记员要坚持正义，牢固树立正义感，在工作中发扬淡漠名利、作风正气、秉公执法、廉洁自律精神，当好法官的助手，坚持严肃执法，维护社会公平正义。

（四）严肃的楷模感

书记员作为人民法院司法工作人员，言行举止在一定程度上代表法院形象，应通过自己的实际工作、言行举止、作风态度等方面的楷模作用，宣扬遵纪守法的社会风尚。楷模行为的内在因素是楷模感，书记员的楷模感将进一步提升人民法院威信，也将对自我产生极大的约束和鞭策，促使其更好地完成本职工作，成为具有高尚道德的人。

三、坚强的意志

人民法院书记员不仅要政治过硬，业务精通，而且要有坚强的意志。坚强的意志一般表现在以下方面。

（一）敏锐的观察力

敏锐的观察力是书记员工作性质要求的必备心理素质因素。它要求在工作中运用自己的视觉和头脑观察思考事物和现象时，应具备敏捷、灵活和深刻的反映。一个优秀的具有准确敏锐观察力的书记员，能从某些细微动作、表情、神态、言语和姿势中，分析和判断当事人讲话的内容和真实意图，在尽量保持原貌的基础上对当事人的发言进行必要的归纳和整理，剔除当事人重复和与案件无关的内容。

（二）具备语言信息的实时采集能力

制作全面、准确、详略得当的笔录，是书记员的主要工作任务。要达到这个要求，必须掌握速录技能，从而实现“语言毕，文稿出”的驾驭语言文字的计算机速录能力。一方面用最快的速度记录，另一方面要进行归纳总结。优秀书记员的计算机速录能力应达到相应的水平，准确率要达到99%以上。同时具备精确的语言表达能力和词汇的归纳能力，做到叙述事实简单清楚，字句清晰通畅，语言通俗，诉讼案件情节逻辑透明，尽量使用法言法语。

（三）迅速的反应能力

书记员协助法官检察官进行诉讼活动，往往会遇到一些难以预料的情景，这就需要具备迅速反应的能力，在法官或检察官的指挥下处变不惊地抑制事态的恶性发展和尽力减轻造成的后果。书记员应驾驭当事人心理变化趋势，采取针对性措施，实时调整记录方案，改变记录方法。

（四）较强的记忆能力

较强的记忆能力是书记员心理素质因素之一，也是出色完成各项工作的心理保障。在具体工作中，书记员要通过良好的记忆保存和检索卷宗所必须记录的材料，通过案件庭审时的具体形象、案件事实情节在头脑中的再现，校对裁判文书，对笔误等差错提出纠正意见，避免不良影响。

（五）严密的逻辑思维能力

严密的逻辑思维能力是书记员应具备的最基本、最典型的心理特质。书记员的思维需具有逻辑性、规律性、严密性、灵敏性，观察问题机敏细微，分析问题条理清晰，才能形成内容整体、系统的笔录，才能在处理具体事务时分清轻重缓急，有计划、有步骤地高质效完成工作。

（六）较强的自控能力

书记员需具备较强的自控能力也是其职业特点所决定的。书记员自控能力是其行为的调节器，书记员行为是否合法合规、公正得当是通过自我控制能力起作用来实现的。自控能力不强，抵制不住压力，会导致烦躁、粗暴等不当行为的发生，导致工作不能顺利进行。法院要实现文明办案、严肃执法，也需要书记员严格规范自己的行为，加强自控能力的修养。

（七）良好的注意力

注意是心理活动对一定对象的指向和集中。书记员工作有时需要连续数小时不停的记录，长时间的记录工作会造成大脑疲劳，精力分散，需要良好的注意品质，合理调节和分配注意的集中，抑制干扰刺激，运用自我提醒、自我命令、积极目标、专注内心、清理大脑、调动多种感觉器官协同活动等方式进行自我调节，从而克服工作中的困难，以充沛的精力投入工作当中。

第四节　书记员的法律业务素质

书记员的法律业务素质，是指书记员在参与审判过程中对法律的理解、掌握和适用的技能。法院书记员是审判队伍的重要组成部分，是国家司法工作人员，需要熟悉法律条款，理解掌握我国法律的本质和立法原意，正确适用法律，保证依法办案，公正执法。

一、树立宪法意识

宪法是国家的根本大法，具有最高的权威和效力，是民主制度化、法律化的基本形式，是阶级力量对比关系的集中体现。我国的现行宪法，以四项基本原则为总的指导思想，是其他任何法律、法规的立法依据，为我国的社会主义司法制度的建立奠定了基础，是建设有中国特色的社会主义的根本法律保障。因此，法院书记员要自觉遵守《宪法》，增强对违宪行为做斗争的自觉性，并要以宪法为指导去学习、掌握适用其他的法律、法规，努力培养良好的法律素质。

二、不断提高实体法律适用能力

书记员的工作性质和职责范围都与执行法律密不可分，因此，书记员必须掌握我国实体法的具体内容，不断提高实体法律适用能力。只有熟练掌握《民法》《刑法》和《行政法》等实体法及相关的司法解释，注意了解法律的动态，及时掌握最新的法律知识，才能严格按照法律的规定开展工作保证严肃执法。

实体法律知识（实体法）是书记员做好各项记录的后盾。只有熟练掌握法律知识，才能掌握各类案件庭审笔录的记录要点，从而保证记录的清、准、快，为法官的正确评判提供可靠的第一手材料。例如，在庭审记录时，对于当事人一些比较口语化、重复的陈述，需要在忠于原话的基础上进行归纳概括，作一些必要的删减。如果没有较为深厚的实体法律知识底蕴，就无法抓住重点，不知道当事人的哪些陈述会对案件产生重要的影响，从而出现记录不准确或者漏记的情形。再如，在制作合议笔录时，有时合议庭的争论很激烈，经常出现一位法官没有说完被另一法官打断的情形，这时即使忠于原话也无法反映法官的真实意思。只有掌握相关的法律知识才能理解法官的本意，正确做好记录。

三、熟练掌握程序法

书记员的工作职能与程序法有着密切的关系。书记员只有严格按照程序法的规定展开工作，才能保证严肃执法。因此，书记员熟练掌握并运用程序是严肃执法的要求。只有熟练掌握《民事诉讼法》《刑事诉讼法》和《行政诉讼法》三大诉讼法及相关司法解释，书记员才能确保履行合法程序，依法完成工作。

程序法律知识是书记员做好审判辅助性工作的基础。只有熟练掌握并运用诉讼程序方面的法律知识，才能准确掌握各个审判庭的工作流程、工作任务以及其他事务性工作，从而如期、圆满地完成其他事务性工作。例如，书记员是各类法律文书送达的主体，因此书记员必须通过诉讼法的学习明确送达的方式及需要注意的问题，从而及时送达，使诉讼程序顺利进行；再如，书记员也是案件归档工作的主体，书记员需要明确不同案件的归档期限是短期、长期还是永久，以便准确填写卷宗封面，正确归档。同时应当注意了解法律的动态，及时掌握最新的法律知识，才能严格按照法律的规定开展工作，保证严肃执法。

第五节　书记员应具备的文化素质和其他业务素质

书记员工作是一项综合性的工作，要加强自身文化修养，提高综合素质。很多案件还会涉及其他专业知识，因此，在学习和掌握法律知识的同时，书记员还应努力学习和掌握其他方面知识，以适应司法工作各方面的要求。

一、驾驭语言文字和写作的能力

具备驾驭语言文字能力和公文写作能力，是胜任书记员工作的基本前提。书记员在记录、制作和校对法律文书等方面都涉及语言文字的应用。主要表现在以下方面：

（一）深厚的语言文字功底

具体包括：对于字，避免读错音、写错字以及错解字；对于词，运用要准确、注重感情色彩以及富于变化，避免词汇贫乏；对于句子，要力争合乎语法、符合事理和逻辑以及注意句型错落、完整准确。

（二）良好的语言表达能力

书记员在日常事务性工作中需要与当事人、诉讼代理人以及审判员诉讼人进行语言上的沟通；在制作庭审笔录及其他司法文书的过程中也需要文字叙述、说明等。这个时候需要书记员具备较好的语言表达能力，才能较好地沟通、准确地完成相关司法文书的文字处理工作，顺利地完成辅助性工作。

（三）一定的公文写作能力

在日常工作中，书记员有时候会协助法官检察官撰写一些公文。因此，书记员必须知晓人民法院、人民检察院公文的特点、撰写的基本要求、公文的种类及格式等。

二、掌握计算机速录技能

计算机速录既是速录师从事各种商务会议实时速录服务、整理录音等的专门职业，又是书记员、秘书人员必备的职业技能之一。

从计算机速录涉及的应用内容来看，速录是一门应用语言文字和计算机技术的多边缘学科技能；从劳动属性来看，速录是脑力劳动和体力劳动并列的劳动技能；从职业技能来看，所从事的工作与速录技能存在着等级要求（秘书人员达到140个汉字/每分钟，书记员达到180个汉字/每分钟，高级速录师220个汉字/每分钟才能胜任工作需要）。因此，书记员掌握计算机速录技能是一个硬指标，不仅需要有吃苦耐劳的精神，还要选择好能够实现速录的应用软件。

三、熟练使用现代化办公设备

所谓现代化办公设备，是指与计算机网络功能结合起来使用的一种新型的办公方式，它可以实现内部各级组织、各部门以及人员之间的协同、内外部各种资源的有效组合。办公自动化是时代发展的需要，它对司法机关具有重要的地位和作用，最主要最直接的作用就是可以提高工作效率，提升管理水平、提高工作质量，促进司法工作的不断发展。目前，人民法院已基本实现办公自动化。实现办公自动化，与书记员的记录工作、诉讼文书和材料的立卷、装订、归档以及有关审判的其他工作密切相关。数字化设备的应用提高了书记员日常繁重的事务性工作的工作效率，使其将更多的精力投入到创造性的工作中，提高工作质效。

作为一名法院书记员，要实现办公自动化，首先要掌握基本的计算机操作，包括：windows系统、office办公软件、上网检索资料、中文输入及在计算机出现故障时的应急措施等。此外，对于复印机、打印机、扫描仪、传真机等办公设备也需要熟练使用。总之，随着科学技术的飞速发展，计算机技术的发展日新月异，书记员要不断学习，更新知识结构，提高能力素养，更好地履行书记员的职责，完成本职工作任务。

四、具备一定的司法鉴定能力

司法鉴定是指在诉讼过程中，侦查、审判机关为了查明案情，就案件中某些专门性问题，委托国家鉴定机关或指定具有专门知识技能的人依照法定程序所作的鉴别和判断。司法鉴定的范围相当广泛，通常进行的主要有法医学鉴定、司法精神病鉴定、司法会计鉴定、司法化学鉴定、司法物理学鉴定和犯罪侦查学鉴定六种。与法院审判业务联系较为密切的是法医学鉴定和司法会计鉴定。书记员不需要具备高超的司法鉴定能力，更主要的是有司法鉴定的感觉。例如，现实诉讼中有时会遇到精神不健全的当事人，这种情况将会使案件的主体资格不适格，从而使当事人无需承担民事或刑事责任。此时的书记员，在与当事人接触的过程中就应当注意观察言谈举止，再加之对司法鉴定方面的学习，从而做出准确的判断。

五、较强的处理具体事务能力

处理具体事务能力是书记员各方面素质的综合体现，是各种理论知识和个人经验的具体运用，主要包括处理记录、庭审、调查、查封、鉴定、合议、校对、送达、执行等各项具体事务的能力，需要书记员在实际工作中不断积累、发展提高。

（一）把握记录技巧，做到详略得当

书记员在记录中要理智分析诉讼参与人所陈述的内容，判定诉讼参与人表达的真实意图，在有限的庭审时间里尽量保持原貌的基础上公道取舍，做到详略得当。记录方法有：第一，舍问取答法。在问话与答话没有时间全部记录的情况下，优先记录答话。第二，公道取舍法。庭审调查、辩论、最后陈述这三个阶段，是笔录的重点，因此对案件当事人关于事实的叙述、认定依据和适用法律等实质内容的发言，应照原话记录，对答非所问、与案件无关的话则可不记或者扼要记录。第三，闲时补记法。在庭审节奏放缓或者宣读、出示证据等空隙时间，可以具体记录，或者利用这段时间修改、补记前面的遗漏。同时，对庭审时的状态和特殊情景也要做好记录。庭审时，如遇诉讼参加人或旁听职员违反法庭秩序，哄闹法庭等言行的，亦应记进笔录。第四，取新舍旧法。对庭审中新的证据、线索和事实等新情况要详尽记载，对案卷已有过的材料或有书面文书的，则可从略记录。第五，归纳整理法。当事人叙述语无伦次，多次反复或东拉西扯时，应捉住实质，理顺头绪，按照不失原意的要求归纳记录，但不能任意取舍。

（二）协助审判员做好立案审查，认真办理收案的各种手续，把好诉讼的第一道关

立案是否准确，直接影响到案件的审理和结果的处理。立案审查，尤其是民事和行政诉讼案件，要按照《民事诉讼法》和《行政诉讼法》的相关规定，一要审查原、被告的主体资格，二要审查是否有明确的诉讼请求，三

要审查其诉讼请求和事实理由有无基本证据支持，四要审查该案件本院有无管辖权，五要审查该案件是否属法院主管。法律规定有明确起诉期限的案件，还要审查是否超过起诉期。

（三）做好开庭前的准备工作

一个案件经过收案的审查之后，一旦确定审理，书记员就要依法完成开庭前的大量事务性工作。如向被告发送应诉通知书、举证通知书、诉讼须知、诉状副本、开庭传票等。如是合议庭审理，还要填发合议庭组成人员通知书，公开审理的要张贴开庭公告。在案件事实方面，要熟悉当事人的诉讼请求，核查当事人双方的举证，了解基本案情，掌握案件涉及的时间、地点、人员、金额、专用术语等，做到对全案基本情况心中有数。另外，对案情较复杂、证据多的案件，书记员还要协助审判人员召集双方当事人进行庭前证据交换，组织质证，确定争议焦点。这些开庭前的准备工作与开庭审理紧密联系，关系到审判案件是否合法、及时、顺利。

（四）审判阶段的中心环节即开庭中的工作

开庭前，书记员要宣布法庭纪律，核对当事人及诉讼参与人的到庭情况。开庭中要将法庭的全部审判活动完整、如实地记录下来，这是整个诉讼活动的重中之重。

（五）开庭后的工作

这是休庭或闭庭后诉讼活动的延续，书记员要将笔录交当事人阅看无异议后签字，因笔误或当事人有异议而改动的地方应有当事人捺印；协助审判员处理庭后各项事务，整理证据材料，查询法律条文等。合议庭评议案件时，书记员还要认真记录合议庭评议情况，如实记载每一位合议庭成员的意见，疑难复杂的案件提交审判委员会讨论时，书记员还要详细做好审委会讨论记录。此外，还要做好裁判文书的校对工作。

（六）做好宣判与送达工作

一个案件经过依法审理后，依法作出的判决、经主持调解所制作的调解（裁定）书等都具有法律的严肃性，书记员应当协助审判人员做好判决书的宣判、调解书（裁定书）的送达等工作。

（七）及时整理卷宗，办好移送手续

案件宣判后，当事人对判决不服上诉的、检察院抗诉的或者依法需要报请上级法院审核的案件，书记员要及时整理好卷宗，办好送交上级法院审理的移送手续。

（八）诉讼中的最后程序——执行

执行是很关键的工作，书记员除了认真办理有关执行的手续外，还应当积极协助执行员完成生效裁判文书的执行任务，做好执行笔录、发放执行款物、整理案卷材料。

（九）诉讼文书的立卷、装订与归档工作

完成诉讼文书的立卷、装订与归档工作，这样，一个案件全部诉讼活动结束。

（十）其他工作事项

其他工作事项包括：外出办案时带齐有关案件材料和诉讼文书；群众来信、来访的接待、处理；司法统计；法律文书的上网；内勤管理工作；在法官指导下调处轻微的刑事纠纷和简易的民事纠纷，调查较为简单的案件事实等。

素质的形成是一点一滴不断积累而来，非一朝一夕之功。随着我国社会主义法治建设的不断深入，司法部门面临着新情况、新问题和新要求，对书记员素质的要求也越来越高。保持积极向上的心态、拼搏进取的精神和持之以恒的毅力，在工作中不断总结经验，吸取新知识，是书记员保持活力，提高自身素质，迎接困难和挑战的佳径。每个书记员都应自觉加强素质修养，努力使自己成为一名适应社会发展、符合审判工作要求的合格的书记员。

第六节　提高书记员职业素质的主要途径和方法

一、提升政治素养，秉公执法

从政治的角度出发，不断丰富和提升书记员的政治素养是书记员的基本职业操守和职业素质。优秀的政治品质来源于正确的世界观、人生观和价值观，在于始终明确执法为民、为人民服务这个根本出发点。必须在职业实践中以事实为依据，以法律为准绳，从国家和人民的大局出发，守得住清贫，耐得住寂寞，经得住腐蚀，扛得住诱惑，坚持奉献精神，进取精神，服务精神。坚持司法为民、公正司法，提升价值追求和政治品格，举办网络课堂、道德讲堂、先进事迹报告会等活动，增强思想教育的吸引力、时代感和实效感，努力使其做到自重、自省、自警、自励，在工作实践中保证严肃执法、秉公办案，为做好书记员的各项工作打下坚实的政治基础。

二、排除心理障碍，保持良好的工作状态

书记员因个性不同，对其职业工作可能存在不同的某些心理障碍。尤其是初任书记员可能在心理上惧怕难以胜任工作，担心配合不好法官庭审，笔录制作不规范等，在心理上造成障碍。书记员需通过学习、实践排除克服与工作不相适应的心理障碍，学习心理知识，正确认识自我，提高挫折承受能力，善于调解和控制情绪，及时调整适应工作状态和心理状态，积极参与工作实践，注意积累工作实践中的知识与经验，增强其完成工作的信心，激发其成功的动机，树立坚强的信念和意志。

三、加强岗位能力培训，不断提高业务素质

一个人接受的文化教育程度的高低在一定程度上反映了他所具备的从事某项工作应有的知识能力。书记员为适应新形势审判工作发展的需要，应加强学历教育，并向更高学历教育迈进，不断提高法律业务素质。岗位培训是提高书记员法律业务素质的重要途径。通过结对帮带、现场观摩指导、岗位大练兵等经常性的岗位培训，使书记员业素质和技能的要求得到补充和提高，以适应新形势的发展和审判工作的实际需要。书记员法律业务素质和技能的培养提高，应当注重理论联系实际。根据书记员工作业务需要，在实际工作中，用理论指导工作，在实践中丰富理论，使书记员素质得到提高。科学地安排工作日程，注意各项工作的先后顺序，轻重缓急，做好与法官的协调安排，这也是提高书记员法律业务素质和技能的途径。

四、发挥正反两方面激励与警示作用

书记员职业素质建设既要有严格的制度和纪律做保障，又要有树立鲜明正确的努力方向。要明确清晰化清单式岗位职责与绩效考核办法，明确哪些技能和行为是需要必须遵守和提升的，哪些行为与思想是需要杜绝和消除的。同时高度重视楷模的榜样示范作用，选准典型，效仿行为。学习新时期公正为民的优秀法官、优秀检察官的先进事迹，体会他们的内心世界，以此

为榜样，汲取丰富的精神营养和业务技能，起到引导、激励、启发和鼓舞的作用。又要加大监督力度，严厉查处违法违纪、玩忽职守等不良行为，充分发挥正反两方面典型的激励与警示作用。

本章小结

本章通过对书记员职业素质要求的讲解，明确作为一名合格的书记员应当具备良好的政治素质、心理素质和其他业务素质；更重要的是书记员应当注重自身职业素质的培养，以便更好地协助法官完成审判辅助工作。

第二章　计算机速录技术

计算机速录是使用计算机速录软件将语言信息（包括口语语言和肢体语言）通过掌握速录技术的人员实时生成电子文本文件和书面语的技能。

第一节　计算机速录技术与书记员工作

2015 年 7 月，国务院颁布了《国家职业分类大典》，在该《国家职业分类大典》中，明确分列了“书记员”职业，并与法官、检察官、律师、公证员、司法鉴定人员、书记员并列为一个类别。

2017 年 5 月，最高人民法院、最高人民检察院、财政部、人力资源社会保障部联合印发了《人民法院、人民检察院聘用制书记员管理制度改革方案（试行）》文件。5 月 25 日，最高人民法院专门召开了视频会议，传达和学习聘用制书记员的相关政策。这标志着我国庞大的书记员队伍走上了规范化、专业化、职业化和薪酬体系化的书记员职业技能等级道路。

书记员是司法队伍中最主要的成员之一，特别是法院书记员在整个司法诉讼程序中承担着诉讼案件收案把关、开庭准备、庭审记录、送达裁判文书、上诉（抗诉）案件报请复核、制作各种笔录等工作任务，其劳动过程贯穿于每一起诉讼案件从收案到立卷、装订、归档的始终。也就是说，无论是自诉案件还是公诉案件，无论是公安机关还是检察机关，所有需要判决的案件，最终都在法院书记员的工作流程下形成了法律文书。

每个书记员所面对的工作，其最大的难点就是在开庭审理中将控辩双方就案件的是与非据理力争时的实时辩论语言转为汉字的录入工作。我们知道，在没有文稿的前提下，每个人的思考与语言的同步描述大致在 120～180 个汉字/每分钟，但有的人在激烈争论时其语速超过 200 多个汉字/每分钟。因此，学习和掌握计算机速录技能是每个书记员做好书记员工作的必要职业技能。

一、如何掌握计算机速录

计算机速录技能是将口语语言（肢体语言）信息实时生成电子文本文件或书面语的技能，其核心技术：一是语言的发音速度与汉字的录入速度要同步，二是用字精准，两者缺一不可。怎样才能做到这两点呢？

（一）必须要有正确的指法基础，做到“盲打”，养成快速击键的能力

正确的指法有助于各手指间的协调，能够使手指分工有序，张弛有度，节奏和谐。

所谓“盲打”，是指在击键时不看键盘而能正确、迅速地击键。“盲打”主要是培养手对键盘的感觉，将手锻炼得像眼睛一样精确，用思维控制双手。成为优秀的书记员和速录人才必须从“盲打”开始，用感觉去打，养成良好的习惯。

计算机速录没有深奥的理论，在掌握标准指法能够做到“盲打”的前提下进而掌握辅音、辅音＋声调，元音、元音＋声调，辅音与元音双拼、辅音与元音双拼＋声调，以及高频字、常用词、多字词的缩略输入后即可进入提速训练和实训阶段。

计算机速录的学习是一个检验个人意志力的实验场，那些想一蹴而就、急于求成的人注定会欲速则不达，而产生畏难情绪、浅尝辄止的人则会在枯燥的训练面前裹足不前。因此，我们每一位学习者都要有“不学成功不罢休”的信念，养成从容不迫、持之以恒的学习心态，具有挑战困难的攻关精神。就像我们初学外语，开始时学辅音、元音，进而学单词和词汇，最后掌握了一门流利的外语一样。

从最初反应迟缓的字词输入，到思考确认句子中词语段输入的划分，再到听到语音即刻通过大脑反应到十个手指与语素和语素段相对应的键位，计算机速录的提速训练就是这样一个由慢到快循序渐进的过程。

本教材把计算机速录的提速训练以每分钟增加 10 个汉字作为一个训练台阶，从 80 个汉字/分钟开始一直到 200 个汉字/分钟为止，共分为十二个级别。我们每个学习者都要按部就班，在达到要求的速度后即开始下一个提速目标的训练，这与我们上台阶的道理是如此的相同，起步时是仰视，到达顶点后则是俯视。

（二）如何做到用字准确

计算机速录的核心技术是将口语语言（肢体语言）通过掌握速录技能的人实时生成电子文本文件（书面语言）。而我国的汉字在应用上存在着同音字、多音字、同音词的问题，这就要求我们每一个书记员不仅要掌握与语言同步的速录技能，还要有准确使用汉字的基本功，也就是要具备一定的语言文字应用水平。

知识是通过不断学习一点一点地积累起来的，书记员的语言文字应用能力也不例外。

1. 要了解普通话的语音知识

我们不全面概述普通话的语音体系，就语音知识作一简单介绍。汉语普通话有 1390 多个单音节，而有汉字对应的单音节只有 1327 个，有近 80 个音节有音没字。比如庭审时，证人刘某说："赵斌在教室里一边口里'矣 dái，矣 dái，dái，dái，dái'的模仿鼓点儿，一边转圈儿。这时，李彬冲上来'biā biā'地给了他两个嘴巴。"这段话中的"dái"和"biā"都是有音而没有对应的汉字的普通话音节（dāi 音的一声有"呆呔待獃嘚"5 个同音字、二声没有对应的汉字，三声有"歹逮傣"3 个同音字、四声有"待戴带代贷逮袋怠黛殆大轪岱玳甙迨绐叇……"40 多个同音字；而 biā 音的一、二、三、四声都没有对应的汉字）。

书记员遇到上述这种语言情况时怎么办？遇到用方言土语作事物描述时怎么办？此时，书记员们可以用近义词取代，如 biā biā 可用"啪啪"的拟声近义词取代。对一些有音没字的音节可以按一下 shift 键切换到双文速录的拉丁中文状态下，用双文速录的拉丁中文取代，待庭审结束再用汉语拼音或相应的近义汉字替换拉丁中文。比如，北方有些地方把前额称为"爷了盖"，膝盖称为"脖了盖"等等，遇到这种情况，可以用方言记录下来，庭审结束时询问当事人并用规范的汉字补上。如"他一拳打在我爷了盖上，还用脖了盖撞我的肚子。"打印前应该修改为"他一拳打在了我的前额，还用膝盖撞我肚子"。

2. 要掌握普通话的语义知识

汉语汉字的姓氏、人名、地名非常用字和冷僻用字较多，书记员必须掌握这些非常用字以及姓名用字。在介绍双文速录的各种版本教材中，在应用同音字时都有这些冷僻的姓名、地名用字以小故事的形式加以运用。每个书记员、秘书、速录师在使用这些教材学习时，一定要认真将这些小故事多看录和听录几遍，这一方面提高了速度，另一方面能够多掌握一千多个汉字的听说读写，何乐而不为呢！

另外，书记员还要有识错纠错的能力。也就是在听录时，当事人说错了某些汉字的读音，书记员不能因错就错而必须实时纠正，使用正确的字词。比如当事人将“相悖”说成了 xiāngbó，“惬意”说成了 xiáyì，“椭圆”说成了 suíyuán 等，此时，书记员就要将这些发音错误的字词实时纠正过来。

还有姓氏中的同音字，比如“jì”姓，就有“计、季、冀、纪”四个，虽然同音，但却不同形、不同“姓”。

二、速录技能等级与书记员的速录能力

全国计算机信息高新技术考试（OSTA）计算机中文速记模块的考评标准是：听录（看录）分为 80 个汉字/分钟（初级速记员），140 个汉字/分钟（中级速记员），180 个汉字/分钟（高级速记员）三级，准确率分别是 98%（听录）和错误率不高于 0.2%（看录）。

速录师职业资格标准（已改为“职业技能等级”）的考评标准是：速录员 140 个汉字/分钟（听录、看录），速录师 180 个汉字/分钟（听录、看录），高级速录师 220 个汉字/分钟（听录、看录）。听录准确率不低于 98%，看录错误率不高于 0.2%。

上述两个标准可以为书记员的速录能力确定标准。初级书记员应该在 120 个汉字/分钟，中级书记员应该在 160 个汉字/分钟，高级书记员应该在 200 个汉字/分钟。看录错误率应该沿用上述标准，听录的测评标准则应该重新制定。

第二节　标准指法与双文速录技术

标准指法在各行业出版社出版的教材中都有相同的介绍，教师要根据“摸底问答表”得出的结果因材施教。所谓因材施教，就是根据学员的指法情况作出有针对性的教学安排。对那些没有任何指法基础的学员要进行指法训练，也就是明确十个手指与计算机键盘键位的分工，并达到“盲打”程度。指法训练要与学习双文速录的辅音、声调、隔音号、单元音、双元音、拼音元音以及拼音、数字、标点符号的读音与键位的对应同步进行。对那些

已有指法基础并能够"盲打"的学员在掌握辅音、辅音＋声调，元音、元音＋声调，双元音、双元音＋声调，拼音、拼音＋声调的原理后直接进行汉字的单词录入训练。

一、学习目标

学习目标

＊掌握正确的坐姿。

＊掌握十个手指与键位的分工。

＊掌握"盲打"基本功，达到有序击键频率在260个字母/分钟以上。

（一）掌握正确的键盘操作姿势

上身要挺直，稍偏于键盘左方，全身重心置于椅子上，两手自然放松，十指自然弯曲地轻放于基准键上。击键时要保持相同的击键节拍，要轻击键位，不可用力过大。椅子高度、键盘、显示器的高度和距离要适度，眼睛与显示器之间的距离一般要保持在25～35cm，两脚平放在地面上。手腕及肘部要成一条直线，基准键与手指对应位置如图2－1：

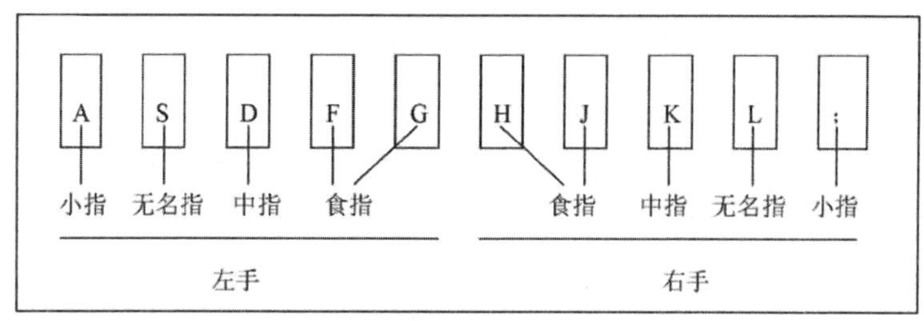

图2－1　基准键与手指对应位置

（二）掌握十个手指与键位的分工

正确的指法有助于各手指间的协调，能够分工有序、张弛有度、节奏和谐。

掌握双文速录技术的基础是能够盲打。所谓"盲打"，是指在击键时不看键盘而能正确、迅速地击键。"盲打"主要是培养手对键盘的感觉，将手锻炼得像眼睛一样精确，用思维控制双手。良好习惯的养成应该从接触键盘"盲打"时开始，用感觉去打。

指法的盲打训练是一个十分枯燥的练习过程，希望每一位学习者都能正视并努力克服这一困难，要尊重教师意见，努力达到盲打要求，由此打下掌握计算机速录技能的基本功。

为了在计算机上熟练、快速地录入各种数据，如文字、数字等，必须掌握正确的键盘操作指法。键盘操作指法是将键盘上字符键区的各个键位合理地分配给双手各手指，使每个手指分工明确、有条不紊。

手指分工：左手食指负责4、5、R、T、F、G、V、B八个键，中指负责3、E、D、C四个键，无名指负责2、W、S、X四个键，小指负责1、Q、A、Z及其左边的所有键位；右手食指负责6、7、Y、U、H、J、N、M八个键，中指负责8、I、K及，四个键，无名指负责9、O、L及。四个键，小指负责0、P、;、/ 及其右边所有键位。

不击键时，手指放在基准键上，其中F、J键是中心键（其键面上有一条小小的横杠）。击键时手指从基准键位置伸出，左右手的手指位置如图2－2所示。

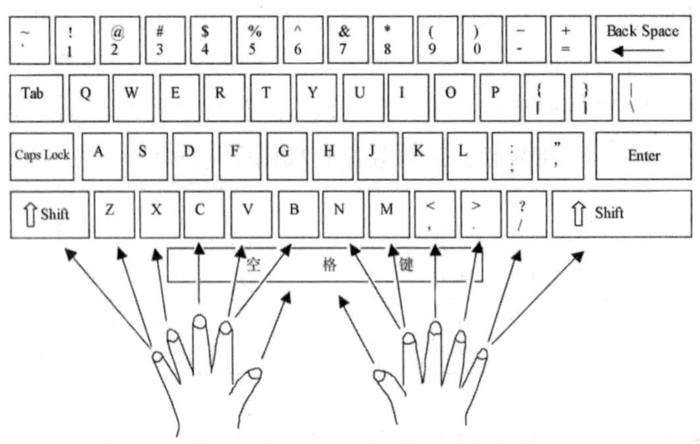

图2－2 手指与键位分工

操作时两眼应看屏幕而不看键盘，双手手指则按分工击相应的键位。盲打训练可养成良好的操作习惯，使击键快速准确。

（三）掌握“盲打”基本功

在进行录入训练时，要严格按照各手指的分工去击键，养成良好的习惯。

指法和盲打训练可以采取两个步骤来实施。第一个步骤：采用双文速录指法训练软件练习盲打，使盲打字母的击键频率达到260键每分钟以上。第二个步骤：将双文速录的辅音、元音按下列要求看打和听打（录音），要求击键准确，击键频率达到260键次/每分钟左右。

二、教学难点与实训

本部分的难点在于双手小指在击键时的不灵敏。学员要坚持按照教师要求的标准指法进行练习，大约在经过8～16课时的强化训练后，没有指法基础的学员基本上能够达到盲打能力，只是手指的击键速度以及声音与键位的对应速度还有待提高。

将十个手指的分工与字母读音和键位相对应，特别是对于没有指法基础的学员，一定要使某一个手指在所负责的区域内进行字母读音与键位相互对应的练习，待熟练后再进行十个手指字母读音与键位对应的综合练习。

要按照双文速录辅音、元音的读音与26个字母键位相对应以及将标点符号、数字的读音与标点符号键和数字键相对应的方法进行盲打训练。实际上，这种盲打训练其实就是速录技术实训方法的一种，因此，手指与读音对应的字母（包括符号、数字）在击键时要映射准确。从听到读音到头脑与键位的映射再到十个手指准确快速地击键是一个需要强化训练的过程。

（一）双手小指的练习

注意：要按照双文速录的要求读。A（阿）、Q（七）、Z（资）、P（颇）、；（分）、’（引）、，（逗）、。（句）、／（杠）等。

AAQZ	AP；Z	PQ；Z	PPQQ
PQQP	AQ；A	ZP；Q	’ QZP
APPA	ZQPP	；；PZ	PPZA
ZP；Q	Z’QA	；QQ；	A；A’
A’PQ	Q；AA	Q’AZ	AP；Q
PQ；Z	PP；Q	P’QP	A；PA
ZP；Q	’ QZP	ZQPP	；；PZ
PPZA	ZP；Q	QQ；；	APPA
ZQA’	QZQ；	A’PQ	QZA；
APZ；	A’PQ	PPQQ	QPA；
AAQZ	A’QA	AP；Z	PQ；Z
PQQP	AQ；A	ZP；Q	’ QZP
APPA	ZQPP	A；PZ	PPZA
ZP；Q	AZQA	；QQ；	A11Z
P；；’	QPPQ	1/1/	Z/Z/

,, ..	P;; P	APPA	Q? Q'
QZPZ	ZPZQ	P - P -	QPQP
Z?, .	' PQ1		

（二）双手无名指的练习

注意：要按照双文速录的要求读。W（诗）、S（私）、X（西）、O（吁）、L（了）、和“.”（句）等。

WXSL	WOX.	WSXO	OXSL	. OXS	OXLS	WXSL
XXLO	XSLS	OWX.	SO. X	XSOW	XSOO	XWSO
S. XL	X. SW	XO. W	XW. O	XSXS	XXXX	XWWX
O. . O	L. . O	LLSS	XSOW	XOXW	XOXO	X. XW
SXWS	XWXW	XSXW	XOXS	XOWS	XOWS	XXWW
XXSS	SSOO	XSXO	XSWO	XSWO	XWSX	XWSX
XWSO	XWSX	XWOS	XWXS	WXSL	WOX.	WSXO
OXSL	. OXS	OXLS	WXSL	XXLO	XSLS	X. OW
SOX.	XSOW	XSOO	XWSO	S. XL	X. SW	XO. W
XW. O	XSXS	XXXX	XWWX	O. . O	L. . O	LLSS
SSLL	XOXW	XOXO	X. XW	SXWS	XWXW	XSXW
XOXS	XWSX	XWSO	XWSX	XWOS	XWXS	WXSL

（三）双手中指的练习

注意：要按照双文速录的要求读。E（婀）、D（的）、C（疵）、I（一）、K（科）、“,”（逗）等。

ECDI	EECC	ECDD	EDCC	EIKD	EI, K	E,, E	EECC
ECKI	EK, I	EKCI	EECD	EKID	EKID	ECID	EKIC
EKIC	KKII	EEDD	EKID	CCDD	CDIK	IIDD	IDIK
EE,,	EEKK	EKIC	EICD	E, ID	ECDI	ECED	ECEI
EIEC	EEII	ECIK	ECIK	EEII	EEDD	EEII	EEIK
EECC	EEIK	ECID	EKIC	EKIC	KKII	EEDD	EKID
CCDD	CDIK	IIDD	IDIK	EE,,	EEKK	EKIC	EICD
ECDI	EECC	ECDD	EDCC	EIKD	EIK,	EE,,	EECC
ECKI	EKI,	EKCI	EECD	EKID	EKID	E, ID	ECDI
ECED	ECEI	EIEC	EEII	ECIK	ECIK	EEII	EEDD
EEII	EEIK	EECC	EEIK	ECID	EKIC	EKIC	KKII

EEDD　EKID　CCDD　CDIK　IIDD　IDIK　EE,,　EEKK
EKIC　EICD　ECDI　EECC　ECDD　EDCC　EIKD　EIK,
EE,,　EECC　ECKI　EKI,　EKCI　EECD　EKID　EKID

（四）双手食指的练习

注意：要按照双文速录的要求读。R（日）、F（佛）、V（吃）、T（特）、G（歌）、B（波）、U（屋）、J（鸡）、M（摸）、Y（之）、H（喝）、N（呢）等。

TGFJ　FJYU　RMJF　RVMU　RJFJ　RUFM　RVUV　JFYT
JMHN　JFGH　FURU　VUVR　FUJV　YMFJ　RMVB　BJFU
NBHG　RVNB　RUYG　BNHG　UYGH　UYTH　RYUJ　RJHJ
RJUH　RHGM　RGHB　RGUN　RGUN　RGYB　RHGN　RHGU
BHRY　TYGH　RJGY　UBNT　BGNH　RYTG　RYTB　VNGY
VFYN　BNTY　TGFJ　FJYU　FVUJ　RVMU　RUFM　RFUV
JFYT　JMHN　VUVR　FUJV　YMFJ　RMVB　BJFU　NBHG
RVNB　RUYG　RJFG　BNHG　UYGH　UYTH　RYUJ　FGHG
RJHJ　RHGM　RGHB　RGUN　RGYH　RGYB　RHGN　BHRY
TYGH　RJGY　UBNT　GHUF　BGNH　RYTG　UJMV　RYTB
VNGY　VFYN　BNTY　TGFJ　FJYU　FVUJ　RMJF　RVMU
RJFJ　RUFM　RVUV　RFUV　JFYT　JMHN　JFGH　FHGJ
FURU　VUVR　FUJV　YMFJ　RMVB　BJFU　NBHG　RVNB
RUYG　RJFG　HJGB　BNHG　UYGH　UYTH　RYUJ　FGHG
RJHJ　RHGM　RGHB　RGUN　RGUN　RGYH　RGYB　RHGN
BHRY　TYGH　RJGY　UBNT　GHUF　BGNH　RYTG　UJMV
RYTB　VNGY　VFYN　BNTY

（五）双手十指的综合练习

双手十指的综合练习是指十个手指对计算机键盘所有键位有序击键的综合练习，旨在训练十个手指的分工协调性和灵活性。值得说明的是，这种十指的综合练习，事实上就是汉字速录实训的一种方法，如果在双文速录软件应用的状态下，某些字母的组合实际上就是汉字的单词或短语，譬如，SLWC（四十、四时、巳时）、YLIC（质疑、置疑）、QVIL（起义、起意）、TBMW（特别茂盛）、DKLQ（堕坑落堑）、CQBF（采取办法、此起彼伏）、HILO（胡言乱语）。

YCWX	XMBKDI	UIYI	CKLX	NNKG	YUBW	JNFD
MMUU	LRFV	AADB	NOBY	AAZZ	JLIT	S'J
SQHL	YNGN	MCWL	JQQD	GHKC	GHKV	W、BW
MFY4	QWBX	HGLD	HTXH	LLDZ	RMB;	BDBW
1234O	1987N	1O2R	WLWV	6N7O5R	TAXZL	OVIV
MLQL	XCQL	UIBL	QTDW	RLFZ	EJVB	UIDD
ZOFF	QTWZ	YXWI	KBKI	ASTI	XXYY	ZUXI
CWCK	QPLHH	ELSZ	TJKST	ESEBI	XIPP	4、56
VQPB	PFVY	NLBU	GCWL	W'G		

（六）有关双文速录听打训练软件与指法训练的说明

21个辅音（声母）和35个元音（韵母）的二字词录音在双文速录练习软件“初级速录员速度测试”听录模块中练习，如图2－3。录音速度分别是60字/分钟、70字/分钟和100字/分钟，练习顺序是从“1辅音”一直到“36uy”，要按照双文速录原理的辅音、辅音＋声调，元音、元音＋声调等方法输入字母。将21个辅音（声母）和35个元音（韵母）练习达到100字/每分钟的录音速度时为止，这样就可以在指法训练完成后，在学习双文速录原理时直接进入文章的速录实训。听录这些文件时，也可采用屏幕对照的方法练习看录，但要以听录为主。

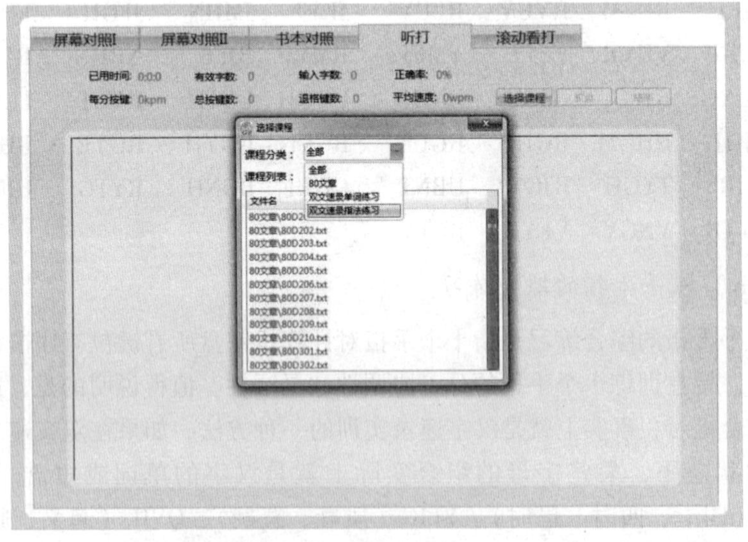

图2－3

第三节　辅音、声调、隔音号

本单元教学难点

* y、v、w 取代汉语拼音方案 zh、ch、sh 的读音和用法。

* “c、v、l”既是辅音呲（ci）、吃（chi）、勒（le）的读音，又是二、三、四声的声调。

* 何种情况下使用隔音号？

教学内容和方法

字母发音和键位对应；十个手指的分工与字符读音的键位对应。

一、辅音

什么叫辅音？辅音发音短促，辅音就是《汉语拼音方案》中的声母，共有 21 个。辅音与汉语拼音方案对照及在键盘键位的分布：b（bo）、p（po）、m（mo）、f（fo）、d（de）、t（te）、n（ne）、l（le）、g（ge）、k（ke）、h（he）、j（ji）、q（qi）、x（xi）、z（zi）、c（ci）、s（si）、y（zhi）、v（chi）、w（shi）、r（ri），其中：y、v、w 代表了《汉语拼音方案》的 zh、ch、sh。辅音在计算机键盘的键位分布如图 2 -4：

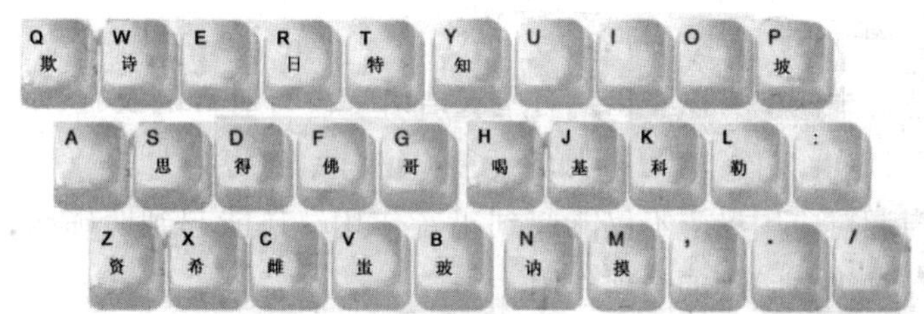

图 2 -4　辅音键位图

《汉语拼音方案》中辅音（声母）字母作为独立发音的音节时，它们的后面为什么分别加有 o、e、i 三个元音字母？如：bo、fe、zi。事实上，21 个辅音字母的后面附加的“i、e、o”是为了作为独立的语素单位时在该字母上面标识一、二、三、四声的声调符号。而双文速录的辅音后面不加这三个字母。有声调的，加声调字母，没有声调的直接用该字母，或在组词时加隔音号。如下表所示：

表 2 – 1

汉语拼音	双文速录	汉字
bō bo	bƀ	饽饽
bó bo	bcb	伯伯
bǒ bò jī	bvblj	簸簸箕

二、声调

双文速录的声调符号由辅音字母 c、v、l 写在辅音字母的后面，分别代表汉语拼音的二、三、四声声调，一声和轻声不标调。例如：

一声：b 波 p 泼 m 摸 f
d 的 c 呲 v 吃 w 诗
二声：bc 博 pc 婆 mc 模 fc 佛
dc 德 cc 词 vc 迟 wc 时
三声：bv 跛 pv 叵 mv 抹 fv dv
cv 此 vv 尺 wv 史
四声：bl 擘 pl 破 ml 莫 fl dl
嘚（瑟）cl 次 vl 赤 wl 市

从上述的举例中可以看出，有些汉语语音没有对应的汉字［如 f 的一声（f）、三声（fv）、四声（fl），d 的三声（dv）］。

标识声调对应用汉语不仅能起到正音作用，还能起到明确四声同音字、同音词在计算机数字键的选项作用。

c 在字母的前面读汉语拼音的 ci，在字母的后面是二声声调；

v 在字母的前面读汉语拼音的 chi，在字母的后面是三声声调；

l 在字母的前面读汉语拼音的 le，在字母的后面是汉语拼音的四声声调。如：

hccc（核磁）、ccql（瓷器）、gcvv（格尺）、kvvv（可耻）、llz（乐子）、bcll（伯乐）、qvwl（启示、岂是、起事、起誓、启事）、mlml（默默）、wcq（时期）、wlql（士气）。

把下列辅音、辅音 + 声调所组的词读准、练熟（教师可采用一边朗读、一边在白板上用拉丁文写出单词的办法听录）：

日志 日期 日记 日子 昔日 日食 时日 十四 誓死 诗词 师资
逝世 实时 实施 食指 实质 士气 时期 实际 时机 适合 世纪
时刻 诗歌 使得 石佛 石磨 识破 赤日 赤子 赤字 尺子 吃喝
致死 值此 侄子 值了 值得 值日 知识 支持 四十 四喜 四哥
四至 司机 自此 自私 自制 子时 资格 自己 自习 刺激 此次
慈禧 此致 次之 次日 自个 锡纸 喜事 细致 嬉戏 稀奇 袭击
稀客 稀薄 西德 气势 奇特 奇迹 契机 奇袭 棋子 旗子 妻子
其次 气死 旗帜 其实 启示 起始 期末 气魄 忌日 几日 挤死
祭祀 几次 寄自 虮子 集资 机子 即使 积极 济急 机器 祭旗
鸡西 机智 几只 鸡翅 鸡屎 几时 技师 记事 几何 即可 饥渴
几个 及格 积德 寂寞 击破 缉私 何日 核实 合适 歌词 刻薄
可惜 科技 客气 可喜 壳子 渴死 可视 合资 核磁 个子 各自
隔阂 格式 格尺 搁置 各级 歌德 隔膜 乐和 讷河 伯伯 饽饽
驳斥 博士 勃起 脖子 薄膜 伯乐 博客 薄荷 波及 婆婆 破格
婆媳 迫使 默默 默契 末日 莫及 得知 得失 特使 特级 启示
滋事 喜事 磁石 漠视

当双音节词音节的读音界线发生混淆时，须加隔音号隔开。隔音号是计算机键盘的单引号键（’），属于右小指分工范围。

三、隔音号

隔音号是拼音文字常用的一种符号，是防止字母读音的界限发生混淆时的“隔音号”。双文速录的“隔音号”是右手小指所负责的区域单引号（’）键。使用隔音号有三种情况：

1. 前后两个字母有拼音关系或是常用词的。如：g’g（哥哥）、b’b（饽饽）、m’m（摸摸）、u’s（钨丝）、s’j（司机）等，上述举例中前后两个字母（语素）之间如果不加“隔音号”，其读音就变成了缩略首字母是相同的几组二字常用词或前后两个字母拼音相同的单字以及该单字读音相同的同音字。如 gg（1 改革 2 公共 3 各国 4 巩固 5 功过 6 敢干 7 宫 8 龚 9 供 0 工），前 6 条词都是缩略首字母相同（gg）的常用词，后 4 个字是两个字母相拼（gg）时读音相同的同音字。bb（1 并不 2 不变 3 不便 4 颁布 5 遍布 6 被捕 7 版本 8 弊病 9 卑鄙 0 包），前 9 条词是缩略首字母相同（bb）的常用词，后一条是两个字母相拼时的同音字（与“包”字同音的同音字须翻页）。mm（1 秘密 2 美满 3 美梦 4 密码 5 买卖 6 麻木 7 冒昧 8 慢慢 9 茂名 0 盲目），m 与 m 相拼时一声和四声没有汉字，二声（mmc 民……）、三声（mmv 敏……）都有若干同音字，因而将 mm 全部设置为缩略首字母是二字的常用词。

2. 前一音节没有声调字母，后一音节的首字母是声调字母 c、v、l 的，如 g'cc（歌词）、w'cc（诗词）、y'vc（支持）。

3. 前一音节只有一个字母的，如：j's（缉私）、j'pl（击破）、j'dc（积德）、j'kv（饥渴）、j'x（鸡西）、g'yl（搁置）、u'pc（巫婆）。

为了强化对“y、v、w”的记忆，可以编若干组由 y、v、w 组成的词语作为练习录入的材料，边读边打练若干遍。如：知识（y'w）、知己（y'jv）、机智（j'yl）、几支（jvy）、可耻（kvvv）、格尺（gcvv）、启齿（qvvv）、鸡翅（j'vl）、私事（s'wl）、四十（slwc）、死时（svwc）、时机（wcj）、时期（wcq）、石器（wcql）、士气（wlql）、实际（wcjl）、计时（jlwc）、鸡屎（j'wv）、几时（jvwc）、及时（jcwc）、记事（jlwl）、磁石（ccwc）、此时（cvwc）、刺激（clj）等。

说明：有方言的学员开始时可能对使用声调字母不习惯，但一定要养成准确使用声调字母的习惯。声调字母是准确输出单字（非高频字）和双音节词（非缩略词）的有效手段。双文速录软件是建立在普通话基础上的速录软件，教师一定要让学员在彻底掌握声调字母的使用后再进行下一节的学习。

第四节　元音与元音的分类

元音与辅音比较而言，元音发音响亮、可唱、可延长。双文速录所说的元音就是汉语拼音方案的韵母。

双文速录的元音分为三类，即单字母元音、双字母元音和拼音元音。

本课教学难点提示：

＊元音的教学难点在于辅音与拼音元音相拼时拼音元音的进一步省略，这种省略没有什么规律，必须死记硬背。

一、单字母元音

什么叫单字母元音？单字母元音就是汉语拼音方案的单韵母，也就是通常所说的开口呼元音 a、e，齐齿呼元音 i，合口呼元音 u，撮口呼元音 o。这 5 个元音的读音与用法如下（括号内为汉语拼音的读音和用法）：

a（a）、e（e）、i（i、y、yi）、u（w、u、wu）、o（yu、ü）

单字母元音在计算机键盘的键位，如图 2－5 所示：

图 2－5　单字母元音键位图

将下列单字母元音、单字母元音＋声调、辅音与单字母元音拼音、辅音与单字母元音拼音＋声调构成的词语读准、打熟。

（一）a 组

阿姨　阿哥　八一　八个　拔河　把戏　把持　靶子　爸爸　霸气　扒拉
疤瘌　啪啪　怕事　妈妈　发麻　芝麻　大骂　激发　启发　发达　罚没
法医　指法（yvfav）　执法（ycfav）　嗒嗒　鞑靼　妲己　发达　打击
打骂　大气　大旗　大姨　大哥　溻了　趿拉（ta'la）踏步　哪个　那个
拉屎　垃圾　砬子　喇嘛　打尜（gac）　喀嚓　哈哈　哈气　哈（hav）达
匝匝　杂志　打杂　咋了　摩擦　擦洗　潵（sav）河飒飒　诈欺
欺诈视差　视察　打镲　打岔　杀气　啥事　傻子　沙子　傻事　旮旯

（二）e 组

恶意　恶魔　遏制　饿死　企鹅　沙俄　饥饿　折磨　折尺　车辙　褶子
一扯　车子　车马　马车　汽车　彻查　奢侈　舍弃　大赦　特设　射击
鸡舍　测试　一侧　热气　惹气　惹事　惹人　色泽　气色　这支　这只
这时　记者记着　试着　饿着　起着　骑着　摸着　隔着　合着　合辙
挤着　蛾子

（三）i（yi　i　y）组

提示：“一”在语境中是个变读音。在双语素词中，后面的读音是四声的，它在前面读二声，如：一致（icyl）、一个（icgl）、一会儿（ichjlr）；后面的读音是二声和三声的，它在前面读四声，如：一起（ilqv）、一回（il-hjc）、一时（ilwc）；作为汉字的数词时读音是“一（i）”，如：一、二，一是一，二是二。

衣钵　姨夫　医德　特意　乐意　各异　可疑　合意　记忆　以及　起义
一起　洗衣　乙烯　疑义　异议　义乌　逼迫　鼻子　笔译　笔记　鄙视
自闭　坯子　脾气　痞子　字谜　大米　秘密　机密　敌视　启迪　底子
弟弟　弟媳　大地　地基　梯子　蹄子　体制　体系　妮子　比拟　腻子
离奇　立意　洗礼　遗物蚂蚁　一拃（ilyav）　一时　意识　肆意　示意
敌意　歧义　篱笆　巴黎　大敌　打的（di）　大厦

（四）u（wu　w　u）组

巫婆　无疑　无视　无私　无误　不大　大补　无补　布匹　匍匐　菩萨
毪子　母子　木制　墓地　夫妻　服气　父子　支付　师傅　马夫　督促
独立　毒气　赌气　肚子　一度　突击　图纸　土地　土质　兔子　奴役
奴隶　怒气　怒视　怒骂　大怒　炉子　俘虏　辘轳　路堤　陆地　大陆
估计　姑姑　骨气　打鼓　固执　故意　哭泣　哭诉　吃苦　智库　忽视
呼气　几乎　胡子　打虎　客户　大户　部族　补足　阻止　足足　粗俗
粗细　吃醋　苏木　俗气　不俗　起诉　诉苦　嗉子　朱砂　朱德　逐出
蜘蛛　支柱　主义　注视　注释　住宿　出气　出马　移出　初步　不出
支出　破除　发怵（fa’vul）　初始　梳洗　熟悉　读书　图书　著书
暑气　数目　大树　如意　污辱　辱没　孺子　入资　植入　毒蛇　读着
读者　抚着

（五）o（yu　ü）组

仕女　女婿　鼻衄（bicnol）　侄女　驴子　骑驴　屡屡　吕布　一缕
纪律　律师　墨绿　顾虑　一律　疑虑　移居　起居　居室　局势　举世
句子　聚聚　聚集　屈膝　驱车　驱离　曲艺　曲直（qoyc）区域　市区
崎岖　智取　娶妻　志趣　去意　去除　除去　虚的　不需　不许　许可
序幕　序曲　胡须　徐徐　迂腐　鱼刺　无余　雨衣　羽翼　谷雨　至于
智育　治愈　觊觎（jloc）　鲫鱼　细雨　玉石　玉器　女厕　鳄鱼　遮雨
富余　渔夫　逝去　去世　歌曲　蛐蛐　女的　继女

二、双字母元音

什么叫双字母元音？双文速录的双字母元音就是由两个字母构成的元音（在《汉语拼音方案》中称为“复韵母”），有两种。一种是单字母元音 a、e 在前，后面分别附加一个辅音字母；另外一种是由单字母元音 i、u、o 与单字母元音 a、e 和由 a、e 构成的双字母元音相拼构成的元音（见表 2－2）。

表 2－2　双字母元音汇总表（括号内为汉语拼音方案的用法和读音）

元音	i	u	o
a	ia（ya、ia）	ua（wa、ua）	
e	ie（ye、ie）	ue（wo、o、uo）	oe（yue、üe）
as		us（wai、uai）	
ab	ib（yao、iao）		
ah	ih（yan、ian）	uh（wan、uan）	oh（yuan、üan）
ak	ik（yang、iang）	uk（wang、uang）	
en	un（yin、in）	un（wen、un）	on（yun、ün）
et		ut（wei、uei）	
ew	iw（you、iou）		
ey	iy（ying、ing）	uy（weng、ueng）	
eg	ig（yong、iong）		
er			

在双字母元音中，ey（eng）的一声有一个对应的汉字——鞥，二声、三声和四声各有一个对应的多音汉字——嗯。而 ong 音没有任何对应的汉字，因而用辅音字母 g 作为 ong 音的读音。简单地说，辅音字母 g 在字母的前面读辅音 g（ge），在字母的后面读元音 ong，如：ggj（攻击、公鸡）、ggyc（公职）、ggz（工资）、zvgg（子宫）、ygvz（种子）、tgj（通缉）。er 音不与任何辅音和元音拼音，遇到有卷舌音的语词时，语素的后面附加表示卷舌音的字母 r 即可。如 pncr（盆儿）、nxvr（鸟儿）、hfr（花儿）等。

（一）a、e 在前的双字母元音有“ab、as、ah、ak，en、et、ew、ey、er”

a、e 在前的双字母元音在与单字母元音 i、u、o 和辅音相拼时，须将前面表示发音口形的 a、e 省略去，用后面的辅音字母充当，如：bbz（包子）、pbz（泡子）、mblz（帽子）、ssz（塞子）、dsz（呆子）、hhlz（汉子）、gnz（根子）、yyyc（争执）、www（收拾）、wwvwl（1 手势 2 首饰 3 守势）……将下列各组词语听录若干遍，一直达到反应迅速时为止：

1. ab（ao）组

傲视 自傲 薄薄（bbcbbc） 饱饱 暴雨 狍子 泡子 跑路 跑步
炮制（pbcyl） 猫腰 猫咪 毛笔 毛毛 冒失 冒泡 冒气 刀子
叨叨 打倒 倒了 倒地 道士 滔滔 淘米 桃子 乞讨 套路 毛桃
桃李 核桃 孬种 气恼 恼怒 脑力 大脑 大闹 捞取 劳力 牢笼
高高 高一 高二 高级 书稿 稿子 告知 胡搞 高考 中考 高烧
铐子 蒿子 貉子 耗资 耗子 极好 喜好 凿子 早早 一早 洗澡
早操 造福 操持 曹操 草草 骚动 臊气 扫地 打扫 朝气 着迷
沼气 沼泽 笊篱 兆示 抄袭 包抄 抄起 潮湿 潮气 爆炒 烧烤
勺子 至少 妖娆 讨饶 舀子 机要 西药 医药

2. as（ai）组

自爱 慈爱 低矮 掰开 直白 白皙 白日 摆开 拜拜 拍戏 一排
排气 各派 埋没 卖力 迈步 大麦 呆子 好歹 歹毒 带路 逮捕
代步 布袋 一袋 车胎 胎气 一台 台式 塔台 态势 固态 乃是
吃奶 挤奶 耐力 来路 来意 无赖 癞子 该死 改制 盖世 膝盖
开启 开开 拨开 凯歌 遗骸 海事 大海 冻害 贻害 栽树 住在
在此 猜忌 猜谜 才子 菠菜 白菜 采摘 赛事 哥嫂 大赛 开斋
宅子 择菜 路窄 债务 讨债 寨子 拆开 拆除 筛子 色子 日晒
紫菜 吃菜 炒菜

3. ah（an）组

暗室 班师 开班 开办 板子 白板 高攀 盘古 盘子 棋盘 渴盼
期盼 欺瞒 满满 不满 慢慢 慢车 翻番 打翻 白帆 白矾 饱饭
泛泛 翻译 单一 单子 单独 单体 大胆 胆子 掸子 鸡蛋 贪图
滩涂 坦途 探路 探子 勘探 疑难 遭难 篮子 褴褛 碧蓝 兰草
懒懒 干旱 干渴 干枯 不敢 主干 骨干 大干 勘察 砍树 砍伐

看书　好看　副刊　刊物　寒气　含义　包含　出汗　毡子　毡帽　展示
展板　战时　战士　占地　搀扶　搀着　缠绕　产地　产于　颤动　发颤
高山　山高　打闪　闪闪　善事　善举　善意　膳食　漠然　簪子　积攒
参赞　午餐　早餐　中餐　凄惨　雨伞　打伞　冒烟　烟雾　厌恶　白眼
眨眼　岩石　延时　掩体　燕子　咽气　言语　语言　冤屈　远远　怨气
院士　医院

4. ak（ang）组

帮办　帮忙　臂膀　木棒　棒子　大棒　膀肿　磅礴　耪地　胖子　茫茫
苍茫　忙于　蟒蛇　鲁莽　方言　方的　房子　房租　防空　防盗　仿古
模仿　放屁　防疫　铛铛　抵挡　阻挡　上当　米汤　趟河　唐朝　唐代
躺倒　一趟　几趟　烫伤　嚷嚷　攮子　琅玡　豺狼　朗朗　朗读　浪子
浪涛　海浪　刚刚　杠杆　山冈　康德　抗击　巷道　直航　起航　工行
张开　涨潮　高涨　商议　商机　伤号　赏识　上岸　高尚　和尚　瓤子
嚷嚷　脏（zk）了　脏（zkl）器　藏族　藏胞　仓促　仓库　苍术　藏猫儿
央视　央企　山羊　公羊　母羊　杨树　白杨　扬帆　仰视　给养　养育
样子　养子　荡漾　模（muc）样　痒痒　养羊　王子　望族　往往　往来
往西　往返　往东　往南　遗忘　激昂　气囊　常识　徜徉　安阳　德阳

5. ew（ou）组

剖析　剖开　牟利　智谋　自谋　某某　某部　兜子　兜售　蝌蚪　兜底
抖擞　抖动　陡坡　斗气　斗志　偷袭　偷偷　头头　透气　楼市　搂抱
漏气　沟壑　狼狗　苟同　够受　不够　叩头　克扣　猴子　怒吼　后事
厚道　厚厚　喝粥　一周　周末　周密　车轴　掣肘　肘部　白昼　收受
收据　收益　没收　熟人　熟菜　手指　守望　看守　失手　手势　手掌
受气　干瘦　怄气　猪肉　羊肉　肉体　卖肉　抽烟　愁容　发愁　丑陋
陋习　漏雨　臭气　走狗　造句　造势　奏乐　凑数　搜集　忧愁　优裕
鱿鱼　莠子　柚子

6. ey（eng）组

甭用　蚌埠　抨击　烹制　澎湃　棚子　手捧　捧着　碰壁　发蒙（my）
蒙（myc）蔽　蒙（myv）古　盟主　萌芽　梦中　孟子　大梦　风筝
疯子　蜂子　风声　丰盛　启封　讥讽　缝隙　缝子　奉旨　灯塔　登山
登机　等级　稍等　高等　初等　瞪眼　凳子　板凳　熥（ty）饭　头疼
职能　冷冻　冷气　羹匙（gy'vc）　耕地　耿直　耿耿　吭哧　吭气　大亨

哼唧　制衡　横（hyl）财　争气　争斗　争执　古筝　愣怔　征兆　长征　出征　整整　整日　正值　正义　正气　撑腰　撑死　支撑　诚意　乘法　秤杆　称呼　生意　麻绳　绳子　省级　省事　生于　剩饭　剩菜　扔弃　激增　大增　层层　一层　鹦鹉　英姿　英石　蝇子　萦绕　影子　营生　营长　苍鹰　苍蝇　苍生　盈盈　硬度　应试　翁婿　老翁　嗡嗡

7. et（ei）组

悲歌　可悲　茶杯　长辈　成倍　城北　路北　北路　胚胎　培育　陪送　妹妹　保媒　美事　美德　美意　北美　南美　妹子　魅力　飞机　飞跑　起飞　肥婆　合肥　施肥　土匪　匪徒　痱子　废纸　费力　废弃　废棋　内衣　之内　勒死　雷暴　打雷　打擂　累计　累累　雷击　肋骨　黑衣　黑黑　贼赃　木贼　纸杯　放飞　狒狒　废气　悲泣　悲哀　日内　给力　背离　后备　后背　匹配　陪着　赔了　赔付　配种　泪珠

（二）拼音元音就是单元音“i、u、o”与单元音“a、e”和双字母元音的拼音（详见表2－2）

拼音元音与辅音相拼时，分别由不同的辅音字母充当（有时候一个辅音字母要同时充当两个元音的读音），多练习几遍就很快掌握。

1. “en、ia”组。“en”是双字母元音，它与拼音元音“ia”在与辅音拼音时都由辅音字母“n”充当

奔驰　飞奔　本意　资本　木本　草本　笨蛋　喷气　喷发　盆子　闷气　烦闷　门子　它们　门口　门户　闷雷　分析　吩咐　奋起　焚烧　坟墓　粉色　米粉　嫩芽　嫩绿　根基　生根　树根　恳谈　开垦　痕迹　疤痕　泪痕　狠毒　狠狠　仇恨　可恨　真实　真是　诊治　疹子　枕木　枕头　阵势　镇压　嗔着　沉沉　趁机　趁势　击沉　深厚　身姿　神了　婶子　仁义　忍受　难忍　不忍　森森　阴郁　阴森　阴影　银币　淫欲　隐私　隐隐　印证　印制　瘟疫　文艺　吻合　问世　云彩　云雨　云层　乌云　孕育　家族　佳人　夹子　夹击　夹（jnc）克　假肢　真假　假意　嫁衣　假期　嫁人　例假　掐死　卡（qnv）子　发卡　瞎子　虾米　朝霞　匣子　侠客　夏季　立夏　初夏　夏日　海峡　夏收　下雨　哥儿俩（grlnv）　真挚

2. “ik、ut”组

辅音在与“ik（yang、iang）、ut（wei、uei）”拼音时，“ik、ut”都用辅音字母“j”充当。

娘子　娘们　酿造　姑娘　脊梁　梁山　干粮　伎俩　两用　车辆　亮丽
江河　长江　即将　将士　战将　终将　中将　糨糊　枪炮　枪子　强盗
抢手　哄抢　铿锵　湘江　乡绅　乡长　投降　发饷　响声　只想　各项
几项　事项　烧香　样子　给养　夕阳　东洋　堆积　围棋　土堆　对付
排队　队长　推车　推手　颓势　长腿　大腿　退步　规格　违规　归为
归队　乌龟　鬼子　轨迹　轨道　贵人　跪下　下跪　常规　亏空　吃亏
钟馗　李逵　无愧　愧对　溃败　溃散　灰土　白灰　石灰　实惠　回复
回族　回函　回执　悔恨　毁弃　晦气　知会　会意　追击　追加　尾追
坠子　坠地　坠入　吹嘘　吹气　锤子　捶打　谁啊　水箱　香水　水雾
水气　睡衣　沉睡　大水　香气　真香　真相　锐气　祥瑞　大嘴　醉人
最美　崔嵬　催促　璀璨　干脆　脆生　尿脬（sjpb）芫荽（ihcsj）　隋朝
相随　岁数　骨髓　巍巍　稍微　垂危

3. “ie、ua”组

辅音在与“ie（ye、ie）、ua（wa、ua）”相拼时，“ie、ua”都用辅音字母“f”充当。

鳖甲　离别　瘪谷（bfvgu）　撇弃　乜斜　佛爷　爹爹　大跌　重叠　迭起
贴身　铁轨　铁丝　铁锤　铁器　饕餮（tbtfl）　镊子　裂口　咧嘴　接口
结义　音节　姐弟　姐妹　接触　借据　届时　解除　解开　切开　茄子
妻妾　切切　些许　蝎虎　鞋子　写字　出血　谢意　携带　卸车　椰子
爷们　爷爷　也未　野兽　野狗　野驴　叶子　绿叶　野生　惬意　致谢
西瓜　冬瓜　南瓜　孤寡　寡妇　寡人　挂历　挂彩　挂失　夸赞　夸奖
夸口　击垮　打垮　胯骨　跨步　白花　白桦　花卉　红花　花痴　花红
华人　华夏　华南　华中　华山（hflwh）　量化　抓人　刷洗　刷碗
耍戏　杂耍　瓦特　娃娃　胆怯　贴切　趔趄

4. “un、on”组

辅音在与“un（wen、un）on（yun、ün）”相拼时，“un、on”都用辅音字母“d”充当。

吨位　盾牌　吞没　吞食　吞吐　海豚　伦敦　轮子　几轮　轮回　轮椅
车轮　论据　沦为　滚滚　滚蛋　棍子　木棍　昆虫　坤包　困兽　困厄
昏迷　昏睡　馄饨　浑蛋　浑水　混合　混事　谆谆　保准　准许　允准
接吻　裂纹　裂璺　春花　春季　初春　春日　纯真　嘴唇　唇舌　唇齿
蠢材　蠢人　吸吮　吮吸　瞬息　理顺　滋润　瘟神　质问　指纹　温和

云层 君主 君子 君臣 军事 军人 军马 菌类 骏马 竣工 俊美 人群 超群 功勋 熏人 寻人 寻找 巡视 遵循 训斥 讯问 讯息 防汛 质询 查询

5. “in、us”组

辅音在与“in（yin）、us（wai、uai）”相拼时，“in、us”都用辅音字母“m”充当。

宾词 宾客 宾主 槟子 来宾 鬓毛 出殡 相拼 拼了 贫苦 招聘 子民 庶民 机敏 移民 祝您 拎包 林海 睦邻 邻居 临摹 凛冽 檩木 凛然 吝啬 麒麟 今日 金子 筋骨 抽筋 紧紧 仅仅 近日 近邻 近期 近视 亲事 亲亲 近亲 擒拿 芹菜 寝室 入侵 乡亲 胡琴 新式 辛劳 辛勤 心思 信使 相信 知音 福音 辅音 阴郁 基因 起因 淫欲 卖淫 淫威 金银 乖乖 妖怪 打拐 拐卖 怪事 怪怪 蒯草（kmvcbc） 快跑 快些 快快 市侩 怀胎 怀孕 淮海 心怀 坏事 坏人 满怀 拽紧 膗子（vmz） 囊膪（nk’vml） 摔碎 帅气 蟋蟀 外人 外事 外甥 外界 涉外

6. “uh、oe”组

辅音在与“uh（wan、uan）、oe（yue、üe）”相拼时，“uh、oe”都用辅音字母“r”充当。

端口 端午 端倪 终端 中断 短路 长短 短视 急湍 湍急 团团 团长 社团 暖风 暖意 山峦 卵生 卵巢 乱世 动乱 暴乱 淫乱 当官 棺材 羊倌儿 管事 主管 灌溉 灌区 灌水 一贯 贯穿 宽心 长X宽 收款 付款 拨款 取款 善款 欢喜 欢乐 欢快 喜欢 撒欢儿 循环 缓缓 涣涣 患难 专一 专业 专用 砖石 砖块 转移 转身 转弯 传记 撰写 穿衣 穿鞋 传达 山川 血栓 门闩 拴马 软硬 服软 软腭 钻研 钻头 攥紧 逃窜 篡改 心酸 酸菜 算计 算数 月牙 婉约 契约 失约 蕨菜 绝路 绝食 绝地 崛起 察觉 决绝 缺席 短缺 喜鹊 奇缺 瘸子 上阕 下阕 雀巢 麻雀 痞疾 肆虐

说明：辅音l与拼音元音oe（lrl）相拼时，四声有略、掠……几个同音字，这与辅音l与拼音元音uh（lrl乱、釠、亂、薍）的四声相拼时重叠，因此，将lr（一声）音作为固定的“略、掠、锊……同音字的拼写法。如：省略（wyvlr）、战略（yhllr）、战乱（yhllrl）、略微（lrut）、粗略（cu’lr）、侵略（qm'lr）、谋略（mwclr）等。

7. “ig”组

辅音在与拼音元音“ig（yong、iong）”相拼时，“ig”用辅音字母“k”充当。

帮凶　穿帮　身旁　困窘　窘态　穷尽　穷困　穷人　琼剧　黑熊　熊罴
熊熊　凶器　凶杀　凶狠　真凶　雄心　雄师　佣人　拥挤　雍正　拥有
蚕蛹　勇士　涌出　喷涌　汹涌　用心　用力　用以　致用　附庸

8. “uk”组

辅音与拼音元音“uk（wang、uang）”相拼时，“uk”用辅音字母“i”充当。

光泽　光亮　极光　闪光　金光　微光　余光　宽广　逛街　逛荡　竹筐
矿山　旷野　旷课　矿石　开矿　慌张　荒野　荒草　荒山　荒芜　黄山
黄土　黄雀　黄芩　幌子　晃荡　谎话　村庄　庄家　装饰　伪装
粗奘（cuyiv）撞针　相撞　撞钟　窗棂　窗户　窗台　创伤　疮疤　床铺
床板　起床　上床　床头　闯荡　闯入　撞击　双击　风霜　双喜　遗孀
寒霜　爽朗　飒爽　爽快　王子　闯王　遗忘　旺盛　失望

9. “iw”组

辅音与拼音元音“iw（you、iou）”相拼时，“iw”用辅音字母“q”充当。

谬种　丢失　丢弃　丢人　泡妞　牛气　公牛　母牛　牛肉　牛排　扭曲
扭送　流水　河流　流派　留守气流　柳树　杨柳　六爻　碌碡　纠集
抓阄儿　久久　酒气　舅舅　救急　老酒　故旧　秋季　求实　中秋　深秋
囚禁　囚徒　求是　气球　乞求　地球　篮球　绣球　球拍　求救　投球
休战　修整　羞愧　羞辱　休息　害羞　双休　自修　汽修　秀丽　秀气
衣袖　嗅觉

10. “ih”组

辅音与拼音元音“ih（yan、ian）”相拼时，“ih”用辅音字母“z”充当。

边疆　编织　编辑　延边　扁豆　匾牌　扁担　事变　变动　变迁　变通
偏偏　片子　诗篇　篇目　制片　篇章　断片　受骗　棉球　棉花　连绵
失眠　缅甸　缅怀　免了　免礼　面子　白面　巅峰　点子　垫子　垫资
垫背　电路　电器　电流　风电　水电　电动　用电　发电　天堑　前天

填空　天空　腼腆　年纪　年份　年糕　撵走　念头　连队　连长　连接
脸上　收敛　敛财　链子　练字　依恋　监视　监狱　强奸　汉奸　盐碱
保健　计件　基建　旗舰　战舰　迁徙　千年　谦虚　深浅　浅显　镶嵌
勾芡　欠债　事先　先锋　先人　闲人　齁咸　遇险　探险　肉馅　陷入
上限　限度

11. “ib”组

辅音与拼音元音“ib（yao、iao）”相拼时，“ib”用辅音字母“x”充当。

标识　标志　标本　手表　制表　飘扬　漂流　漂白（pxvbsc）　描述
描写　瞄准　禾苗　苗族　秒杀　秒表　妙语　奇妙　微妙　雕刻　浮雕
掉价　溜掉　掉队　吊销　吊孝　挑水　挑刺　纸条　律条　面条　调试
挑逗　挑衅　挑起　飞鸟　小鸟　尿尿　尿素　尿盆　无聊　辽东　燎泡
聊天　了事　知了　瞭望　镣铐　脚镣　交际　交往　姣美　交替　交手
娇气　嚼子　手脚　脚气　饺子　抬轿　轿车　窖藏　叫唤　教学　较劲
较好　悄悄　劁猪　敲打　桥面　小桥　瞧见　翘楞（qxclyl）巧手　巧妇
翘手（qxlwwv）　撬棍　雪橇　俊俏　削皮　消息　生肖　生效　拂晓
小憩　小气　小子　笑脸　嬉笑　孝顺　咆哮　妖艳

12. “iy”组

辅音与拼音元音“iy（ying、ieng）”相拼时，“iy”用单元音字母“e”充当。

冰块　结冰　冰层　兵马　士兵　兵戈　馅饼　饼铛　面饼　禀告　病体
病人　病床　治病　乒乓　奶瓶　瓶子　评判　平分　瓶颈　平生　名声
出名　成名　功名　书名　铭记　指明　命大　小命　钉子　叮咛　鼎力
订单　定制　定型　定性　光腚　听清　听写　客厅　不停　挺进　挺身
梃猪　济宁（jvnec）宁可　南宁　西宁　拧劲儿　兵龄　零度　零下
生灵峻岭　首领　衣领　指令　口令　妖精　精灵　神经　念经　月经
水井　警戒　刑警　民警　交警　敬香　敬酒　敬意　致敬　轻视　轻轻
倾情　倾泻　轻生　情景　恋情　情歌　隐情　请示　请客　顷刻　真情
喜庆　大庆　兴起　兴盛　星星　行星　醒来　醒酒　醒悟　杏树　银杏
两性　酸性　碱性　英姿　雄鹰　迎春　蝇子　迎娶　接应　硬度　应试

13. “ue”组

辅音与拼音元音“ue（wo、uo）”相拼时，“ue”用辅音字母“p”

充当。

城郭 铝锅 铜锅 国歌 国格 各国 大国 小国 瓜果 干果 果品 果冻 包裹 过失 过路 难过 阔气 括弧 括号 豁唇 秴子 豁嘴 死活 活的 活活 干活 火器 火柴 火烧 灭火 柴火 生火 玩火 恼火 同伙 祸水 祸害 抑或 疑惑 桌子 课桌 笨拙 茁壮 啄食 镯子 手戳 戳着 龌龊 说笑 小说 难说 好说 硕大 闪烁 弱视 弱势 微弱 弱小 作死（zpsv） 作坊 嘬奶 琢磨 左手 左方 座位 就座 做大 作业 坐着 作者 搓澡 搓手 痤（cpc）疮 矬子知错 纠错 认错 看错 唆使 教唆 缩水 伸缩 铁索 索要 会所 门锁 索命 猪窝 狗窝 鸡窝 蜗居 莴苣 涡轮 窝火 窝头 卧室 握刀 卧倒 沃野

14. “oh”组

辅音与拼音元音“oh（yuan、üan）”相拼时，“oh”用辅音字母“h”充当。

捐献 圈猪 捐助 杜鹃 卷起 花卷 锩刃 卷尺 卷帘 猪圈 羊圈 圈养 画卷 圈地（qhdil）花圈 拳脚 拳头 权势 诠释 全市 打拳 成全 掌权 实权 犬子 犬吠 畎亩 全员 泉眼 权谋 全权 劝导 劝解 解劝 宣讲 宣言 轩辕 喧嚣 文选 选题 挑选 炫耀 绚丽 炫富 鸳鸯 冤仇 深渊 冤屈 怨恨 远走 远去 远行 远视 原由 满员 超员 职员 原野 炫耀 涓涓 劝劝 怨言

15. 拼音元音“uy（weng）”和双字母元音“er”都不与辅音拼音

其中：“uy”音有“翁、嗡、鹟、螉、滃、鎓、鶲、塕”8个同音字；“uyc”音没有对应的汉字；“uyv”音有“滃、蓊、勜、奣、嵡、暡、瞈、聬、攚”9个同音字；“uyl”音有“瓮、蕹、齆、甕、罋”5个同音字。“er”音没有对应的汉字；“erc”音有“儿、而、鸸、鲕、児、侕、兒、陑、峏、洏、耏”等近20个同音字；“erv”音有“耳、尔、迩、饵、洱、珥、铒、尒、尓、栮”等近20个同音字；“erl”音有“二、贰、佴、弍、刵、貮、貳、誀、樲、髶”10个同音字。组词听录：

老翁 翁婿 嗡嗡 滃江 蓊郁 瓮安 瓮城 蕹菜 齆鼻 小儿 儿科 儿戏 儿子 钓饵 大二

到此为止，我们已经学会并掌握了所有汉字的拼写，能够使用双文速录软件输出任何非缩略词的汉字词语了。需要说明的是：从单字母元音拼写开始（整个第四节），所有的组词练习都是建立在非缩略词基础上的，这是双文速录词语中击键频率最高、录入速度最慢的词语，用这些词语作为练习材料，目的是让学习者在练习指法基础的同时掌握辅音、辅音 + 声调，元音、元音 + 声调，双拼、双拼 + 声调的拼写规则和要领。因此，我们有必要将本章的第三节、第四节组词练习词语反复看录几遍，然后再听录若干遍，以作巩固。

第五节　高频字、常用词、缩略词的应用

教学提示：

＊必须牢记高频字的序位。

＊通过实践能够明确词汇中哪些是高频字，哪些是非高频字，哪些是常用词，哪些是非常用词，以及如何确定缩略语和非缩略语。

从本节开始，我们将进行双文速录的各种缩略法学习，并进行以句子为单位的录入训练。值得注意的是，我们在艰苦的训练过程中要逐步掌握词汇中的缩略词和非缩略词以及缩略词的序位，这对于实现快速录入，预防错误击键能起到切实有效的规范作用。

一、高频字

高频字是指在汉语词汇中出现频率较高的助词、连词、介词等单个汉字，其应用规则是，将这些高频汉字以读音首字母的形式对应于计算机键盘的键位上，击该字读音的缩略首字母键位，与该字读音相同的高频字就依次序排列在数字键位上。

设定高频字的目的有两个，首先是减少击键频率，如“把”字，按照正常的击键是（bav）三键，再加上上屏键（空格键）按 0.5 键计算，该字需要 3.5 键才能上屏，把它设计成为高频字则仅需要两键（含数字键）上屏。其次是这些高频字一般都是独立应用的单字，设立为高频字有利于应用。详见表 2 - 3：

表2-3　高频字表

字母	1	2	3	4	5	6	7	8	9	0	备注（括号内为汉语拼音的读音）
b	不	把	被	并	比	表	本	部	波	拨	9、0为b（bo）音同音字
p	颇	怕	排	跑	朋	鹏	泼	坡	钋	酦	1、7~0为p音同音字；2~6是高频字
m	没	米	秒	每	吗	忙	马	明	面	摸	0为m音同音字；1~9是高频字
f	非	分	副	富	福	凡	范	奉	否	附	f音没有汉字；1~0全部都是高频字
d	的	但	对	到	大	地	答	等	点	得	1、6、0是d音同音字；其他是高频字
t	他	她	同	台	条	趟	太	头	忒	土	t（te）音没有汉字；1~0全部是高频字
n	你	能	年	男	女	那	南	您	宁	呢	0是n（ne）音同音字；其他是高频字
l	了	来	李	里	乱	类	老	两	辆	龙	1是l（le）音同音字；其他是高频字
g	个	给	过	更	共	国	桂	哥	歌	割	8~0是g音同音字；其他是高频字
k	可	看	口	课	块	棵	颗	科	柯	珂	6~0是k音同音字；其他是高频字
h	和	或	还	后	化	好	会	红	很	喝	0是h音同音字；其他是高频字
j	就	即	叫	暨	击	饥	鸡	激	积	基	5~0是j音同音字；其他是高频字
q	请	却	且	去	前	全	其	七	期	戚	8~0是q音同音字；其他是高频字
x	下	小	向	性	想	型	奚	希	熙	西	7~0是x音同音字；其他是高频字
z	在	再	则	最	做	罪	兹	訾	资	姿	7~0是z音同音字；其他是高频字
c	从	才	曾	次	错	促	草	呲	玼	跐	8~0是c音同音字；其他是高频字
s	所	岁	算	扫	司	思	斯	丝	锶	嘶	5~0是s音同音字；其他是高频字
y	这	正	指	者	之	只	支	芝	枝	知	5~0是y音同音字；其他是高频字
v	成	处	差	产	船	长	场	吃	痴	蚩	8~0是v音同音字；其他是高频字
w	是	上	谁	说	受	水	事	诗	师	施	7~0是w音同音字；其他是高频字
r	人	如	日	让	仍	任	然	荣	瑞	柔	r（ri）音没有汉字；都是高频字
a	按	案	爱	艾	敖	矮	啊	阿	锕	吖	7~0是a音同音字；1~6是高频字
e	而	二	鄂	饿	尔	耳	儿	贰	屙	婀	9~0是e音同音字；1~8是高频字
i	一	也	要	有	又	由	用	依	衣	壹	1、8~0是i音同音字；其他是高频字
u	我	为	问	位	王	万	外	邬	屋	乌	8~0是u音同音字；1~7是高频字
o	于	与	月	元	原	欲	於	淤	吁	迂	7~0是o音同音字；1~6是高频字

下列句子大部分是用高频字组成的，请读准、打熟（带下划线的，只打每

个字读音的首字母即可)。要注意词汇中哪些是单字输入，哪些是双字输入。

我曾在这所幼儿园工作过，颇受青睐。她非但答得对，且很专业。

奉您的指示，我一口一口地给他喂饭，因此，我给人的印象就是太土。

王明是我哥哥，他比我大 5 岁又两个月，但他比我矮了足足 30 厘米，你说我有多高?

范桂芝阿姨和她的男人马国富同年、同月、同日生，最近，她和他要分手了。

上午 10 点 5 分 45 秒集合，请按约定及时到公司南广场报到。

“你能让这几个人 离开吗?”一位叫敖鹏的男子对一位叫艾爱熙的女子说。此时，又来了一男一女，男的个子矮矮的，女的个子则细高。男的对女的说：“谁说人是最贪婪的?”

我叫王月元，今年 24 岁，属狗，人们都叫我王员外，我与同事乌小姐用了 3 天时间 掌握了双文速录 原理，用了一个月的时间就达到了 160 个汉字/每分钟，我的记录速度 能够与语言同步了！但我还不能 满足已有的成绩，必须 继续努力，一直 达到 200 个汉字 以上。

你从哪里来?我的朋友，你又要到哪里去?请你回答我好吗?

他看后就走了，而我却认真地研究起来。从这以后就有人说我可疑，让我受了委屈。

一台机器被分成了四部分放在一条船上，这非但没有省事，且更费事了。

十四是十四，四十是巳时。对也不是，是也不是，没是也没非，有错说没错，忒可惜。

有一老者，耳大，嘴小，在鄂南工作，才从西安度假回来，曾去过一趟莫斯科。他与司先生一同把辍学在家的施小红劝说 上学了，这是最让人值得高兴的事。

向前或向后，向西或向南，凡事要有规律，要有回旋余地，要有可操作性。你所说的，正是我所要的。你问我答，也可以是我问你答，总之，想的就要去做，做完 不要后悔。

我于 2017 年 6 月 9 日破了一个大案，与我一同破这个大案的还有原大案处的处长。

马荣福老师从他的办公室 出来正好和王坡老师撞了个满怀，为了消除尴尬，两位 老师特意把相撞说成是故意的，为此还专门搞了一个心理学讲座。

阿荣问阿思："有正司机和副司机之说吗？"阿思："你说呢？"阿荣："我要是知道就不问您了。"阿思："按说你并不比我智商低，但你这人爱絮叨。"

马明和马鹏是一对弟兄，马明比马鹏小两岁，马鹏今年 36 岁，马明今年多大了？范宁和范红是一对姐妹，范宁今年 24 岁，她比范红矮一厘米。

2017 年 6 月 23 日下午 17 时 19 分 56 秒，我受李先生 委托去看望他的女朋友，受王女士委托去看望她的男朋友，我感觉 太辛苦了，好想休息休息。

敖书记对我说："从这所幼儿园到他、她同台排演节目的电影院有一里的路程吗？"

这只说明了按人口算，不按住户算的方法 是正确的，这也正说明了 不怕她只怕他的行为是片面的。

这一家子大的、小的、男的、女的都来了，挤了满满一屋子的人。

这事不光为我也为你啊！要问你就去问好了，反正我不会与你为敌的，你看着办吧。

渴了，饿了就想喝水、吃饭，人是这样，马也是这样啊。

什么按棵（颗）计算？什么按台计算？什么按头计算？什么按类计算？什么按块计算？什么按期计算？什么按口计算？请李然荣老师回答 这几个问题。

从上述举例的例句中可以看出，高频字一般都是独立应用的单个汉字，其记忆规则也有规律可循，如"年、月、日、秒、分"这样的量词都用数字键 3 作为上屏键，你、我、他、个、了、于、一、而、人、是、这、就、请、下、在、从、不、的等这样的一级高频字用空格键上屏，其他高频字则按照使用频率依次排在数字键上。

教师或学习者个人要编一些使用高频字的句子作为正确使用和牢记高频字的方法，如："这就请他下来"这句话完全都是由单个高频字组成的，只要我们多练习这样的句子，就能很快牢记高频字的序位。

另外，一些由高频字组成的短语已经按照短语的缩略形式缩略化了，应用时要按照缩略语的缩略方法来录入，而不是按照高频字的方法一个字一个字地录入。如上述例句中的"并不比""你从哪里来""到哪里去"这样用高频字构成的短语都采用了短语的缩略形式。用缩略语的方法更能提高录入速度，但这种缩略语是有固定句式的。

还有像中、将这样用于后缀和介词的高频字而没有设计为高频字，其原因是这种字的击键频率低，可以放在同音字中，只要使用几次就能记住这些字的序位。

二、常用词

常用词与专业术语不同。常用词是指人们在社会生活中经常用到的双音节词，它一般体现在我们日常生活中所涉及的政治、经济、教育、科学文化等方面。而专业术语是指各行业频频用到的专业词。各行各业都有自己的专业常用词，医学领域的专业常用词如手术、输液、临床等，化工领域的专业常用词如氧化、质变、乙烯等，这些词在双文速录的词库中都不是常用词。除非我们根据各专业领域的需要，针对各行业专门开发符合各专业需要的速录软件，以便满足行业的速录要求。

双文速录的常用词应用规则是：输入两个字读音的首字母后，排在第一位的用空格键上屏，排在第二位和第二位以上的用数字键上屏。譬如，录入“先生，您好”这句话，输入“先”和“生”两个字读音的缩略首字母 x 和 w，“先生”一词就排列在数字键的第四位，击数字键“4”上屏；输入“您”和“好”读音的缩略首字母 n 和 h，“您好”一词就排列在数字键的第一位，击空格键上屏。

双文速录的常用词与辅音 + 声调、双字母元音、单字母元音 + 声调和辅音与元音相拼时所构成的单字有重叠现象。

例如：

（一）辅音 + 声调

1	2	3	4	5	6	7	8	9	0
彼此	保存	不错	本次	白菜	悲惨	鞭策	薄	博	铂

“bc”是“博、薄、铂、袯、搏”等所有“bc”音同音字的读音（其他同音字须翻页），同时也是“彼此、保存、不错、本次、白菜……”等缩略首字母相同的常用词读音的对应缩略字母；

（二）双字母元音

1	2	3	4	5	6	7	8	9	0
岸边	敖包	挨边	癌变	鳌拜	安保	奥博	安倍	熬	凹

“ab”音既是“熬、凹、枊……”等同音字的对应读音，又是前是“a”后是“b”的缩略首字母相同的常用词的对应字母；

（三）单字母元音 + 声调

1	2	3	4	5	6	7	8	9	0
严惩	遗产	养成	延长	遗传	应酬	有偿	已	以	乙

“iv”音既是“已、以、乙……”等同音字的对应读音，又是前是“i”后是“v”的缩略首字母相同的常用词的对应字母；

（四）辅音与元音相拼

1	2	3	4	5	6	7	8	9	0
第一	答应	都有	对应	动摇	导游	动用	抵押	电影	低

“di”音既是“低、堤、滴……”音同音字的对应读音，又是前是“d”后是“i”的缩略首字母相同常用词的对应字母。

从上述四个示例中可以看出，常用词都是在两个字母（辅音 + 声调、单元音 + 声调、双字母元音不加声调、辅音与元音相拼时不加声调）情况下出现。

将缩略首字母相同的常用词放在读音相同的单字前面是有科学依据的。根据统计：在汉语的词汇中，单语素（单字）占 9% 左右；双语素（二字词）占 48% 左右；三字短语（词组）占 10% 左右；四字词占 30% 左右；五字及五字以上的词不足 2%。依据这些统计数据和汉语词汇的组词特点，在词汇中占 9% 左右的汉字单字，一般以介词、连词、助词、量词和姓氏名字为主。因此，我们除了将大部分使用频率较高的单字介词、连词、助词、量词、名词等设计为高频字，另外一些都放在与常用词并列的数字键上，如 je5（经）、yw（周）、dg（东）等，特别是那些用于姓和名的汉字，一般都把它们放在第一页，如 ol（玉、毓、聿、煜）、xx（肖、萧、箫）等。三个字母构成的高频单字一般用空格键上屏，如 gbv（搞）、hbv（郝）、ohc（袁）等。

双文速录有 5580 多条常用词，占整个词库中双音节词的十分之一。使用这些常用词可以降低击键频率，提高录入速度和效率。那么，如何练习和使用这些常用词呢？首先，我们在录入时感觉上认为是常用词的不妨按照常用词的规则来输入。譬如下列这段话：“我们都是来自五湖四海，为了一个共同的目标，走到一起来了”。这段话中的“我们、都是、来自、为了、共同、目标”都是常用词，“五湖四海、走到一起”是四字缩略词（只输入每个字读音的首字母），“一、个、来、了”都是高频字。这其中的“走到、一起”也是常用词，但这两个词并列时可作为四字缩略词来录入。

三、缩略词

高频字、常用词都是缩略词的一种。

缩略词与缩略键。缩略词是指三字短语、词组，四字短语、成语、词组、术语，五字术语、词组和句子只输入每个字读音首字母的缩略形式。缩略字母是以双文速录的辅音字母、单元音字母以及双字母元音的首字母和双拼的首字母作为读音的缩略首字母，这种缩略方法设有缩略键。

高频字和常用词都没有设立缩略键。而三字词（短语、词组）和四字词必须设立缩略键，这是因为三字词和四字词的缩略形式有时与二字词或三字词的读音发生雷同，而发生雷同的二字词或三字词按顺序排在前面和首页，所需的缩略词则需要翻页，譬如，我们想录入抓质量一词时，输入了抓质量这三个字读音的缩略首字母 yyl 后，对话框显示的是 1 症、2 郑……单个字的同音字，而没有我们所要的抓质量。此时，使用缩略键（yyl;）后，与抓质量一词首字母雷同的缩略词就全部出现在对话框里（1 站住了 2 遮住了 3 助长了 4 抓质量……）。

但在录入实践中有时使用缩略键，有时不使用缩略键。

所谓缩略键就是在双文速录录入状态下用；键来显现三字词语或四字词语的功能键位，该键位有时是某些三字词语或四字词语的上屏键。其键位在右手小指分工的区域，也就是分号键（冒号）。

（一）显现三字词语的功能

三字词语在双文速录的词库中有 16 万余条，是二字词的三倍。如讲清楚（记清楚、将切除……），离开了（拉开了、来考虑……），和好了（后悔了、还好啦……），这些短语如果不使用缩略键（;），显现出来的就是与缩略首字母完全相同的单个汉字及其单个汉字的同音字。例如：

jqv 九、玖……，加上缩略键（jqv;）显示出来的是 1 讲清楚 2 记清楚……

lkl 浪、埌……，加上缩略键（lkl;）显示出来的是 1 离开了 2 拉开了……

hhl 汉、旱……，加上缩略键（hhl;）显示出来的是 1 和好了 2 后悔了……

简而言之，当我们输入一个三字词组或短语时，发现对话框显现的都是单个汉字，或数字键“0”也是三字词而需要的词语没有显现时必须使用缩略键。例如唱大戏（vdx;）、津京冀（jjj;）、要流氓（wlm;）等。

类似（ytx）状态下……（ozn）原子能、（ymm）真面目……nii……挠痒痒……ubw 未必是……这样的词是不用使用缩略键的。但类似 gud 感悟到（公文袋……）、hjh 好家伙（坏家伙……）这样的语词时都必须使用缩略键。

缩略键有时可用可不用的，如：真可笑（状况下……）、东道主（对得住……）、一开始（已开始……）等，这样的词如果使用缩略键后还得用数字键上屏，反而多击了一键，不如使用数字键一步到位便捷。倘若使用缩略键可以让该缩略词进入到数字键 1，能够用空格键上屏的，就可以使用缩略键。例如：空格键（kgj;）、越来越（olo;）、底子薄（dzb;）等。

（二）能够让四字词语通过使用缩略键方法用空格键上屏

四字词语是双文速录数量最多的词语，大约在 25 万条以上，包含了所有成语，比较常用的短语以及法律方面、政治方面的术语等。四字词与三字词一样，大多数情况下都不使用缩略键，直接用空格键和数字键上屏，如忽上忽下（hwhx）、哆哆嗦嗦（ddss）、勤学苦练（qxkl）、无线充电（uxvd）等。但类似峰值电压（fydi;）、尚未通过（wutg;）、摆在首位（bzwu）、轻车熟路（qvwl）等这样可以通过使用“缩略键”用“空格键”上屏的词语就可以使用缩略键；类似男女老幼（nnli）、勤俭持家（qjvj）这样的词语则可用可不用缩略键。

一些常用词，如果彼此在词汇中是挨着的，原则上要按照四字词的缩略形式缩略。如科学发展、认真学习、企业管理、面临考验等，遇到这种词时，切勿按照科学—发展、认真—学习、企业—管理、面临—考验这种常用词的方式分开录入。

（三）五字及五字以上词语的缩略

五字及五字以上词语是指国家名称、国家机构名称、地名以及谚语、歇后语、常用成句的古代汉语、古诗词以及社会常用术语、句子等。

其缩略规则是：五字词语输入每个字读音的首字母后直接上屏或用数字键上屏；六字及六字以上的词：输入前四个字读音的缩略首字母和最后一个字的首字母，用最后一个缩略首字母（有时用空格键或数字键）上屏。

1. 国家（城市）名称。例如：中华人民共和国（yhrmg）；美利坚合众国（mljhg）；埃塞俄比亚（asebi）；俄罗斯联邦（elslb）；土库曼斯坦（tkmst）；法兰西共和国（flxgg）；伊斯坦布尔（istbe）；乌鲁木齐市（ul-

mqw）阿拉斯加州（alsjy）。

2. 国家机关名称。例如：国土资源部（gtzob）；国家安全部（gjaqb）；信息产业部（xxvib2）；人力资源和社会保障部（rlzob）；工业和信息化部（gihxb）；军事委员会（jwuoh）；中共中央军事委员会（ygyih5）。

3. 古代汉语中的常用诗词名句。例如：白日依山尽（briwj）；日照香炉生紫烟（ryxli）；路漫漫其修远兮，吾将上下而求索（lmmqs）；士为知己者死（wuyjs）；女为悦己者容（nuojr）；清明时节雨纷纷（qmwjf）；大道之行也，天下为公（ddyxg）；燕雀安知鸿鹄之志哉（iqayz）；大漠孤烟直，长河落日圆（dmgio）；不入虎穴，焉得虎子（brhxz）；明知山有虎，偏向虎山行（mywix）；墙上芦苇，头重脚轻根底浅（qwluq）；百尺竿头，更进一步（bvgtb）。

4. 歇后语。例如：秃头虱子——明摆着（ttwzy）；猫哭老鼠——假慈悲（mklwb）；秋后蚂蚱——蹦跶不了几天（qhmyt）；竹篮打水——一场空（yldwk）；老鼠钻风箱——两头受气（lwzfq）；外甥打灯笼——照旧（舅）uwddj。

5. 谚语。例如：明知山有虎，偏向虎山行（mywix）；八九不离十（bjblw）；山高皇帝远，干事没人管（wghdg）；苦海无边，回头是岸（khuba）；冰冻三尺，非一日之寒（bdsvh）；冷在三九，热在三伏（lzsjf）；摸着石头过河（mywth）。

6. 国际机构组织、各种系统名称。例如：全球移动通信系统（qqidt）；国际标准化组织（gjbyy）；亚太经贸合作组织（itjmy）；国际奥林匹克委员会（gjalh）；世界贸易组织（wjmiy）；全球定位系统（qqdut）。

7. 社会常用术语、句子。例如：建设有中国特色的社会主义（jwiyi）；理论与实践相结合（llowh）；立场、观点、方法（lvgdf）；国内生产总值（gnwvy）；空气污染指数（kqurw）；国民生产总值（gmwvy）；理论联系实际（lllxj）；现代化建设事业（xdhji）。

四、词汇录入规则

学完了双文速录的所有缩略规则后即开始进入提速训练过程。在进入提速训练之前，首先要明确词汇的速录方法，只有掌握了词汇的速录方法，在标准指法不断得到强化的同时，才能逐步成为将口语语言和肢体语言实时录入成为书面语言的高手，才能成为与语音同步录入的高级速录师和高级书记员人才。

什么是词汇？词汇是语言通过语素单位的排列组合而构成的描述人类思维、生产生活等活动的语言部件。我们知道，普通话的音素是语言中最小的语音单位（独立应用时也是语素单位），语素是构成词汇的基本结构单位，词汇是构成浩如烟海的语言信息（口语、书面语）的基本单位。直截了当地说，一个汉字就是一个语素单位，一个语素单位是由一至三个音素构成的。譬如，汉字“哥（g）”的发音是由一个音素构成的语素单位，“高（gb）”是由两个音素构成的语素单位，光［gi（汉语拼音是 guang）］是由三个音素构成的语素单位。语素单位又分为单语素、双语素、三语素、四语素和多语素单位，这些语素单位构成了千变万化的词汇。自古以来，不论是求取功名的莘莘学子，还是舞文弄墨、吟诗作赋的帝王将相，都以恰到好处的“点睛之笔”堆砌词汇，从而描述出行云流水、缠绵爱情、鞭笞独夫民贼或歌功颂德的千古檄文佳作。

双文速录就是按照词汇中语素的构词特点制定了一系列以语素为单位的缩略规则，其目的是进行精准、快速地录入。下列例句，请自己先录入一遍后再参考答案中的正确录入规则进行录入。

（1）我们不能在“一得之功，一孔之见”上做文章，否则就犯了教条主义的错误。

（2）我前些日子去了一趟新疆的库尔勒，从北京乘飞机飞到那里整整需要四个小时的时间，你说远不远？

（3）美！这是用心灵的眼睛才能看到的东西。当我们的心灵纯洁得像泉水一样的时候，美，就像空气一样无处不在。

（4）双文速录就是按照词汇中语素的构词特点制定了一系列以语素为单位的缩略规则，其目的是进行精准、快速地录入。

双文速录标准录入规则提示：

（1）“我们不能 一得之功 一孔之见 教条主义 4 ”是四字缩略词；“做文章 2”是三字词；“在、上、就、了、的”是高频字；“否则、错误”是常用词；“犯”需要按照全部音素输入。另外，“我们、不能”都是常用词，也可以分开来录入。

（2）“前些日子、去了一趟、四个小时 3”是四字词；“库尔勒、乘飞机 2、远不远 2”是三字词；“北京 3、那里 5、需要、时间”是常用词；“我、的、从、你、说”是高频字；“新疆、飞到、整整”需要按照全部音素输入。

（3）“心灵的眼睛、无处不在、才能看到”是五字词和四字词；“东西

4、我们、纯洁9、就像3、一样2、空气2、时候2”是常用词；“这、是、用、得”是高频字；“美、当、像”需要按照全部音素输入，“泉水”需要按照全部音素输入。另外，“才能 看到”都是常用词，也可以分开来录入。

（4）“双文速录、其目的是、快速录入、制定了2、一系列、为单位3”都是四字和三字词；“按照、特点2、缩略2、规则2、进行、精准4”是常用词；“词汇、语素、构词、中、以”需要按照全部音素输入。

说明：在以后的提速训练实训素材中将以下划线的形式标注缩略词语。

第六节　自造词　数词　标点符号

本课重点：

＊掌握自造词方法和缩略键的扩大应用。

＊能够在听录过程中正确使用数词、标点符号。

一、自造词

自造词方法是为了满足用户自设专业词库的需要，是满足每个书记员、秘书以及从事速录工作的高级速录师丰富词库内容的必要措施。

自造词就是对词库中没有的单词、姓名、地名、短语、专业术语以及专业句子根据个人需要自造的词句，并把这些词句固化到双文速录的软件词库中。

其方法是：在双文速录软件应用状态下，用鼠标右键单击“双文速录”图标的键盘，进入“对话框”后击“手工造词”栏进入造词程序。

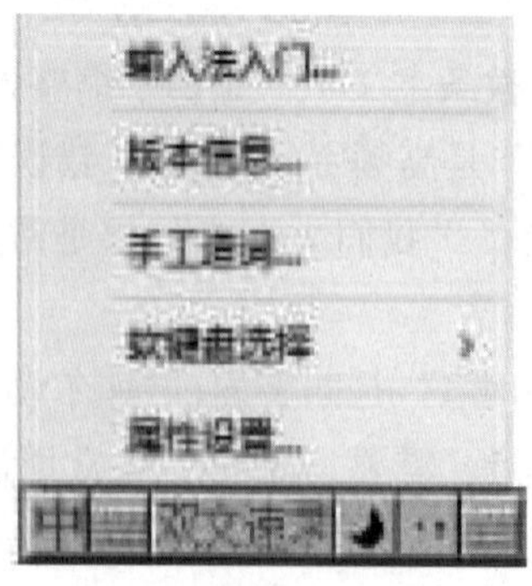

图2－6　自造词程序图

按照双文速录原理输入与汉字对应的拉丁字母后点击一下空格键，再输入与之相对应的汉字，点击“保存”后再点击“退出”栏即可应用。

（一）姓名

我国的姓和名一般都是两个字、三个字，还有四个字（如果是复姓）的。

两个字的，输入姓和名读音的缩略首字母，用隔音号（'）上屏。例如：赵丽（yl'）、浩鹏（hp'）、刘岚（ll'）；

三个字的，输入姓和名读音的缩略首字母，用隔音号上屏。例如：寇政胤（kyi'）、巩君安（gja'）、常展涛（vyt'）；

四个字的，输入每个字读音的缩略首字母，用隔音号上屏。例如：司马泽蓉（smzr'）、诸葛林森（ygls'）、呼延丹凯（hidk'）。

遇到姓氏是高频字的，或者名字是双音节词的，一般都不用造词。如：李双　王凯　胡斌　张国庆　单海涛　刘冬梅等。

也可以输入全部语素，如：胡锁（hucspv）、赵丽苹（ybllilpec）、秦淑华（qmcwuhfc）等。

（二）地名

我国的地名用字不仅数量繁多，名称也是五花八门。书记员可以用自造词方法将这些地名造入词库以利应用。地名的自造词方式与姓名的自造词规则相同，为了形成规律都用“隔音号”键或输入全部音素上屏。例如：小营（xxviyc）、小营乡（xix'）、沙河镇（why'）、学院路（xol'）、学院路桥西（xolqx）等。

（三）外国人名

外国人的姓名字数比较多，且当中都有间隔号，自造词方法是：输入前面的名称加上“间隔号（·）”后再输入后面的名称，用隔音号键或最后一个缩略字母上屏。例如：乔治·布什（qybw'）、亚历山大·萨克斯（il-wds）、爱新觉罗·富贵（axjlg）等。

（四）新词汇

人类社会的文明在新陈代谢的过程中前进，汉语的词语也不例外。它作为社会发展和时代的标语一直在诞生—淘汰—诞生—淘汰这样一个周而复始的循环过程中向前发展。从20世纪初铺天盖地的“新文化、民国、三民主义、抗日、解放战争、土地改革、以阶级斗争为纲、抓纲治国”等词汇的被淘汰，到“拨乱反正、改革开放、三个代表、科学发展观、中国梦”等词汇的风起云涌说明了某些词汇具有时代性。因此，利用自造词方法将新出现的语词造入词库，可使词库与时俱进。如：南海问题（nhut;）、半岛紧张局势（bdjyw）、美日韩（mrh'）、美日韩三国（mrhsg）。

从上述例句中可以看出在设立自造词时，上屏键既可以用缩略首字母的最后一个字母，也可以用缩略键（;）和隔音号键（'）上屏。

类似“仕为知己者死，女为悦己者容。马为策己者弛，神为迫己者明（wuyjm）。”这样的长词句，也可以用前四个字和最后一个字读音的缩略首字母自造（这就是所谓每分钟录入五六百字的部分方法）。

二、数词

速录的特点是听录，在听录中如何将有关数词、时间等相关信息按照标准要求录入呢？这不仅是标准的规范问题，更是速录技能等级考试所要求的指标。因此，必须统一录入方式，这样可养成学习者的录入习惯，避免录入错误，规范录入标准，提高考试认证的通过率。

数词在速录时须按照下列要求录入（请将例句录入几遍，以便熟练掌握。注意！有下划线的是缩略词）：

1. 文章章节速录法：文章章节用汉字序号记录，汉字排序用尽再用阿拉伯数字记录。例如：

第一章　办公自动化基础

第一节　计算机基础知识

一、计算机的硬件系统

（一）CPU……

（二）存储器……

1. 内存储器

（1）随机存储器

（2）只读存储器

2. 法律法规条文、序号速录法：法律法规条文、序号一律用中文数字记录。例如：

《刑事诉讼法》第三十七条第十二款＊

《民法通则》第十一条

＊（录入技巧：输入“第十二条”后，删除“条”字，加一个“款”

字）

3. 国家五年计划，各级人大、政协及党代会的届数，国际与国内的各种会议等，凡有届数或次数表示的，一律用中文数字记录。例如：

中共 第十五次 全国代表大会暨全国人大 第十三届 全国代表大会 今天上午 在北京人民大会堂 召开。会议 通过了 国务院 制定的第十三个 五年规划。

我是区第九届 政协委员，这是我担任 派出所所长 以来的第三次会议。

4. 用世纪、年代，年、月、日，时、分、秒表示时间时，一律用阿拉伯数字；用天、月、季、年表示时间时，数值在 10（含）以下的一律用中文数字记录，数值在 10 以上的一律用阿拉伯数字记录。例如：

20 世纪的80 年代中期正是中国 改革开放的初始年代，那时，我在农村务农。记得那是 1985 年的 7 月 9 日 4 时 39 秒，也就是 唐山大地震七周年纪念日 到来之前，唐山又发生了四级地震。12 天后，我离开了唐山。

5. 数学表达式中的数字、有小数点的数值、百分数、分数一律用阿拉伯数字记录。例如：

下半年 比 上半年 的 营业额 增加了 2.19%，今年比去年的收入高出 1.92%。

6. 量词前的数值在 10（含）以下的一律用中文记录，在 10 以上的一律用阿拉伯数字记录。例如：早在八年前，我就预测了 20 年以后的政治、经济、文化和教育的发展趋势。

7. 钱币单位如：元、百元、千元、万元、百万元、千万元、亿元、万亿元等，前面的数值在 10（含）以下的一律用中文记录，在 10 以上的一律用阿拉伯数字记录。例如：

速录公司 第一季度 收入 三百万元，平均 每个 速录师日均收入是 1200 元。

三、标点符号

在双文速录操作状态下，标点符号的应用与标准键盘操作完全一致。需要说明的是特殊的几个标点符号用法（请将举例实操两遍）：

1. 间隔号：一只手先按 shift 键后，另一只手按数字键 2，“·”上屏。例如：我和爱新觉罗·启涛先生是好朋友，也是发小（falxxv）。

2. 删节号：一只手先按 shift 键后，另一只手按数字键 6，“……”上屏。

例如：词频统计是一项浩大的工程，包罗了社会科学、自然科学的全部，涉及天文、地理、政治、经济……整个 人类社会 生活 活动的方方面面。

3. 符号@：将双文速录软件关闭，切换到英文状态下，一只手先按 shift 键后，用另一只手按数字键 2，@ 上屏。例如：她的微信号是@ 126. com。

4. 破折号：须先按 shift 键后，在按减号键（ = ），“——”上屏。例如：“中国 现在 被认为是对美国在全球的统治地位的主要威胁。中国将被提升到美国在全球的头号敌人的地位。”——英国《卫报》2001 年 3 月 9 日

第七节　速录工作实践中的常见问题

说明：第八节的提速实训是将缩略词提前选出来供学员练习熟练或有印象后再进行整篇文章的看录和听录，这样能够有效和准确地使用缩略词，避免因误击而导致错误。但这种现象在工作中是不存在的。提速训练中将缩略词挑出来供学员们单独练习是一种教学引导手段和方法，是一种提示，目的是让学员养成掌握词汇中语句的录入技巧以及在工作中能够实时分析判定语素中的缩略词与非缩略词。

本单元从速录工作者的工作实践经验出发，总结出长期从事速录工作经常遇到的一些问题提供给广大的书记员在速录工作实践中参考。

一、造成误击的原因

什么叫误击？误击的原因在哪里？所谓误击是指在速录过程中，因为击键有误而导致词语没有上屏不得不删除重新输入，这样一个过程是浪费速录时间的过程，对记录瞬间即逝的语言来讲往往造成很大被动，这就像做事返工一样。造成误击的原因有以下几种：

第一，在速录过程中，由于大量缩略词的使用，用户也就产生了对缩略词的依赖，因此可能造成的问题就是将一些非缩略词而当成缩词来使用，结果发现词库没有该缩略词而不得不删除重新输入，这不仅浪费了一定的时间，还造成了精神紧张，导致丢句或落字。

第二，输入拼写时的字母有误。比如输入“将军”一词，应该是“jjjd”，结果录入成了“jjjon”，发现没有“将军”这个词时不得不删除重新录入。

第三，输入声调有误。比如听到“王亚文”这个人名时，“王”是高频

字，“亚（读 ial）”字在录入时将四声声调输入成了三声声调，结果没有这个字，不得不删除重新输入。

第四，漏掉了声调字母。比如输入“德行”一词时，漏掉了声调字母，将“dcxe”输入成了“d ‘xe”，结果没有这个词，不得不删除重新输入。

误击是影响速录速度的最大障碍之一，而不能准确使用缩略词则是影响速录速度的另一障碍。

不能准确使用缩略词的原因主要表现在以下几个方面：

第一，感觉上都是高频字，就按照高频字一个字一个字地录入。比如，不得不（bdb）、而没有（emi）、一个又一个（igiig）、不大可能（bdkn）等这样的短语差不多都是由高频字和常用词构成的，因而在速录时就按照高频字和常用词方法来录入。

第二，一些四字短语都是由常用词构成的，就按照常用词的方式输入。本来这些词可以用四五键（空格键上屏是 4.5 键、数字键上屏是 5 键）上屏，结果选择了用两个常用词分别上屏的方式，如“企业管理、公共关系、工作热情、了解情况、人民警察、公共秩序”这样的词，因前后两个词都是常用词，而按照常用词来录入（企业/管理、公共 2/关系、工作/热情 2、了解/情况、人民/警察 5、公共 2/秩序 ylxol），这样每个词就比按四字词的缩略形式多增加 0.5 ~3 键。

第三，一些属于缩略句子的，却按照字词的形式来速录。比如：“不入虎穴，焉得虎子”这句谚语只需要击 5.5 键（前 4 个字读音的首字母和最后一个字读音的首字母 + 空格键）即上屏，结果按照高频字和字词的方式速录。

以上是因为误击和不能准确使用缩略词而影响速录速度的主要障碍。如何避免误击和准确使用缩略词呢？首先，我们应该从双文速录软件本身的词库了解入手，进而针对不足解决实际问题；其次是不断用各种素材的材料进行速录训练，以强化对词库的认识和了解。

二、如何避免误击以及准确使用缩略词

避免误击率和准确使用缩略词是个硬指标。双文速录的学习者和应用者首先要对双文速录的词库有一个大概的了解才能做到知彼知己、运用自如。双文速录软件的词库侧重于政治、法律、经济、教育等社会科学方面以及社会生活方面的短语、词组、成语、术语、菜谱等词条，其中单字是 21000 多个，二字词是 60730 条（另设缩略常用词近 6000 条），三字词（缩略语）

65066 条，四字词（缩略语）285686 条，五字及五字以上的词条 142352 条。

从上述的词条统计数字中可以看出，在 50 多万词条中，缩略语就占了近 50 万条。但是，我们一再强调的是：双文速录的词库不可能包罗万象将所有的专业术语、专业名词都以缩略方法纳入到词库中。针对词库中没有的某些专业术语、名词，用户可以根据自己的需要用自造词的方式造进去，这样就避免误击了。因为长期从事口语语言速录的速录人员、书记员，久而久之就形成了自己的速录词库，而且对词条的序位都是了如指掌。

三、出现误击情况怎么办

前面讲了出现误击率的几种情况，即使专业的高级速录师也有误击的时候。关键是我们如何减少误击率，遇到误击情况怎样解决。

譬如，在听录时，当听到杨白劳和黄世仁这样的戏剧人名时，输入杨白劳的缩略词（ibl;）后，结果出来“用不了、有本领”等 9 条词，就是没有杨白劳这条词。此时不要“缠斗”，也就是不要用删除键去一个一个地删字母，删完后再去补录，而是用回车键一步到位地删除，并按一下空格键留下一个字母的空间，以便后补。当输入黄世仁这个缩略词（hwr;）时，眼睛应直接从三字词向后扫，有该词则按数字键上屏，无该词则按回车键。

四、有关“打词销字法”的运用

单字的同音字很多，有的要翻很多页。如何避免因翻页而耽误录入时间呢？“打词销字法”能够解决这一问题。譬如：

邵臻是我高中时期的同学（“臻”字可以输入“臻于”一词，删除“于”字）。

他蒸了一锅馒头（“蒸”字可以输入“蒸笼”或“蒸发”这样的词，删除“笼”或“发”字）。

刘戡是国民党的一位将军（“戡”字可以输入“戡乱”一词，删除“乱”字）。

还有一些缩略语也可以用“打词销字法”处理。例如：

这本《法院书记员职业能力实训教程》经过修改后，内容较以前更加丰富了。这句话中的“内容较”是“内容较多（nrjd）”一词删除了“多”字。

灵活运用“打词销字法”是提高录入速度的有效手段，也是体现一个人语言文字应用能力的一道考试题。

五、句子分析与击键的连续性

句子分析是指在录入过程中，每听到一句话，头脑中立即定位这句话的语素段或短语段，并将这些语素段和短语段实时反映到手指上，从而形成手、脑、耳的高度协调一致，让击键既准确又连续，达到高速录入的目的。譬如，当听到“民法通则规定的民事法律行为、不当得利、无因管理、不可抗力、公民的死亡等，都是法律事实”这段话，头脑中应立即能够分析出民法通则/规定/的/民事法律行为、不当得利、无因管理、不可抗力、公民/的/死亡/等，都是/法律事实这样 13 个缩略语素段。在这 13 个语素段中，都是、规定、公民、死亡这 4 个单词都是 2.5 键次 ~3 键次的常用缩略词，其他都是四字以上的缩略词。

再如：“我问你会不会做这道题？你怎么不吭声呢？一年又一年、一天又一天的这么耗下去可怎么得了？‘少年不努力，老大徒伤悲’。慢慢的你会后悔的。”你听到这段话将如何划分语素段并录入呢？下面将正确的录入方法提示给你：我问你/会不会/做/这道题？你/怎么/不吭声/呢？一年又一年、一天又一天/的/这么/耗下去/可/怎么得了？‘少年不努力，老大徒伤悲’。慢慢的/你/会后悔的。

从上述举例中可以看出，上述这段话由 19 个语素段构成，如果将一些句子分开来录入，其录入速度就会大打折扣。因此，正确划分句子中的语素段有利于击键的连续性，对准确使用缩略语和快速录入至关重要。

在同样的时间单位里，正确划分语素段与不能正确划分语素段的效果是相对的，前者事半功倍，而后者则事倍功半。正确掌握语素段的划分，源于对大量提速素材的应用和个人的主观努力。

开始时所有的学员都不具备正确划分语素段的能力。随着实训时间的推移和经验的积累，快慢结合、张弛有度、正确划分语素段的基本功就慢慢养成了，此时，高速度的书记员和高级速录师人才也就诞生了。

六、压句训练

一个合格的速录师（书记员）一定要掌握压句方法。所谓压句方法，就是在速录时，要做到手上打一句，头脑中储存一句，耳再听一句的循环性技巧。学生在练习过程中如何来掌握这种技巧呢？首先先练习一句话，也就是说当一句话结束后，才开始进行录入；其次是增加两句话，也就是待两句话说完，再开始记录第一句话；最后是待说第三句话的时候，开始记录第一句话。这样循环的练习，就可以练习出压句的能力和技巧。

七、中级速度训练中常见的问题及解决办法

中级速度提速训练是指学员的录入速度达到160个汉字/每分钟以上。

1. 在快速录入过程中漏键、按错键怎么办

在进行快速练习的过程中，有的学员为了追求速度，经常会出现漏键、按错键，这是为什么呢？在快速录入过程中，手指有可能没有回到基准键上，造成键入错误；也可能是因为按键过轻，没有按到位置，造成漏键。这说明该学员对键位的熟练程度掌握得还不够，应该加强指法练习和盲打训练，同时注意掌握好按键的力度。

2. 练习过程中只要看一眼练习系统中的速度，速度就会下降怎么办

在练习的过程中，有些学员想知道自己的速度提高了多少，就忍不住看上面的速度数据，结果一不留神速度就降下来了；还有一些学员看到自己打的速度高，就不相信自己；还有一部分学员觉得自己练习很久了，而速度提升得太慢，内心感到恐慌，等等。无论是何种情况，我们都要保持平常的心态，录入的时候要专心，全心全意地做一件事情，速度就像上台阶一样，一步步地提升。

3. 在听录练习过程中，跟不上语速怎么办

在我们练习系统的录音中，有固定速度的录音文件，一开始的时候有可能跟不上录音文件，在这种情况下，听到完整的一句话后再按暂停键，录入完毕后，再进行下一句，但在下一句的听录过程中要争取跟上，尽量缩短暂停时间，一次比一次要快，这样就慢慢养成了高速度能力。

第八节　提速实训

提速实训是指学员在掌握双文速录原理的前提下开始进行有计划的提速训练。提速训练是一个漫长的过程，是每一位书记员、办案民警、秘书和高级速录师掌握速录技能的必经之路。在提速训练中，我们将录入技巧和快速的指法练习融为一体，旨在强化学员的速录基本功。

本节的速录实训，以每增加10个字作为一个晋级台阶。学习者要严格按照提速训练要求先将缩略词练到熟练后再进行整篇文章的练习，一直达到

或超过要求的速度为止。

在进行缩略词的录入练习前，要分析缩略词的特点，同时要分析和掌握句子中的语素录入规则。具备培训条件的机构，可建立实训模拟法庭，书记员们可临场实训。

提速实训一［这是一篇庭审实训，全文共计 639 个汉字，要求训练到能够在 5 分钟 20 秒内看录（听录）完，120 字/每分钟。］

将以下这些缩略词录入几遍后再进行这篇文章的听录（看录）练习（有数字键的用数字键上屏）。

书记员 2　当事人 3　诉讼代理人　入庭 4　查明 6　到庭 4　情况　核对证件　请肃静　现在宣布　法庭纪律　未经许可　不得 8　录音 6　录像 6　摄影 7　进入 5　审判区 2　发言 5　提问 2　其他　妨碍 4　审判活动 2　的行为 3　通讯工具　无声状态 2　整洁 5　无特殊情况　墨镜 6　审判人员　退庭　宣判　应当 2　违反上述规定　视情节轻重　予以警告　没收 4　有关 2　录制器材　责令退出法庭　罚款 4　拘留 5　对于　法庭　侮辱 5　诽谤 9　威胁 3　殴打　严重扰乱法庭秩序　予以罚款　追究刑事责任　全体起立　审判长 2　审判员　报告 2　双方提供 2　证人 3　在庭外候传　庭前 7　准备工作　开庭　开始 2　现在开庭　首先　核对 7　身份 3　原告　基本情况　安康　12 日　汉族 4　工作单位　木兰秋狝市　西公廨　汽车 4　股份有限公司　住在 8　籍贯 7　浙江 9　委托代理人　姓名 2　代理权限　原告律师　律师事务所律师　一般代理 2　被告　讲一下　现在是　会计师事务所　普通合伙人　被告律师

书记员：请当事人，诉讼代理人入庭。

查明当事人，诉讼代理人到庭情况，核对证件。

请肃静，现在宣布法庭纪律：

1. 未经许可，不得录音、录像和摄影；
2. 不得进入审判区；
3. 不得发言、提问；
4. 不得鼓掌、喧哗、哄闹和实施其他妨碍审判活动的行为；
5. 将通讯工具置于无声状态，不得接听；
6. 衣着庄重、整洁，无特殊情况外，应摘下墨镜、脱帽；
7. 审判人员入庭、退庭及宣判时应当起立；

8. 对违反上述规定的人，将视情节轻重予以警告、训诫，没收有关录制器材，责令退出法庭，罚款或拘留。对于哄闹、冲击法庭，侮辱、诽谤、威胁、殴打审判人员等严重扰乱法庭秩序的人，将予以罚款、拘留，直至追究刑事责任。

全体起立，请审判长、审判员入庭。

报告审判长，双方提供的证人在庭外候传。庭前准备工作就绪，请开庭。

（书记员开始录入）

审判长：现在开庭，首先核对当事人身份。

原告基本情况？

原告：艾安康，男，1978 年 6 月 12 日出生，汉族，工作单位是木兰秋狝市西公廨汽车股份有限公司，现住在木兰秋狝市白水路 28 号，籍贯在浙江富岙。

审判长：原告委托代理人姓名、身份、代理权限？

原告律师：原告委托代理人鄂春雪，女，木兰秋狝市新拨律师事务所律师，一般代理。

原告委托代理人闫贞洁，女，木兰秋狝市新拨律师事务所律师，一般代理。

审判长：被告讲一下基本情况。

被告：被告袁晓晓，女，1979 年 3 月生，家住木兰秋狝市朝阳地区五街 32 号，现在是朝阳地会计师事务所普通合伙人；

被告李有康，男，1978 年 12 月生，家住木兰秋狝市棋盘山街 11 号，现在是朝阳地会计师事务所普通合伙人。

审判长：被告委托代理人讲一下姓名、身份、代理权限？

被告律师：被告委托代理人丁晓峰，木兰秋狝市亮兵台律师事务所律师，一般代理；

被告委托代理人智青松，木兰秋狝市亮兵台律师事务所律师，一般代理。

提速实训二［这是一篇庭审实训，全文共计 854 个汉字，要求训练到能够在 7 分钟 7 秒内看录（听录）完，120 字/每分钟。］

（一）将以下这些缩略词录入几遍后再进行这篇文章的听录（看录）练习（有数字键的用数字键上屏）

审判长 2　根据　民事诉讼法　的规定　在法庭上　享有　申请回避　的权利 2　举证 0　质证 7　请求 3　调解 7　进行辩论　最后陈述　放弃诉

讼请求　同时　最高人民法院　关于　民事诉讼　证据3　若干规定　在庭审中　变更5　或者　增加2　诉讼请求　应当在　期限届满　提出　反诉7　也是这样　提供证据　上述2　诉讼3　权利和义务　应诉通知2　庭前证据交换　阶段3　已经　书面告知　是否　清楚　人身损害赔偿　一案　本院8　法官2　担任2　组成2　合议庭　法庭记录2　组成人员　已经在　今天　现在进行　事实调查　陈述3　起诉　事实和理由　2012年　木兰秋弥　回到5　大学　接到通知　同意了　之后2　第二天晚上　左右6　我们　到达2　双文速录　大酒店4　吃饭7　因为　多年没见　感情2　一直7　喝酒6　虽然　一再声明2　自己7　不喝酒5　而且　出门在外　不能喝酒2　禁不住3　最后4　喝得烂醉　感觉5　头晕眼花　连自己　怎么回家　怎么　医院6　都记不清楚了　只是2　醒来后发现　躺在医院　一阵疼痛　才发觉　事情不妙2　在酒桌上　老白干3　我请求　判处5　赔偿4　住院4　医疗费　护理费　伙食费4　营养费2　误工费　另外　要求　二人5　承担相应的　诉讼费用　下面　答辩4　今年　大学同学　关系要好　酒桌上4　互相　合乎情理　非常清楚　大学期间　没得比　因此　这次　也没有　那么多4　以为4　最后结束2　有些醉意3　送他回家　推辞说　不用了　自己一个人　可以　回去3　而这时　我们单位　合伙人　打电话来2　单位有事　我就回去了

（二）录入技巧提示：也没有想（可输入“也没有想到”，删除“到”字）

审判长：根据民事诉讼法的规定，当事人在法庭上享有申请回避的权利，有举证、质证、请求调解、进行辩论和最后陈述的权利；原告有权放弃诉讼请求，同时，根据最高人民法院关于民事诉讼的证据的若干规定，当事人在庭审中变更或者增加诉讼请求，应当在举证期限届满前提出，反诉也是这样。同时，当事人对提出诉讼请求或者反诉应当提供证据。上述诉讼权利和义务，在应诉通知和庭前证据交换阶段，已经书面告知当事人，当事人是否清楚？

原告：清楚。

被告：清楚。

审判长：原告艾安康，被告袁晓晓、李有康人身损害赔偿一案，由本院法官张大勇担任审判长，与本院法官王锐锐、孙康友组成合议庭，书记员张洁担任法庭记录，有关合议庭组成人员的通知，已经在庭前书面告知了当事人。

审判长：当事人对合议庭组成人员及今天担任法庭记录的书记员是否申请回避，原告？

原告：不申请。

审判长：被告？

被告：不申请。

审判长：现在进行法庭事实调查。

原告陈述起诉事实和理由及诉讼请求。

原告：2012年8月7日晚，我从木兰秋狝回到浙江富岙，大学好友袁晓晓、李有康接到通知后说要聚聚，我就同意了。之后的第二天晚上，即8月8日晚七点左右，我们三个到达富岙的双文速录大酒店吃饭，因为多年没见，感情较深，他俩一直劝我喝酒，虽然我一再声明自己不喝酒，而且老婆有交代出门在外不能喝酒，但他俩一直劝，我禁不住劝就喝了，最后喝得烂醉，感觉头晕眼花的，连自己怎么回家的，又是怎么到医院的都记不清楚了。只是醒来后发现自己躺在医院里，头上、腿上都被包扎着，感觉一阵疼痛，才发觉事情不妙。在酒桌上，我们一共喝了4瓶秋狝老白干。诉讼请求：我请求法院判处被告袁晓晓、李有康赔偿我住院时的医疗费、护理费、伙食费、营养费和误工费共计28000元；另外，要求被告二人承担相应的诉讼费用。

审判长：下面由被告答辩。

被告：今年8月8日晚，我和李有康、艾安康在富岙双文速录大酒店聚餐，我们三个是大学同学，关系要好，酒桌上互相劝酒也是合乎情理之事，而且艾安康酒量大，是我们都非常清楚的，大学期间他的酒量就是没得比的，因此，这次我们也没有想那么多，以为他只是客套，就劝他多喝点，别装假，要玩就尽兴点；最后结束时，我们看他有些醉意，就提出要送他回家，他推辞说不用了，自己一个人可以回去，而这时正巧我们单位的合伙人杨宁宁打电话来，说单位有事，我就回去了

提速实训三［本实训案例是接实训案例二的庭审实训，全文共计719个汉字，要求训练到能够在6分钟内看录（听录）完时为止，120字/每分钟。］

（一）将以下这些缩略词录入几遍后再进行这篇文章的听录（看录）练习（有数字键的用数字键上屏）

审判长2　根据　原告　被告　陈述3　双方2　吃饭7　喝酒6　住院4　均无异议　双方争议的焦点　是否　构成侵权　那么2　下面　支持2　证据3　进行举证质证　首先请　举证0　原告律师　证人证言　书证4　第一份　证人3　证言8　第二份　第三份2　医院6　我们将　一一举证　首先提供3　现在　法官2　传证人　到庭作证　这是为了　证明　两位8　行为2　并且　未尽到7　安全　送回家2　出庭作证　请将8　出庭通知书　交予法庭　讲一下　姓名2　出生年月　工作单位　家庭住址　27日　木兰秋狝市　双文速录　大酒店4　服务员2　人身损害赔偿　一案　申请4　作为证人出庭　有关证人　权利和义务　已经在　本庭7　送达4　同时　身份证件　进行了　你是否　已经　清楚　今天　所做的4　证词6　将会3　如实0　记录在案　保证2　陈述事实　我保证　请陈述一下2　你所了解的　案件事实　2012年　七点多8　订了一个　负责　给他们　之类的2　工作　然后3　我发现　每次　进去6　或者　时候2　见到5　二人5　一直7　听到5　拒绝说9　自己7　不能喝酒2　而且　不让喝酒2　但是2　依然3　不依不饶　继续2　后来2　说话4　含糊不清　语无伦次　东倒西歪　大约2　左右6　接了一个电话　另外一个　急匆匆2　离开了　我看到　一个人　这么4　走不稳　出租车　回家3　这便是2

（二）录入技巧提示：我所见到（可输入“我所见到的”，删除“的”字）；经历（可输入“经历了”，删除“了”字）

审判长：根据原告和被告的陈述，双方对吃饭喝酒以及原告摔伤住院均无异议，双方争议的焦点是被告是否对原告构成侵权，那么下面对支持这一焦点的证据进行举证质证。

首先请原告举证。

原告律师：我方出示的证据有三份，两份证人证言，一份书证。第一份是证人魏艳的证言，第二份是证人郑二春的证言，第三份是医院出具的一组书证，下面我们将一一举证。首先提供的是魏艳的证人证言，现在请法官传证人魏艳到庭作证，这是为了证明在喝酒时，两位被告对原告有过量劝酒行为，并且，两位被告未尽到把醉酒的原告安全送回家的义务。

审判长：传证人魏艳出庭作证。

证人请将出庭通知书交予法庭。

证人，讲一下你的姓名，出生年月，工作单位及家庭住址？

魏艳：证人魏艳，生于1989年9月27日，现住木兰秋狝市白水区月亮湖小区9号402室，是双文速录大酒店的一名服务员。

审判长：原告艾安康诉被告袁晓晓、李有康人身损害赔偿一案，被告申请你作为证人出庭，有关证人的权利和义务，已经在本庭送达给你的出庭通知书上载明，同时也对你的身份证件进行了核验。

有关证人的权利和义务，你是否已经清楚？

魏艳：清楚。

审判长：你今天所做的证词，将会如实记录在案，你是否保证如实陈述事实？

魏艳：我保证。

审判长：请陈述一下你所了解的案件事实？

魏艳：2012年8月8日晚七点多，原告和被告三人在我们酒店里订了一个包厢吃饭，我负责给他们倒水、送菜之类的工作，然后我发现我每次进去给他们送菜或者倒水的时候，都见到被告二人在一直劝原告喝酒，听到原告一直拒绝说自己现在不能喝酒，而且出门时老婆有交代不让喝酒，但是被告二人依然不依不饶，继续劝原告喝酒，后来，听到原告说话都含糊不清、语无伦次了，还东倒西歪的。到了大约11点左右，见到被告袁晓晓接了一个电话，便和另外一个被告李有康急匆匆结账离开了。我看到原告一个人喝得这么醉，路都走不稳，我便送他上了出租车回家，这便是我所见到和经历到的。

提速实训四［本实训案例是实训案例三的继续，全文共计801个汉字，要求在训练到能够在6分40秒内看录（听录）完时为止，120字/每分钟。］

将下列这些缩略词录入几遍后再进行文章的听录（看录）练习。

审判长2　对证人进行发问　服务2　过程中　几次　进入5　是怎样的情形5　端着酒杯　一杯酒6　倒满了2　满脸无奈　说自己2　可是　他们却说　兄弟6　抵制不住　这样的情形　见到几次　都是这样2　是什么样的　精神状态　走路7　非常　发问完毕2　什么时候　离开2　他们是　晚上3　来到2　大约是　晚上11点　你说你2　时间有多长　每一次　三分钟4　请证人退庭　庭后7　笔录6　签字4　提供的2　第二份证据　由于

喝醉酒　重心不稳　导致　出庭4　请讲一下　28 日　一单元0　同时也　朋友家　回到5　小区7　在路上　看见一个　摇摇晃晃　走在前面　艰难3　往上4　醉得不轻2　不敢走近2　楼梯拐角处　只见他2　一脚踏空2　整个人2　直挺挺地2　倒了下去

审判长：请原告对证人进行发问。

原告律师：在服务过程中，你几次进入包厢？

魏艳：四次。

原告律师：你进入包厢时，包厢内是怎样的情形？

魏艳：被告二人端着酒杯，一直劝原告喝酒，喝完一杯酒又倒满了一杯，原告满脸无奈说自己不能喝酒，可是他们却说“不喝就是不给哥们儿面子”“不喝就是不认我们这俩兄弟”等话刺激原告喝酒。原告抵制不住就喝了。

原告律师：这样的情形你见到几次？

魏艳：四次，每次都是这样的。

原告律师：你在大厅见到原告时，原告是什么样的精神状态？

魏艳：走路非常摇晃，几次险些跌倒。

原告律师：发问完毕。

审判长：请被告对证人进行发问。

被告：原告与被告什么时候去的酒店？什么时候离开的？

魏艳：他们是晚上七点左右来到酒店的，大约是晚上 11 点左右离开的。

被告：你说你进去过四次，那每次待的时间有多长？

魏艳：每一次就是待三分钟左右吧。

被告：劝酒时，是被告灌原告喝下去的，还是原告自行喝下去的？

魏艳：是原告自己喝下去的。

被告：发问完毕。

审判长：请证人退庭，庭后在阅读笔录上签字。

原告继续举证。

原告律师：我们提供的第二份证据是郑二春的证人证言，这是为了证明原告是由于喝醉酒而重心不稳导致摔伤的，现在请法官传证人郑二春出庭作证。

审判长：传证人郑二春出庭；

证人请将出庭通知书交予法庭；

证人，请讲一下你的姓名、出生年月、工作单位及家庭住址。

郑二春：证人郑二春，女，1962 年 4 月 28 日生，家住木兰秋狝市白水区月亮湖小区 9 号楼，一单元 301 室，无工作。

审判长：原告艾安康诉被告袁晓晓、李有康人身损害赔偿一案，被告申请你作为证人出庭，有关证人的权利和义务，已经在本庭送达给你的出庭通知书上载明，同时也对你的身份证件进行了核验。

有关证人的权利和义务，你是否已经清楚？

郑二春：清楚。

审判长：你今天所做的证词，将会如实记录在案，你是否保证如实陈述事实？

郑二春：我保证。

审判长：请陈述一下你所了解的案件事实？

郑二春：2012 年 8 月 8 日，大约晚上 11 点多，我从朋友家回到小区，在路上看见一个人摇摇晃晃地走在前面，一身的酒味。上楼时，看他艰难地扶着楼栏杆往上挪，估计醉得不轻，我都不敢走近，在楼梯拐角处，只见他一脚踏空，“咚”的一声闷响，他整个人就从楼梯上直挺挺地倒了下去。

提速实训五［本实训案例是实训案例四的继续，全文共计 736 个汉字，要求练习到能够在 6 分 8 秒内看录（听录）完时为止，120 字/每分钟。］

将下列这些缩略词录入几遍后再进行这篇文章的听录（看录）练习。

审判长 2　对证人进行发问　原告律师　看到 2　当时 4　走路 7　状态怎么样　摇摇晃晃　好几次　差点跌倒 3　情景 5　是什么样的　看到了　因为　比较　好奇 7　一直 7　后面　看到他　然后 3　直挺挺地 2　楼梯拐角处　楼梯间 2　有人　陪同 2　没有　只有 3　他一个人 2　发问完毕 2　向证人进行发问　天色很晚　有多远 3　你是否　清楚地看到　的样子　灯是亮着的　看得很清楚　由于　走路不稳 2　那么 2　一身酒气　一脚踏空 2　摔下去了 2　请证人退庭　庭后 7　笔录 6　签字 4　继续 2　举证 0　我们提供 2　第三份证据　书证 4　包括　医院 6　复印件　诊断治疗 4　情况　医药费　护理费　营养费 2　住院伙食补助费　证明材料　所在单位　月收入证据 3　是为了　证明　花费 4　各种费用　提交的 2　这份证据　有无质证意见　提交 3　没有了　进行举证 5　提供的证据　主要有　证人证言　第一份　双文速录　大酒店 4　经理 4　第二份　会计师事务所　第三份 2　两

个2　第四份3　移动公司　通讯记录　首先　申请4　出庭作证　传证人　到庭4　证人3　请将8　出庭通知书　交予法庭　讲一下　姓名2　出生年月　工作单位　家庭住址　1980年　木兰秋狝市

审判长：请原告对证人进行发问。

原告律师：你看到原告时，当时是几点？

郑二春：11点多。

原告律师：你看到原告时，原告当时走路状态怎么样？

郑二春：摇摇晃晃，好几次都差点跌倒。

原告律师：你看到原告摔伤时的情景了吗？是什么样的？

郑二春：看到了，因为当时比较好奇，就一直跟在他后面，看到他一个脚踏空，然后就直挺挺地向后倒下，倒在了楼梯拐角处的楼梯间。

原告律师：你看到原告时，原告有人陪同吗？

郑二春：没有，只有他一个人。

原告律师：发问完毕。

审判长：请被告向证人进行发问。

被告：当时已值深夜，天色很晚，你离原告有多远？

郑二春：两三米。

被告：你是否清楚地看到了原告走路时的样子？

郑二春：是的，因为楼梯间的灯是亮着的，我看得很清楚。

被告：原告上楼时，你是紧跟在他的身后吗？

郑二春：是的，紧跟在他的后面，有一米多远。

被告：你是看到原告由于走路不稳而摔伤的吗？

郑二春：是的，他走那么晃，一身酒气，一脚踏空就摔下去了。

被告：发问完毕。

审判长：请证人退庭，庭后在阅读笔录上签字。

原告继续举证。

原告律师：我们提供的第三份证据是一组书证，包括医院接诊的记录复印件，医院诊断治疗情况复印件，医院开具的医药费、护理费、营养费、住院伙食补助费证明材料，原告所在单位开具的月收入证明材料，这组证据是为了证明原告的伤情及花费的各种费用。

审判长：被告对原告提交的这份证据有无质证意见？

被告：没有。

审判长：原告还有无证据提交？

原告律师：没有了。

审判长：下面由被告进行举证。

被告：我方提供的证据主要有四份，三份证人证言和一份书证，第一份是双文速录大酒店经理李洁的证人证言；第二份是圆圆会计师事务所杨宁宁的证人证言；第三份是原告两个室友的书面证人证言；第四份是由移动公司出具的手机通讯记录。首先出示的是酒店经理的证人证言，我申请李洁出庭作证。

审判长：传证人李洁到庭。

证人请将出庭通知书交予法庭。

证人讲一下你的姓名、出生年月、工作单位及家庭住址。

李洁：证人李洁，1980 年 3 月 3 日生，是双文速录大酒店经理，家住木兰秋狝市秋狝路 29 号。

提速实训六［本实训案例是实训案例五的继续，全文共计 814 个汉字，要求训练到能够在 6 分 16 秒内看录（听录）完时为止，130 字/每分钟。］

将以下这些缩略词录入几遍后再进行这篇文章的听录（看录）练习（有数字键的用数字键上屏）。

审判长 2　人身损害赔偿　一案　作为证人出庭　有关证人　权利和义务　已经在　本庭 7　送达 4　同时　身份证件　进行了　已经　清楚　今天　所做的 4　证词 6　将会 3　如实 0　陈述事实　请陈述一下 2　你所了解的　案件事实　2012 年　左右 6　所在的 2　进行　见到 5　二人 5　有点醉了　送你回家　不用 3　我自己　可以　回去 3　麻烦你们　而这时　接到一个电话　离开了　请问　能否证明　确实有事 2　说话 4　可以判断　有急事 4　而后 3　公司　他们俩　另外　离开 2　之前 5　表示　回家 3　表示了 3　但是 2　当时是 2　怎么　不行的话 2　送你回去　回答说　我没醉 4　有几次　每一次　都是　说自己 2　三四次　精神状态　如何 2　喝得很醉 2　胡言乱语　送回家 2　既没有 3　也没有　嘱托他人　第二份证据　意图 8　确实是　而非　请求 3　出庭 4　24 日　普通合伙人

审判长：原告艾安康诉被告袁晓晓、李有康人身损害赔偿一案，被告申请你作为证人出庭，有关证人的权利和义务，已经在本庭送达给你的出庭通知书上载明，同时也对你的身份证件进行了核验。

有关证人的权利和义务，你是否已经清楚？

李洁：清楚。

审判长：你今天所做的证词，将会如实在案，你是否保证如实陈述事实？

李洁：我保证。

审判长：请陈述一下你所了解的案件事实？

李洁：2012 年 8 月 8 日晚 11 点左右，我到原、被告所在的包厢进行结账，当时见到被告二人对原告说："看你喝得不少，有点醉了，我们送你回家吧？"原告拒绝道："不用，不用，我自己可以回去，不用麻烦你们了。"而这时被告袁晓晓接到一个电话，然后他俩就离开了。我见账已结，就也离开了。

审判长：请被告对证人进行发问？

被告：请问证人，你能否证明被告当时确实有事？

李洁：是的。当时原告袁晓晓接到一个电话，从他说话的语气可以判断出有急事找他，而后他又转述给另一被告李有康了，说公司有急事找他们俩，要赶紧赶回公司去，然后就离开了。

被告：另外，在被告离开之前，他们是否表示要送原告回家？

李洁：表示了要送原告回家，但是原告拒绝了。

被告：请问他们当时是怎么对话的？

李洁：被告他们俩说，"看你醉得，不行的话，我们送你回去吧。"原告回答说，"不用，不用，我没醉，我自己可以回去，不用你们送。"

被告：被告表示要送原告回家有几次？每一次原告都是拒绝，说自己能回家吗？

李洁：说了三四次吧，每一次原告都说自己能回去，不用被告送。

被告：发问完毕。

审判长：请原告对证人进行发问。

原告律师：被告结账时原告精神状态如何？

李洁：原告当时喝得很醉，胡言乱语的。

原告律师：被告嘱托你将原告送回家了吗？

李洁：被告既没有自己将原告送回家，也没有嘱托他人将其送回家。

原告律师：发问完毕。

审判长：请证人退庭，庭后在阅读笔录上签字。

被告继续举证。

被告：我们提供的第二份证据是圆圆会计师事务所杨宁宁的证言，意图是为了证明被告二人的离开确实是由于有急事而非故意，请求传杨宁宁到庭。

审判长：传证人杨宁宁出庭；

证人请将出庭通知书交予法庭。

证人，讲一下你的姓名，出生年月，工作单位及家庭住址。

杨宁宁：证人杨宁宁，1978 年 3 月 24 日出生，现为圆圆会计师事务所普通合伙人，家住木兰秋狝市白水区莲花小区 23 号。

提速实训七［本实训案例是实训案例六的继续，全文共计 705 个汉字，要求在 5 分 25 秒内看录（听录）完时为止，130 字/每分钟。］

将以下这些缩略词录入几遍后再进行这篇文章的听录（看录）练习（有数字键的用数字键上屏）。

审判长 2　原告　人身损害赔偿　一案　被告　申请 4　作为证人出庭　有关证人　权利和义务　已经在　本庭 7　送达 4　出庭通知书　同时　身份证件　进行了　你是否　已经　清楚　今天　所做的 4　证词 6　将会 3　如实 0　记录在案　保证 2　陈述事实　我保证　请陈述一下 2　你所了解的　案件事实　2012 年　晚上 3　左右 6　由于　事务所　临时 2　有急事 4　需要处理　打电话给　合伙人　叫他们　赶回来 2　电话　在一起　就让他们一起 3　赶过来　没有其他的了　对证人进行发问　当时 4　两个 2　有什么事情　是不是　特别着急　公司　等他们　回来 3　商量解决 2　另外　这件事 2　他们两个人　不能　独立完成　因为　都是　普通合伙人　这件事情　必须　全体 4　共同决定　具体说一下　你们的　谈话内容　对不起　这涉及　商业秘密　不便说 3　请问　发问完毕 2　知道 3　他们俩　不知道　告诉我的　打电话 2　两人 3　回去 3　他们是　怎么说的　他们说 4　马上赶回去　请证人退庭　庭后 7　笔录 6　签字 4　继续 2　举证 0　我们提供 2　第三份证据　证人证言　证明　大学期间　特别大 3　我们　也是因为 2　这样 4　喝酒 6　提交的 2　这份证据　有无质证意见　本身 4　内容　无异议　但是 2　本案件　毫无意义 2　又不是 3　一成不变 2　身体状况　发生改变　因此　不能成为　行为 2　推卸责任　证据 3

审判长：原告艾安康诉被告袁晓晓、李有康人身损害赔偿一案，被告申请你作为证人出庭，有关证人的权利和义务，已经在本庭送达给你的出庭通知书上载明，同时也对你的身份证件进行了核验。

有关证人的权利和义务，你是否已经清楚？

杨宁宁：清楚。

审判长：你今天所做的证词，将会如实记录在案，你是否保证如实陈述事实？

杨宁宁：我保证。

审判长：请陈述一下你所了解的案件事实？

杨宁宁：2012 年 8 月 8 日晚上 11 点左右，由于事务所临时有急事需要处理，我就打电话给我的合伙人袁晓晓、李有康叫他们赶回来。袁晓晓接过电话后我得知他和李有康在一起，就让他们一起赶紧赶过来。没有其他的了。

审判长：由被告对证人进行发问。

被告：当时已经深夜，你找两个被告有什么事情？是不是特别着急？

杨宁宁：公司有急事等他们回来商量解决，特别着急。

被告：另外，这件事他们两个人中的一个不能独立完成吗？

杨宁宁：不能，因为他们都是普通合伙人，而这件事情必须由全体合伙人共同决定。

被告：请具体说一下你们的谈话内容？

杨宁宁：对不起，这涉及商业秘密，不便说。

被告：那请问，你当时给谁打的电话？

杨宁宁：给袁晓晓打的，让他叫一下李有康。

被告：发问完毕。

审判长：由原告对证人进行发问。

原告律师：你让袁晓晓叫一下李有康，你当时知道他们俩在一起吗？

杨宁宁：不知道。是袁晓晓告诉我的。

原告律师：你打电话让两人回去时，他们是怎么说的？

杨宁宁：他们说“好，马上赶回去”。

原告律师：发问完毕。

审判长：请证人退庭，庭后在阅读笔录上签字。

被告继续举证。

被告：我们提供的第三份证据是原告两个室友的书面证人证言，证明原告在大学期间酒量特别大，而我们也是因为这样才劝他喝酒的，实属善意。

审判长：原告对被告提交的这份证据有无质证意见？

原告律师：对这份证据本身的内容无异议，但是对本案件毫无意义，人的酒量又不是一成不变的，再说人的身体状况还会发生改变呢，因此这不能成为他们为劝酒行为推卸责任的证据。

提速实训八［本实训案例是实训案例七的继续，全文共计 813 个汉字，要求训练到能够在 6 分 15 秒内看录（听录）完时为止，130 多字/每分钟。］

（一）将以下这些缩略词录入几遍后再进行这篇文章的听录（看录）练习（有数字键的用数字键上屏）

审判长 2　被告　继续 2　举证 0　我们提供 2　第四份证据 2　木兰秋猕　移动公司　通讯记录　通过电话　确实是　先行离开　还有无证据提交　暂时没有　还有无补充证据　没有了　事实 4　方面　有无补充　意见 3　补充 6　那么 2　法庭　调查阶段　结束 5　双方 2　争议焦点 9　还是　构成侵权　如果　应该承担　什么样的　责任　围绕　焦点问题 2　进入 5　法庭辩论　发表　辩论意见 2　尊敬的 4　审判员　接受 9　委托 4　作为　委托代理人　参与　本案 6　诉讼 3　庭审 3　认真核实　相关证据 2　查找 5　法律根据 2　通过　法庭调查　对本案　有了进一步的　了解　结合 2　事实和法律　发表如下　代理 6　本案中 2　非常清楚　高中时期 2　同学　做事 3　同学之间　十多年来　未见面 2　今年　回家探亲　带领 0　自己的 3　设宴款待　安康　邀请 6　没有尽到 4　劝说 8　安全　送到家　酒过三巡　均有醉意 2　不能再　不让 9　非常　远客 7　一醉方休　盛情难却　只好 3　回家 3　后来 2　出租车　结果 2　上楼梯 5　都有 4　花费 4　医疗费　根据有关　法律规定　请求 3　赔偿 4　的权利 2　人之常情　朋友 2　对方 2　真的不能　应该　停止 8　也应当 7　喝醉 6　不能独自　尽到责任　而没有　尽到义务 回家途中　受伤 7

（二）录入技巧提示：这样说（可输入“这样说来”，删除“来”字）

审判长：请被告继续举证。

被告：我们提供的第四份证据是木兰秋猕移动公司出具的手机通讯记录，证明三个合伙人之间通过电话，被告确实是因为公司有急事才先行离开的。

审判长：原告对被告提交的这份证据有无质证意见？

原告律师：没有。

审判长：被告还有无证据提交？

被告：暂时没有了。

审判长：原告还有无补充证据？

原告律师：没有了。

审判长：被告在事实方面有无补充？

被告：没有。

审判长：原告在事实方面有无补充意见？

原告律师：没有。

审判长：鉴于原、被告双方在事实方面均无补充，那么法庭调查阶段结束。双方的争议焦点还是被告对原告是否构成侵权，如果构成侵权，那么被告应该承担什么样的责任，下面围绕这一焦点问题进入法庭辩论。

首先由原告发表辩论意见。

原告律师：尊敬的审判长、审判员，我接受原告艾安康的委托作为其委托代理人参与本案诉讼，庭审前我们认真核实相关证据、查找法律根据，通过今天的法庭调查，对本案的事实有了进一步的清楚的了解，现结合事实和法律发表如下代理意见：

1. 本案中被告袁晓晓、李有康与原告艾安康喝酒的事实非常清楚。被告袁晓晓和原告艾安康是高中时期的同学，原告艾安康在木兰秋猕做事，同学之间十多年来未见面。今年，艾安康回家探亲，袁晓晓知情后，带领自己的好友即被告李有康设宴款待艾安康。

2. 本案中两被告在邀请原告喝酒时没有尽到劝说原告少喝酒和将原告安全送到家的义务。当酒过三巡，袁晓晓、李有康、艾安康均有醉意。艾安康说酒量有限，自己不能再喝了，另外老婆交代不让自己多喝酒。但袁晓晓、李有康非常盛情地说："你是远客，要一醉方休。"艾安康见袁晓晓、李有康这样说，盛情难却，只好继续喝酒。酒后被告袁晓晓、李有康结账回家。后来服务员将醉酒的原告艾安康送上了出租车。结果艾安康在上楼梯时摔倒，胳膊、头上都有摔伤，花费医疗费 28000 元。

3. 根据有关法律规定，原告有请求两被告赔偿所花费的医药费的权利。

本案中两被告邀请原告喝酒本是人之常情，但作为朋友应该劝对方少喝酒，在对方真的不能喝时应该及时停止劝酒。在结束喝酒后，也应当对喝醉不能独自回家的原告尽到安全送到家的义务，但两被告没有尽到责任。是两被告由于过失而没有尽到义务，致使原告在回家途中受伤。

提速实训九［本实训案例是实训案例八的继续，全文共计751个汉字，要求训练到能够在5分47秒内看录（听录）完时为止，130字/每分钟。］

（一）将以下这些缩略词录入几遍后再进行这篇文章的听录（看录）练习（有数字键的用数字键上屏）

原告律师　依据4　法律　的规定　被告　二人5　应当2　原告　人身损害　承担赔偿责任　法官2　支持2　诉讼请求　审判长2　发表辩论意见　根据　案情陈述　法庭调查　阶段3　相关4　证据证言　案情事实　已经基本　清楚　至于2　本案6　没有　回家3　我方认为　出于善意　现在不能　的情况下　进行　没有过错　当时4　有急事4　一再推辞　虽然　有些醉意3　不过3　还可以　正常　独自离开　这之后2　放心离去　应有的责任和义务　因而　不应当5　承担责任　喝酒6　中国　酒文化2　传统　如果　因为　地主之谊　惩罚4　待客之道　传统习惯　我国　民法通则　规定　一般侵权责任　必须具备　以下几个　损害　事实4　客观存在　二是6　行为2　具有　违法性8　不法行为　损害后果　因果联系7　行为人3　主观上3　有过错2　包括　但是2　不同时　符合　上述2　不构成侵权　前款规定　或者　其行为2　造成伤害　加害行为　由于　合理　注意5　最高人民法院　侵权责任法　司法解释　第八条7　过错责任原则　适用范围3　侵害他人　民事权益　造成　财产损害　承担4　侵权损害赔偿　责任　没有任何　任何　赔偿责任　当事人3　还有　辩论意见2　时间　当天下午　开始2　持续了2　将近7　四个小时3　再三声明　不能再喝　另外　不让9　仍继续　最后4　语无伦次　神志不清　三番五次　不醉不休2　因此　多次2　导致　饮酒过量4　存在过错　独自回家2　负有不可推卸的责任

（二）录入技巧提示：再三要（可输入“再三要求”，删除“求”字）　所要求（可输入“所要求的”，删除“的”字）

原告律师：依据此法律的规定，被告二人应当对原告的人身损害承担赔偿责任。请法官支持原告的诉讼请求。

审判长：被告发表辩论意见。

丁晓峰：根据原、被告的案情陈述，以及法庭调查阶段相关的证据证言，案情事实已经基本清楚。至于本案的争议，被告劝酒和没有送原告回家，我方认为被告劝酒是出于善意，在不知原告现在不能多饮酒的情况下进行的，没有过错。至于被告没有送原告回家，一是被告当时确有急事，二是因为被告再三要送原告回家，而原告一再推辞，说他虽然有些醉意，不过还可以正常回家，独自离开，这之后被告才放心离去。我方已经尽到了应有的责任和义务，因而没有过错，不应当承担责任。再说，喝酒、劝酒是中国酒文化的一个传统，如果因为劝酒，要因尽地主之谊而受惩罚，这有违中国的待客之道和传统习惯。

1. 我国《民法通则》规定，一般侵权责任，必须具备以下几个要件：一是损害事实的客观存在；二是行为具有违法性；三是不法行为与损害后果之间有因果联系；四是行为人主观上有过错，包括故意和过失。但是我方被告行为不同时符合上述四个要件，因而不构成侵权。前款规定的故意，是指有意致人伤害，或者明知其行为会造成损害仍是加害行为；前款规定的过失，是指行为人由于疏忽或者懈怠而未尽合理注意义务。

2. 行为人因过错侵害他人民事权益，造成他人人身或者财产损害的，应当承担侵权损害赔偿责任。但是我方没有任何过错，因而不应当承担任何赔偿责任。

审判长：当事人还有新的辩论意见吗，原告？

原告律师：原告与被告喝酒的时间从当天下午七点开始，持续了将近四个小时，并喝掉四瓶烈性白酒。原告先是再三声明不能再喝，另外老婆交代不让多喝酒。被告仍继续劝酒。最后，在原告语无伦次、神志不清的情况下，被告仍三番五次劝酒并说出不醉不休的话语刺激原告喝酒。因此，是被告的多次劝酒导致原告饮酒过量，被告存在过错责任，对原告因醉酒独自回家造成的摔伤负有不可推卸的责任。

审判长：被告？

提速实训十［本实训案例是实训案例九的继续，全文共计 664 个汉字，要求训练到能够在 5 分 7 秒内看录（听录）完时为止，130 字/每分钟。］

将以下这些缩略词录入几遍后再进行这篇文章的听录（看录）练习（有数字键的用数字键上屏）。

原告　被告　多年好友　十几年 2　相聚一起 2　多喝几杯　但并没有 3

说明3　具体原因　再加上2　在大学时　原被告　经常2　出去2　吃饭7　从来没有　结合2　几种9　以为4　不能喝酒2　客套话　继续2　这一切都是　不知情　过错责任　补充意见2　我们认为　两位8　没有尽到4　安全　送到家　首先　一直7　多次表示　主要是因为　所以　才没有2　送回家2　并没有　实际行动　既没有3　委托4　也没有　其他　朋友2　可见2　意识到　应该　单独回家3　可能会　有危险　但由于　各种原因　能够避免　存在过失　《中华人民共和国侵权责任法》　第六条4　应当承担　侵权责任　被告代理人　的行为3　主要是说2　那么2　再说一下2　什么是　民事违法行为　违反3　民事法律规定　损害他人　民事权利　表现形式　可分为　作为　不作为2　违法2　实施法律2　所禁止的　不实施法律　《关于审理人身损害赔偿案件适用法律若干问题的解释》　从事　餐饮5　经营活动3　社会活动2　自然人　法人3　其他组织2　范围内　安全保障　致使他人3　赔偿4　权利人　请求3　相应2　人民法院　予以支持

丁晓峰：原告和被告乃多年好友，加上十几年未见，相聚一起，多喝几杯，就是不醉不休也乃人之常情，至于劝酒，本属正常。虽然原告在酒席之上多次提到不能喝酒，但并没有说明具体原因。再加上原告在大学时酒量特大，原被告三人经常出去吃饭喝酒，但是原告从来没有醉酒过。结合这几种事实，被告以为原告说不能喝酒为客套话，因而继续劝酒。这一切都是出于善意，在不知情的情况下进行的，因而被告没有过错责任。

审判长：当事人还有最后补充意见吗，原告？

原告律师：我们认为两位被告除了对原告有过量劝酒行为外，两位被告还没有尽到把醉酒的原告安全送到家的责任和义务。

首先，虽然被告一直说他们多次表示要送原告回家且主要是因为有急事，所以才没有把原告送回家，但被告并没有任何的实际行动。既没有委托酒店，也没有委托其他朋友把原告送回家。可见被告已经意识到应该把原告送回家，及原告单独回家可能会有危险，但由于各种原因轻信能够避免，故被告对原告的人身损害存在过失，并应承担责任。根据《中华人民共和国侵权责任法》第六条的规定，行为人因过错侵害他人民事权益，应当承担侵权责任。

另外，被告代理人说被告的行为不构成侵权，主要是说他们的行为没有违法性。那么我们再说一下什么是民事违法行为，即违反民事法律规定，损害他人民事权利的行为。民事违法行为在表现形式上可分为作为和不作为。违法的作为是指实施法律所禁止的行为；违法的不作为是指不实施法律所要求做的行为。根据最高人民法院《关于审理人身损害赔偿案件适用法律若干问题的解释》第六条：从事住宿、餐饮、娱乐等经营活动或者其他社会活动的自然人、法人、其他组织，未尽合理限度范围内的安全保障义务致使他人遭受人身损害，赔偿权利人请求其承担相应赔偿责任的，人民法院应予以支持。

提速实训十一［本实训案例全文共计779个汉字，要求训练到能够在5分34秒内听录完时为止，140字/每分钟。］

（一）将以下这些缩略词录入几遍后再进行这篇文章的听录（看录）练习（有数字键的用数字键上屏）

审判长2　现在开庭　被告人　身份3　姓名2　年龄3　民族3　籍贯7　文化程度　职业7　汉族4　辩护人姓名　法律处分　收到5　木兰秋猕市　人民检察院　起诉书副本　没有　本院8　今天　法院　刑事审判庭　依法公开开庭审理　提起公诉　暴力袭击2　警察5　一案　审理5　本案6　合议庭　人民法院　审判员　担任审判长　组成2　书记员2　担任2　庭审记录　检察员7　出庭4　支持公诉2　当事人3　法定代理人　申请回避　的权利2　上述人员3　申请4　享有5　辩护7　委托4　辩护人　有权9　自行辩护　诉讼代理人　有权申请　提出新的证据　通知新的证人到庭　调取新的证据　申请重新鉴定或勘验 法庭辩论结束　案件2　有什么意见　要求最后陈述　上述权利5　听清了吗　听清了3　现在进行　法庭调查　公诉人宣读起诉书　宣读起诉书　刚才　公诉人　起诉书　与你收到的　是否一致　指控6　事实4　是否属实　你有什么说的没有4　那天3　发生了　不愉快　提出分手　我很郁闷　晚上3　喝了不少酒　然后去　可是　一开门　看见3　一个男人2　相谈甚欢　一气之下2　那个男人2　意识到　很害怕　出去后　正准备　突然有人　抓住5　奋起反击　后来才知道　一开始　并不知道　对被告人　请问　你是否　殴打　青年男子　为什么　醉酒打人3　不是因为　害怕2　报警0　逃跑7　而是　出于2　自己7　当时4　喝得很醉2　不知道　他们　只是2　打人7　第一反应　报复5　而不是

（二）录入技巧提示：往口袋里（可输入“往口袋里钻”，删除“钻”字）

审判长：现在开庭。查被告人身份（姓名、年龄、民族、籍贯、文化程度、职业、住址）。

被告：张健，男，1985年10月3日生，汉族，无业。

审判长：被告辩护人姓名、身份等。

辩护人：丁晓姗、郝佩佩。

审判长：被告人何时因何事受过何种法律处分？

张健：未受过。

审判长：被告人收到木兰秋狝市白水区人民检察院的起诉书副本没有？

张健：收到。

审判长：本院今天在白水区法院刑事审判庭依法公开开庭审理由白水区人民检察院提起公诉的被告人张健暴力袭击警察一案。

审理本案的合议庭，由白水区人民法院审判员孙宝担任审判长和审判员赵建方、王耀朋组成。本院书记员赵霖担任本案庭审记录。白水区人民检察院指派检察员苏聪、曹建出庭支持公诉。

审判长：当事人及其法定代理人有申请回避的权利，被告人对上述人员申请回避吗？

张健：不申请。

审判长：被告享有辩护的权利，除了所委托的辩护人有权为被告辩护外，被告也有权自行辩护；当事人的辩护人、诉讼代理人有权申请提出新的证据、申请通知新的证人到庭，调取新的证据，申请重新鉴定；被告人在法庭辩论结束后，对案件有什么意见和要求，有作最后陈述的权利。对上述权利，被告人听清了吗？

张健：听清了。

审判长：现在进行法庭调查。由公诉人宣读起诉书。

公诉人：宣读起诉书。

审判长：被告人，刚才公诉人宣读的起诉书与你收到的起诉书是否一致？

张健：一致。

审判长：起诉书指控的事实是否属实？你有什么说的没有？

张健：8月1日那天，我和田菊英逛街，发生了不愉快，田菊英便提出分手。我很郁闷，晚上喝了不少酒，然后去找田菊英，可是一开门便看见她和一个男人相谈甚欢，我一气之下便打了那个男人。意识到我打了人，很害怕就跑了。出去后我去小店买烟，刚买完烟正准备往口袋里装钱，突然有人抓住我头发，把我往地下按，我奋起反击，后来才知道是警察。一开始并不知道是警察。

审判长：公诉人对被告人发问。

公诉人：请问你是否殴打了青年男子马赫？

张健：是的，我打了他。

公诉人：为什么你醉酒打人后不是因为害怕报警而逃跑，而是出于自己害怕而逃跑？

张健：当时喝得很醉，不知道他们报警，只是出于打人后害怕。打人后第一反应是被打人来报复我，而不是怕报警怕警察。

提速实训十二［本实训案例是实训案例十一的继续，全文共计 795 个汉字，要求训练到能够在 5 分 41 秒内听录完时为止，140 字/每分钟。］

将以下这些缩略词录入几遍后再进行这篇文章的听录（看录）练习（有数字键的用数字键上屏）。

审判长 2　辩护人　是否　对被告人　你为什么　我以为　是因为　这个男人 2　和我分手　我意识到 2　很多 2　躲避 9　就不会　找个地方 2　躲起来 6　描述一下　的情况　就有人　揪住我的头发　看见是谁了吗　没有看见　因为他是 2　从背后 2　根本　看不清楚　以为是　那个 5　青年 5　正当防卫　你有没有　三个人　穿什么衣服　有没有　表明身份　没看见　没有人　告诉我　他们是　下面进行　指证质证 3　请公诉人　出示证据 2　传证人　看见你　迎面碰见　表明了 2　自己的身份　我听到　我们是　证人 3　有证据证明　公诉方　继续 2　提交 3　男子 2　笔录 6　可证明　证据表明　他们当时　我不知道　另外　听见他们　辩护方 4　有证据 2　出庭作证　是怎样　出示证件　看得到　喝酒 6　两个 2　看不到　因为　背对着 5　证人到庭　结束 5　法庭辩论　首先　发表　公诉意见　性质　情节 3　故意伤害　暴力 8　执行公务　构成了 2　故意伤害罪　妨害公务罪　法条竞合　进行处罚　暴力反抗　轻伤 0　事实清楚　证据确凿　法庭　依法判决

审判长：辩护人是否对被告人发问？

辩护人：张健，你为什么打马赫？

张健：发生了不愉快，田菊英便提出分手。我很郁闷，晚上去喝了不少酒。然后去找田菊英，可是一开门便看见她和一个男人相谈甚欢，我以为她是因为这个男人才和我分手。所以一气之下便打了那个男人。我意识到打了人，很害怕就跑了。

辩护人：不是因为报警才跑的？

张健：当时就喝的很多，不知道他报警。我要是为躲避警察就不会去小店买烟了，而去找个地方躲起来。

辩护人：描述一下买烟时的情况。

张健：刚买完烟就有人揪住我的头发把我往地上按。

辩护人：你看见是谁了吗？为什么？

张健：没有看见。因为他是从背后攻击我的，我根本看不清楚。

辩护人：你当时觉得在和谁搏斗？

张健：以为是那个青年马赫来报复我，正当防卫。

审判长：你有没有看见三个人穿什么衣服？有没有向你表明身份？

张健：没看见，也没有人告诉我他们是警察。

审判长：下面进行指证质证。请公诉人出示证据。

公诉人：传证人田菊英。张健是否看见你报警后逃跑的？

田菊英：是的。

公诉人：警察是否迎面碰见张健的？

田菊英：是的。

公诉人：警察在抓捕被告时是否表明了自己的身份？

田菊英：我听到他们喊了我们是警察。

公诉人：当时警察有没有穿警服？

田菊英：很像警服的制服。

辩护人：证人，你有证据证明张健当时看见你报警吗？

田菊英：没有。

审判长：公诉方继续。

公诉人：提交被打男子马赫笔录。可证明张健是看见报警后才逃跑的。三个警察的证据表明他们当时表明了身份。

张健：我不知道田报警。另外我没有听见他们说自己是警察。

审判长：辩护方有证据出示吗？

辩护人：我方请证人小店老板张女士出庭作证。当时张健的情况是怎样？抓他的警察穿警服了吗？警察当时出示证件了吗？张健看得到警察吗？

张女士：被告当时喝酒了，有酒气。抓他的警察两个便装，一个穿的制服。没有出示证件。他当时看不到，因为是背对着警察。

审判长：被告人是否申请新的证人到庭？

张健：没有。

审判长：法庭调查结束，现在进行法庭辩论。首先由公诉方发表公诉意见。

公诉人：性质情节，被告人故意伤害他人，暴力妨害警察执行公务，构成了故意伤害罪和妨害公务罪的法条竞合，以故意伤害罪进行处罚。暴力反抗致使警察受轻伤，事实清楚，证据确凿。请法庭依法判决。

提速实训十三［本实训案例共计682个汉字，要求训练到能够在4分52秒内听录完为止，140字/每分钟。］

（一）将以下这些缩略词录入几遍后再进行这篇文章的听录（看录）练习（有数字键的用数字键上屏）

审判长2　木兰秋狝市　人民法院　民一庭2　依照3　《中华人民共和国刑事诉讼法》3　第十八条　第一百二十条　的规定　公开审理　原告　被告　房产买卖合同　违约0　一案　为查明2　本案6　事实4　本院8　依法3　房产5　代理6　有限公司　作为　第三人　参加诉讼　根据　第一百二十三条　第二款2　现在　核对7　当事人3　委托代理人　身份　委托代理3　的情况　本人8　汉族4　第二　中学教师　身份证号码　委托4　律师事务所律师　代理人　自己的身份　代理权限　特别授权4　丰富2　法定代表人　公司总经理2　特别代理3　三方2　对方2　出庭人员　有无异议　没有异议2

（二）"第一百二十条、第一百二十三条"这样五字以上的词输入前四个字的首字母和条前面的字的首字母，即第一百二十条 dibew　第一百二十三条 dibes

审判长：木兰秋狝市人民法院民一庭，依照《民事诉讼法》第十八条、第一百二十条的规定，公开审理原告康大帝与被告郑娟娟房产买卖合同违约一案，为查明本案事实，本院依法追加了木兰秋狝市兰庭房产代理有限公司作为第三人参加诉讼。

根据《民事诉讼法》第一百二十三条第二款的规定，现在核对当事人及其委托代理人的身份。

原告康大帝讲述自己身份和委托代理的情况。

康大帝：本人康大帝，女，1978 年 10 月 1 日出生，汉族，木兰秋狝市第二中学教师，身份证号码：440122197810012345，本人委托木兰秋狝市白水律师事务所律师兰琪儿为代理人参加诉讼。

审判长：原告委托代理人讲述自己的身份和代理权限。

兰琪儿：本人兰琪儿，木兰秋狝市白水律师事务所律师。代理权限：特别授权。

审判长：被告郑娟娟讲述自己身份和委托代理的情况。

郑娟娟：本人郑娟娟，女，1977 年 10 月 1 日出生，汉族，木兰秋狝市人，住木兰秋狝市丰富沟村 78 号。身份证号码：400122197710017943。本人委托木兰秋狝市新拨律师事务所律师李艳明为代理人参加诉讼。

审判长：被告委托代理人讲述自己的身份和代理权限。

李艳明：本人李艳明，木兰秋狝市新拨律师事务所律师。代理权限：特别授权。

审判长：第三人木兰秋狝市桦树房产代理有限公司讲述自己身份和委托代理的情况。

第三人：桦树房产代理有限公司，法定代表人甘国平，男，1977 年 10 月 2 日出生，汉族，木兰秋狝市人，系公司总经理，本人委托木兰秋狝市棋盘山律师事务所律师钱成平为代理人参加诉讼。

审判长：请第三人代理人讲述自己的身份和代理权限。

钱成平：本人钱成平，木兰秋狝市棋盘山律师事务所律师。代理权限：特别代理。

审判长：三方当事人对对方出庭人员身份有无异议？

康大帝：没有异议。

郑娟娟：没有异议。

钱成平：没有异议。

提速实训十四［本实训案例共计 801 个汉字，要求训练到能够在 5 分 43 秒内听录完为止，140 字/每分钟。］

（一）将下列这些缩略词录入几遍后再进行这篇文章的听录（看录）练习

审判长2　经审查　各方3　符合法律规定　可以参加　诉讼活动　现在开庭　下面宣布　合议庭　组成人员　审判员　担任审判长　组成2　书记员2　担任2　法庭记录2　现在宣布　诉讼权利　双方当事人　享有5　以下5　诉讼义务　案件事实　进行陈述2　的权利2　提供证据　进行辩论　请求调解　提起上诉　证人3　鉴定人7　提问2　要求　证据3　鉴定结论2　提出说明　变更5　诉讼请求　承认　反驳6　提起反诉　可以　申请执行2　发生法律效力的判决　裁定3　或者　调解7　经本庭许可　查阅6　庭审材料　法律文书　认为　有差错　申请4　申请回避　如果认为　本合议庭　与本案有利害关系3　其他关系　可能　影响到　案件2　公正审判　有权提出3　上述人员3　履行7　依法行使　如实陈述　自觉遵守　诉讼程序　法庭　主动9　自己提出　依法缴纳　诉讼费2　宣布8　是否申请回避　下面进行　法庭调查　阶段3　现在进行　当庭陈述2　应当遵循　下列2　规则2　民主　平等2　完整　自愿2　的原则　陈述3　顺序6　进行　围绕　争议焦点9

（二）录入技巧提示：随时提出（可输入“随时提出来”，删除“来”字）

审判长：经审查，各方出庭人员符合法律规定，可以参加本案诉讼活动。

现在开庭。

根据《民事诉讼法》第一百二十三条第二款的规定，下面宣布合议庭组成人员：

本案由木兰秋狝市人民法院审判员邵金担任审判长并主审，与审判员成菊、胡锁组成合议庭。书记员李香兰担任法庭记录。

现在宣布当事人的诉讼权利。双方当事人享有以下诉讼权利和诉讼义务。

当事人有以下诉讼权利：

1. 当事人有就案件事实进行陈述和申辩的权利；

2. 当事人有委托代理人，收集、提供证据，进行辩论，请求调解、提起上诉的权利；

3. 当事人有向证人、鉴定人提问、要求对证据和鉴定结论提出说明的权利；

4. 原告有放弃或变更诉讼请求的权利；

5. 被告有承认、反驳原告诉讼请求和提起反诉的权利；

6. 当事人有随时提出和解请求的权利；

7. 可以申请执行发生法律效力的判决、裁定或者调解；

8. 经本庭许可，当事人有查阅本案的庭审材料和法律文书的权利。认为法庭记录有差错的，有申请补正的权利；

9. 当事人有申请回避的权利，即当事人如果认为本合议庭组成人员、书记员与本案有利害关系或与本案当事人有其他关系，可能影响到对案件公正审判的，有权提出更换上述人员。

当事人应履行以下诉讼义务：

1. 依法行使诉讼权利，如实陈述事实；

2. 自觉遵守诉讼程序，听从法庭指导；

3. 主动履行发生法律效力的判决、裁定或者调解；

4. 对自己提出的主张有提供证据的义务；

5. 依法缴纳诉讼费。

原告，你对以上宣布的合议庭组成人员、书记员及诉讼权利、义务是否听清？

康大帝：听清楚了。

审判长：是否申请回避？

康大帝：不申请回避。

审判长：被告，你对以上宣布的合议庭组成人员、书记员及诉讼权利、义务是否听清？

郑娟娟：听清楚了。

审判长：是否申请回避？

郑娟娟：不申请回避。

审判长：第三人，你对以上宣布的合议庭组成人员、书记员及诉讼权利、义务是否听清？

钱成平：听清楚了。

审判长：是否申请回避？

钱成平：不申请回避。

审判长：下面进行法庭调查阶段。

现在进行当庭陈述。当事人当庭陈述应当遵循下列规则：

1. 当事人应当遵循民主、平等、完整、自愿的原则进行陈述；

2. 陈述依照原告及其诉讼代理人、被告及其诉讼代理人的顺序进行；

3. 当事人陈述应当围绕诉讼请求和主张、争议焦点等。

提速实训十五［这是一篇警察出警的调查笔录，共计 663 个汉字，要求训练到能够在 4 分 44 秒内听录完为止，150 字/每分钟。］

将以下列缩略词录入几遍后再进行这篇文章的听录练习。

第一次询问　2012 年　15 日　笔录 6　被询问人　警察 5　因什么事 3　报警 0　我和我儿子　被人殴打　详细讲述一下　事情的经过　14 日 2　左右 6　我听见 2　有声响 6　我知道　我的邻居 3　在我家　草园子里　搬石头 2　挖水沟 7　我们两家 4　一直 7　有矛盾 3　以前 8　发生过争执　所以当时 4　听见声响 2　就知道是他　于是　打电话给　村委书记 3　让他过来看一下　过了一会儿　来到我家　一起 3　草园子　看见 3　并且　作为　用手中的　我的手 5　我的右手 5　小拇指 7　破了一个口子　这时 4　我儿子　从家里出来　正好看见　于是就　举起来 7　倒在地上 4　后来怎么样　叫什么名字　我一看　儿子　上前去 3　赶过去　上前推了我一把　推倒在地　然后 3　不知是用 2　还是　特别疼 8　之后 2　我的脸上 4　具体 2　是如何　我就记不清了　是否打你了　上去 3　没有打我 4　把我推倒我只看见　怎么　因为　我当时　被他们　打得鼻青脸肿　身体　好多地方都是疼的　也不知道　用什么 5

第一次询问

时间：2012 年 6 月 15 日 9 点 40 分

笔录人：袁小嫚

被询问人：白月古

警察：你因什么事报警？

答：我和我儿子白古月被人殴打。

警察：你详细讲述一下事情的经过。

答：2012 年 6 月 14 日晚 20 时左右，我听见我房后有声响，我知道是我的邻居白专人在我家房后草园子里搬石头挖水沟。我们两家一直有矛盾，以前也发生过争执，所以当时我听见声响就知道是他。于是我就打电话给村委书记乔文增，让他过来看一下。过了一会儿，乔文增来到我家，我就和乔文增一起来到我家房后的草园子，看见白专人和他老婆在我的草园子里挖沟，并且插了一些树枝作为篱笆。我上前拔树枝，白专人就用手中的铁锹铲我的手，当时我的右手正握在树枝上，铁锹正铲在我的右手小拇指上，当时就出血了，破了一个口子，这时我儿子白古月也从家里出来，正好看见白专人用铁锹铲我，于是就上前与白专人抢铁锹，这时白专人的老婆用手中的铁锹举起来打在白古月的头顶，白古月当时就倒在地上。

警察：后来怎么样？白专人的老婆叫什么名字？

答：我一看儿子晕倒，我就上前去拉乔荣华，乔荣华就是白专人的老婆。乔荣华当时骑在我儿子身上，我赶过去拉乔荣华，这时白专人上前推了我一把，把我推倒在地，然后不知是用拳头还是用脚在我右边胸口打一下，当时胸口特别疼，之后白专人又朝我的脸上打，但具体是如何打，我就记不清了。

警察：乔荣华是否打你了？

答：乔荣华骑在我儿子身上时，我上去拉她，当时她咬了我的右手，她没有打我，是白专人把我推倒后又打的我。

警察：乔荣华是如何打你儿子的？

答：我只看见她用铁锹打白古月的头顶一下，把我儿子白古月打蒙以后，我儿子倒在地上，她就又骑在白古月身上，具体怎么打的，因为我当时被他们打得鼻青脸肿，身体好多地方都是疼的，也不知道乔荣华是用什么打的我儿子了。

提速实训十六［本实训案例是实训案例十五的继续，这是一篇警察出警的调查笔录，共计 765 个汉字，要求训练到能够在 5 分 6 秒内听录完为止，150 字/每分钟。］

将下列这些缩略词录入几遍后再进行这篇文章的听录。

警察 5　当时 4　谁受伤了 4　伤势如何　小手指 8　脸上全是血　下边 3　晕倒在地　他的伤势 3　我也不清楚　当时都有谁在场 2　夫妇 0　还有　你是否需要　法医鉴定　需要　但我们 4　不知道　到哪儿去找 2　法医 7　怎样进行　你可以　直接去　县医院 2　法医门诊 2　你们　直接　申请 4　要求　进行伤害鉴定　你还有什么需要补充的　这次　夫妇俩 6　引起的 5　是他们先动手　而且是用　先后将 2　打伤了 5　你们应该　马上　把他们

抓起来　那可不行　派出所　不能听你们的一面之词　也不能2　随便抓人　我们还要　进行　调查走访　对方当事人　现场3　旁观者　根据　结果2　才能决定　如何处理　知道了　按照程序　我们先去　你们去找　调查　是这样的2　你看看　以上记录　是否正确　与我讲的相符　现在　年龄3　工作单位　党支部书记　今年　作证7　每个公民　责任和义务　作伪证5　负法律责任　你听明白了吗　我听明白了　我们请你　证明一下2　村民5　纠纷3　导致　斗殴事件3　双方当事人　唯一　知情人　晚上8点　我在家里　看电视6　电话响了起来　让我看看　我到了　问了问情况　跟随4　到了他家4　正在　不许你们　在这里　说着就去　你真不要脸　这哪是你家的　正在这时　跑了过来　手中的4　躺在地上3

警察：当时谁受伤了？伤势如何？

答：我右手小手指破了，脸上全是血，鼻梁也破了，鼻子下边也破了，右腿被打了一下，当时很疼但能动弹。胸口特别疼，我儿子当时晕倒在地，他的伤势我也不清楚。

警察：当时都有谁在场？

答：我与我儿子白古月，白专人夫妇，还有乔文增。

警察：你是否需要做法医鉴定？

答：需要。但我们不知道到哪儿去找法医做法医鉴定？怎样进行法医鉴定？

警察：你可以直接去县医院，县医院有法医门诊。你们直接申请要求对你和你儿子的创伤进行伤害鉴定。你还有什么需要补充的？

答：有，因为这次打架是白专人夫妇俩引起的，是他们先动手，而且是用铁锨作凶器，先后将我和我儿子白古月打伤了，你们应该马上把他们抓起来。

警察：那可不行，我们派出所不能听你们的一面之词，我们也不能随便抓人，我们还要进行调查走访对方当事人和现场旁观者，然后根据法医鉴定结果才能决定如何处理。

答：知道了。按照程序，我们先去做法医鉴定，你们去找乔文增和白专人调查。

警察：对！是这样的。你看看以上记录是否正确？

答：以上记录念给我听了，与我讲的相符。

警察：你叫乔文增吗？现在住址、年龄、工作单位？

答：我叫乔文增，是木兰秋狝市宝元村的党支部书记，今年50岁。

警察：作证是每个公民的责任和义务，但作伪证是要负法律责任的，你听明白了吗?

答：我听明白了。

警察：我们请你证明一下2012年6月14日晚20点左右，你村村民白月古和白专人因纠纷导致斗殴事件，据说除双方当事人外，你是唯一现场知情人?

答：2012年6月14日晚上8点左右，我在家里看电视，电话响了起来，是村民白月古的老婆打来的。她说邻居白专人在她家的草园子里挖沟呢，让我看看去。我到了白月古家，问了问情况，就跟随白月古到了他家的草园子，看见白专人夫妇俩正在挖沟。白月古说不许你们在这里挖沟，说着就去拔白专人用树枝插成的篱笆。白专人的老婆说你真不要脸，这哪是你家的?这时，白专人用铁锹阻挡白月古拔树枝。正在这时，白月古的儿子白古月跑了过来去夺白专人手中的铁锹。二人正在争夺时，白专人的老婆用铁锹拍向白古月的头部，白古月当时就躺在地上了。

提速实训十七［这是一篇律师接见犯罪嫌疑人的调查笔录，共计680个汉字，要求训练到能够在4分32秒内听录完为止，150字/每分钟。］

（一）将下列这些缩略词录入几遍后再进行这篇文章的听录练习

2012年　23日　木兰秋狝　看守所　会见室5　律师事务所律师　犯罪嫌疑人　盗窃5　笔录内容　你叫什么名字　大耳朵3　我们是　父亲9　委托4　律师事务所　指派我们　为你提供2　法律咨询　代理申诉2　控告7　申请取保候审　我们将　根据事实和法律　维护你的合法权益　对于　同意我们　法律服务　同意　你是哪年出生的　籍贯何处4　木兰秋狝市　15日　籍贯7　河北省7　承德市8　一直在　上学3　是为了　给自己　找个工作　公安机关　认为你　涉嫌犯有盗窃罪　并且是　盗窃团伙主犯　你有何看法　盗窃行为3　我确实有3　从未参加　盗窃团伙　我只是　偷过几次东西　参与盗窃　的情况　如实陈述一下　1999年　中专学校0　毕业5　为了找个2　好一点5　工资收入　高一点2　工作　我来到　并于同年　受聘于4　服务生4　由于　刚从农村来到城里　看到别人　很有钱3　心里很忌妒2　我的工资　并不是很高　所以　一直也没有　赚多少钱7　在酒店工作2　过程中　我看到　来酒店的客人　大多数　都有4　很眼馋　一直想3　自

已有2　价格太高　一直没有买2　2001 年　保存了2　一个客人　遗忘的公文包　密码锁　那种　心存好奇　随便　几个数字2　没想到　竟让我给打开了2　诺基亚手机　一些杂物　四处无人　客人遗忘的东西　偷走了2那部手机5　并一直7　藏在床下2　等以后4　自己使用　这就是　公安局查出来

（二）录入技巧提示：餐厅服务（可输入“餐厅服务员”，删除“员”字）；没有其他（可输入“没有其他人”，删除“人”字）

时间：2012 年6 月23 日上午9 时01 分至9 时22 分

地点：木兰秋狝市郊看守所第2 会见室

会见人：胡布其、森林（律师事务所律师）

被会见人：大耳朵（犯罪嫌疑人）

涉嫌罪名：盗窃

记录人：毕咚咚

笔录内容：

胡布其：你叫什么名字？

大耳朵：大耳朵。

胡布其：我们是木兰秋狝律师事务所律师，受你父亲老大耳朵的委托，律师事务所指派我们为你提供法律咨询。代理申诉、控告、申请取保候审，我们将根据事实和法律，维护你的合法权益。对于你父亲的委托，你同意我们律师事务所指派我们为你提供法律服务吗？

大耳朵：同意。

胡布其：你是哪年出生的？籍贯何处？因何到木兰秋狝市？

大耳朵：我于1979 年1 月15 日出生，籍贯河北省承德市，在来木兰秋狝市前一直在三道沟中专上学，到木兰秋狝市是为了给自己找个工作。

胡布其：木兰秋狝市公安机关认为你涉嫌犯有盗窃罪，并且是盗窃团伙主犯，你有何看法？

大耳朵：盗窃行为我确实有，但从未参加盗窃团伙，我只是个人偷过几次东西。

胡布其：你把参与盗窃的情况如实陈述一下。

大耳朵：好的。1999 年我在中专学校毕业，为了找个好一点、工资收入高一点的工作，我来到木兰秋狝市，并于同年9 月受聘于木兰秋狝酒店做服务生工作。由于刚从农村来到城里，看到别人很有钱，心里很忌妒。我的工资并不是很高，除了做餐厅服务之外我没有其他专长，所以一直也没有赚多少钱。在酒店工作过程中，我看到来酒店的客人大多数都有手机，很眼馋，一直想自己有一部，因价格太高，一直没有买。2001 年 5 月的一天，我在大堂值班，恰巧店内保存了一个客人遗忘的公文包，是有密码锁的那种。我心存好奇，就随便拨弄了几个数字，没想到竟让我给打开了，包内有一部诺基亚手机和一些杂物。我看四处无人，又是客人遗忘的东西，就偷走了那部手机，并一直藏在床下，等以后入网自己使用。这就是那部被公安局查出来的赃物。

提速实训十八［本实训案例是实训案例十七的继续。是一篇律师接见犯罪嫌疑人的调查笔录，共计 665 个汉字，要求训练到能够在 4 分钟内听录完为止，160 字/每分钟。］

将下列这些缩略词录入几遍后再进行这篇文章的听录练习。

公安机关　认为你　河南省 7　盗窃团伙　成员 3　你认可吗　冤枉啊　和他们认识　聊过几次　在一起　吃过几次饭　我可从来没　和他们一起　偷过东西　认识交往　谈一下　孤身一人来到　没有朋友　一次偶然的机会　我认识了　开始 2　他们说是　做木材生意　在随后的　几次交往中　我才知道　他们都是 2　长期流窜作案　盗窃犯　臭味相投　我就把自己　偷拿手机 2　告诉了他们　代为办理　手机入网　帮我办了　将他们 2　的经历告诉了我　邀我入伙　我当时说　考虑考虑　并没有答应他们　被公安机关逮捕后　供认你　参与了　他们　在本市 4　偷窃 0　你参与了吗　没有　绝对没有　我敢对天发誓　参加　这是他们　冤枉我　那天 3　你在干什么　在什么地方　有谁能够证明　21 日　星期一　我休班 4　去了一个老乡家里　但是 2　他不在家 3　然后 3　我又去了　一个同学　他可以　给我作证　给你说起过　他们要去　什么时候说的 2　说起过 2　在一次聚会上　四个人 2　一起喝酒 2　最近　卖得挺火　如果能搞到一些　他负责 2　可以　卖上大价钱　我当时　只听说 3　并没有在意　见过几次面　最后一次　在什么时间　什么地点　好像见过　四五次　今年初　大概是　月份　左右 6　地点 7　风景区　在一个　饭店里　你还有什么要说的吗？　没有了　看看记录　看记得对不对　如果没错　看后签字　以上记录　我看了　与我讲的一样

胡布其：公安机关认为你是河南省人王一、蒋二、于三盗窃团伙的成员，你认可吗？

大耳朵：冤枉啊！我只是和他们认识，聊过几次，在一起吃过几次饭，我可从来没和他们一起偷过东西呀！

胡布其：你把同王一、蒋二、于三认识交往的经过谈一下。

大耳朵：我是河北省人，孤身一人来到木兰秋狝市，没有朋友，一次偶然的机会，我认识了王一、蒋二、于三。开始他们说是在木兰秋狝市做木材生意的，在随后的几次交往中，我才知道他们都是长期流窜作案的盗窃犯，由于臭味相投，我就把自己曾偷拿手机的事告诉了他们，并让于三为我代为办理手机入网，于三就帮我办了。王一、蒋二、于三也将他们参与盗窃的经历告诉了我，并邀我入伙，但我当时说考虑考虑，并没有答应他们。

胡布其：王一、蒋二、于三在被公安机关逮捕后，供认你参与了他们在本市 8 区 5 街 28 号的偷窃一事，你参与了吗？

大耳朵：没有，绝对没有！我敢对天发誓！我绝对没有参加！这是他们冤枉我啊！

胡布其：王一、蒋二、于三偷窃那天你在干什么，在什么地方？有谁能够证明？

大耳朵：那天是 3 月 21 日，是星期一，我休班，去了一个老乡家里，但是他不在家，然后我又去了一个同学家里，他叫郑鸣，他可以给我作证。

胡布其：王一、蒋二、于三给你说起过他们要去偷窃的事吗？是什么时候说的？

大耳朵：说起过。在一次聚会上，我们四个人一起喝酒，于三说红松最近卖得挺火，如果能搞到一些，他负责销货，可以卖上大价钱，我当时只听说，并没有在意。

胡布其：你共与王一、蒋二、于三见过几次面？最后一次在什么时间？什么地点？

大耳朵：一共好像见过四五次面，最后一次是在今年初，大概是 1 月份左右。地点是木兰秋狝市的白水台子风景区，在一个名叫马二的饭店里。

胡布其：你还有什么要说的吗？

大耳朵：没有了。

胡布其：你看看记录，看记得对不对，如果没错，你看后签字。

大耳朵：好的。以上记录我看了，与我讲的一样。

提速实训十九 [本实训案例是庭审速录稿，共计784个汉字，要求训练到能够在5分钟内听录完为止，160字/每分钟。]

将下列这些缩略词录入几遍后再进行这篇文章的听录练习。

审判长2　现在开庭　被告人　何时收到的　起诉书　开庭传票　被告2011年　12日　收到5　辩护人　有何意见　我方提出　管辖权异议　没有得到　法庭　书面答复2　管辖意见4　在辩论中2　发表　介绍0　公诉人辩护人身份　无意见4　法官2　没有　是否申请回避　的问题　我认为回避7　同样重要　是没有意义的　关键的是　本案6　管辖权5　我同意我的辩护人　提出的　管辖异议3　本案应由　犯罪行为地　刑事案件　侦查机关　进行　申请4　公诉人员　审判人员　我就不提了　的观点2　我在庭前　曾经提出　书面请求　包括　证人出庭　请求法院依职权调取证据现在　请求法庭　当庭给予答复　适当时间　给予答复　我要补充一点　根据　《刑事诉讼法》　第十八条　的规定　木兰秋狝　公安机关　侦查7没有异议2　但是2　审判地2　法院　已经　表明了态度　现在开始　法庭调查　请公诉人宣读起诉书　辩护人有何意见　我请求启动非法证据排除程序　阐述理由　2010年　木兰秋狝市　第一中级人民法院　伪造证据　妨害作证罪　终审判处　有期徒刑　一年零六个月　执行期间4　2009年　12月11日　《刑法》2　第四十六条2　规定　被判处2　无期徒刑　犯罪分子或者　其他　执行场所2　执行2　劳动能力2　都应当6　参加劳动2　接受教育　改造4　这里　第十五条　第二款　罪犯5　被交付执行　刑罚8剩余刑期2　一年以下　看守所　代为执行　还有　将近一年　四个月2不属于　以上3　应当在3　服刑0　的情况　应当2　依法3　在监狱内违反法律的规定2　送往监狱　正在办理　入监手续2　将其带回2　第二看守所　因此　违法关押地点

审判长：现在开庭。被告人，何时收到的起诉书及开庭传票？

被告：2011年4月12日收到开庭传票。

审判长：辩护人有何意见？

辩护人：我方提出管辖权异议没有得到法庭书面答复。

审判长：管辖意见可在辩论中发表。介绍公诉人、辩护人身份。被告人有何意见？

被告：无意见。

辩护人：法官，你没有问是否申请回避的问题。

审判长：被告人是否申请回避？

被告：我认为，回避与管辖同样重要。我是否申请回避，是没有意义的。关键的是本案管辖权的问题。我同意我的辩护人提出的管辖异议的问题，本案应由犯罪行为地管辖。刑事案件由侦查机关进行……申请公诉人员、审判人员回避的问题，我就不提了，但我同意辩护人的观点。

辩护人：我在庭前曾经提出五项书面请求，包括申请 15 位证人出庭、请求法院依职权调取证据等，现在请求法庭当庭给予答复。

审判长：法庭会在适当时间给予答复。

被告：我要补充一点，根据《刑事诉讼法》第十八条的规定，本案由木兰秋狝公安机关侦查，我是没有异议，但是本案的审判地应是犯罪行为地法院。

审判长：被告人，你已经表明了态度。

审判长：现在开始法庭调查，请公诉人宣读起诉书。

审判长：辩护人有何意见？

辩护人：审判长，我请求启动非法证据排除程序。

审判长：阐述理由。

辩护人：被告人于 2010 年 2 月 9 日被木兰秋狝市第一中级人民法院以“辩护人伪造证据、妨害作证罪”终审判处有期徒刑一年零六个月，执行期间 2009 年 12 月 12 日起 2011 年 6 月 11 日止。根据《中华人民共和国刑法》第四十六条之规定：“被判处有期徒刑、无期徒刑的犯罪分子，在监狱或者其他执行场所执行；凡有劳动能力的，都应当参加劳动，接受教育和改造。”这里的“其他执行场所”，是指《中华人民共和国监狱法》第十五条第二款之规定：“罪犯在被交付执行刑罚前，剩余刑期在一年以下的，由看守所代为执行。”被告人在被交付执行刑罚前，剩余刑期还有将近一年四个月，不属于以上应当在其他执行场所服刑的情况，应当依法在监狱内服刑。而本案侦查机关违反法律的规定，在将被告人送往监狱正在办理入监手续时，即将其带回木兰秋狝市第二看守所关押。因此，木兰秋狝市第二看守所是对被告人的违法关押地点。

提速实训二十［本实训案例是实训案例十九的继续，全文共计 697 个汉字，要求训练到能够在 4 分 20 秒内听录完为止，160 字/每分钟。］

将下列这些缩略词录入几遍后再进行这篇文章的听录练习。

辩护人　鉴于7　公诉机关　提交的2　讯问笔录2　调取9　认为　取证地点2　不合法　由此导致　笔录6　非法证据　最高人民法院　最高人民检察院2　公安部　国家安全部　司法部　联合制定　《关于办理刑事案件排除非法证据若干问题的规定》　第二条2　依法确认　非法9　言词证据　予以排除2　不能作为　定案的根据　上述2　作为　定案证据　第五条6　在开庭审理前　庭审中　提出　审判5　是非法取得的　公诉人宣读起诉书　之后2　当庭调查　法庭辩论结束　也应当7　进行调查　依法提出本申请　望法庭予以批准　我这里有2　书面的请求书　现提交法庭　提交法庭　首先　公诉人认为　搜集证据　程序3　完全合法　能作为证据使用　对本案　完全不适用　其他意见　在以后答辩中　具体陈述　其次　关押地点2　也是合法的　是否是　违法羁押地　讲明理由　提请辩护人注意　并没有　任何证据　不能　针对证据提出质疑　关押在看守所　是合法的　因为　身份3　公诉人提请注意2　不要发表重复的观点　公诉人的说法　与证据矛盾　补充一点　坚持请求启动非法证据排除程序　非法证据排除2　不必重复2　合议庭　进行评议3　合议庭评议后认为　针对辩方4　理由成立　的要求　不予准许2　我讲一句话

辩护人：鉴于公诉机关提交的被告人的四份讯问笔录均在木兰秋狝市第二看守所调取，应当认为其取证地点不合法。由此导致该四份笔录为非法证据。

最高人民法院、最高人民检察院、公安部、国家安全部和司法部联合制定的《关于办理刑事案件排除非法证据若干问题的规定》第二条规定："经依法确认的非法言词证据，应当予以排除，不能作为定案的根据。"而起诉书将上述被告人的讯问笔录作为定案证据。《关于办理刑事案件排除非法证据若干问题的规定》第五条规定："被告人及其辩护人在开庭审理前或者庭审中，提出被告人审判前供述是非法取得的，法庭在公诉人宣读起诉书之后，应当先行当庭调查。法庭辩论结束前，被告人及其辩护人提出被告人审判前供述是非法取得的，法庭也应当进行调查。"

据此，辩护人特在公诉人宣读起诉书后，依法提出本申请，望法庭予以批准。审判长，我这里有书面的请求书，现提交法庭。

审判长：法警，将辩护人提交的书面请求书提交法庭。公诉人有何意见？

公诉人：首先，公诉人认为公安机关搜集证据的程序完全合法，能作为证据使用。最高人民法院、最高人民检察院、公安部、国家安全部和司法部联合制定的《关于办理刑事案件排除非法证据若干问题的规定》，对本案完全不适用，其他意见在以后答辩中具体陈述。其次，对被告人的关押地点也是合法的。

审判长：辩护人有何意见？

辩护人：公诉人没有对是否是违法羁押地讲明理由。

公诉人：提请辩护人注意，公诉人现在并没有举出任何证据，辩护人不能针对证据提出质疑。被告人关押在看守所是合法的，因为其身份是双重的，公诉人提请注意。

审判长：辩护人不要发表重复的观点。

辩护人：公诉人的说法与证据矛盾。补充一点，坚持请求启动非法证据排除程序……

审判长：非法证据排除的问题不必重复，由合议庭进行评议……合议庭评议后认为，公诉人针对辩方非法证据排除的理由成立，辩护人的要求不予准许。

辩护人：审判长，我讲一句话。

提速实训二十一［本实训案例是实训案例二十的继续。全文共计 628 个汉字，要求训练到能够在 3 分 56 秒内听录完为止，160 字/每分钟。］

（一）将以下这些缩略词录入几遍后再进行这篇文章的听录练习

审判长 2　辩护人　可以发言　关于　合议庭评议　过程　我只看到　动动嘴 6　两边的 2　审判员　代理审判员　没有发表任何意见　合议庭评议程序　是违法的　请求 3　检察院 5　作为　法律监督机关　法庭　这一行为 7　请注意你的身份　指责法庭　已超出　辩护人身份　对起诉书的指控　被告人有什么意见 2　起诉书指控的　我的罪名　事实经过　和我的亲身经历相比　有些是失实的　可以说　既不准确也不客观　说我是　案子　一审辩护人　这个有点不精确　因为　案子的一审　三个以上　不只我一个　被告人做归纳性陈述 2　表面看似很简单　涉及诸多　法律关系　你让我 2　归纳 4　我很难 2　归纳出　如果　让我说事实　从头到尾讲一下　直接针对 4　教唆作伪证的行为　作陈述 6　引诱、教唆　这些词 2　去年　看到过现代汉语词典　意思是 2　循循善诱　只不过　现代人 3　将其作为　贬义词 4　表达 5　如果说　我所谓的 2　作证 7　我认为　这是一种　那是 2　说实话　没有违背　客观事实　万元 2　是什么性质　我不想评价　我不

否认　是想去投资　直到今天　我也不否认　也是为了盈利　但是2　自从我接受了　案子的委托　以后　从所有证据中　没有看到一份　能够反映出来2　这笔钱是投资　客观发生　展现在我眼前的　所有的东西　包括工商档案　合伙人章程　合同　材料　没有一份　体现出　的性质　相反第一次　涉嫌8　侵占8　取保候审　委托我　作为她的辩护人2　在我之前都给我　提供了3　大量的资料　视频资料2　都没有体现出　投资　而应该是

（二）录入技巧提示：是因（可输入“是因为”，删除“为”字）

审判长：辩护人可以发言。

辩护人：关于合议庭评议过程，我只看到审判长动动嘴，两边的审判员和代理审判员没有发表任何意见，合议庭评议程序是违法的。请求检察院作为法律监督机关，监督法庭的这一行为。

审判长：辩护人请注意你的身份，你指责法庭已超出辩护人身份。对起诉书的指控，被告人有什么意见？

被告：起诉书指控的我的罪名及事实经过，和我的亲身经历相比，有些是失实的，可以说既不准确也不客观。说我是孟某案子的一审辩护人，这个有点不精确，因为孟某案子的一审中有三个以上的律师，不只我一个。

审判长：被告人做归纳性陈述。

被告：审判长，表面看似很简单，但涉及诸多法律关系，你让我归纳，我很难归纳出来。如果让我说事实，我能从头到尾讲一下。

审判长：直接针对起诉书指控的教唆作伪证的行为作陈述。

被告：“引诱、教唆”，这些词我去年看到过。“引诱”，在《现代汉语词典》中的意思是引导、循循善诱。只不过现代人将其作为贬义词表达，如果说我所谓的“引诱”彭女士作证，我认为这是一种好的引诱。那是“引诱”她说实话，说没有违背客观事实的真话。

彭女士的100万元是什么性质，我不想评价。我不否认，彭女士当初拿这100万元是想去投资。直到今天我也不否认，她投钱也是为了盈利。但是，自从我接受了孟某案子的委托以后，从所有证据中，没有看到一份能够反映出来这笔钱是投资。而客观发生的，展现在我眼前的所有的东西，包括工商档案、合伙人章程、合同等材料，没有一份体现出100万元的性质是投资。相反，孟某第一次是因涉嫌侵占被抓。孟某被取保候审以后，才委托我作为她的辩护人。在我之前的三个律师都给我提供了大量的资料，包括视频资料。大量的资料都没有体现出100万元是投资，而应该是借款。

提速实训二十二［本实训案例是实训案例二十一的继续。全文共计790个汉字，要求训练到能够在4分56秒内听录完为止，160字/每分钟。］

（一）将下列这些缩略词录入几遍后再进行这篇文章的听录练习

第一天 亲口对我说 原来的 找过我 让我改变证言 信不过 他们 见过0 累计见面时间 四个小时3 而且 见面2 每一分3 每一秒2 都进行了 录音录像 我申请2 法庭调取 我相信 会调取到2 我的第一个观点是 没有发现 该笔款项 第二个观点 是借款还是投资 我讲过 作为律师 所谓 从法律角度 对她讲解4 什么是 不能撤回 随时主张权利 这些话2 至于她 听我的 所谓的 如何选择 完全民事行为能力人 凭自己的判断 进行选择 她听了我的2 还是 做了何种选择 完全是 独立判断 不排除 听了我的话 思想动摇 也不排除 她是想2 收取回报2 千真万确 没有 教唆她2 如何去改变 借款的性质 投资的性质 还有另外一点 开完庭以后 我多次 督促7 第四点2 无论投到哪 自始至终 依照法定程序 变更5 款项的性质 是有严格程序的 人民法院的判决 依据法律规定 到今天也没有 发生变化 第五点 到今天我仍然不知道 所有权人是谁 有人说是 他们之间 到底是什么关系 我们 现在 都没有3 搞清楚 这点很难说清楚 判决书认定 现在怎么成了 到底是谁的 我现在都搞不清 判决书 我没看过 第六点0 吸毒成性3 她的证言2 是何时作的 询问时4 是否清醒2 我希望 注意5 另外 还有一个 公司法2 一个观点2 法定代表人 任公司董事长 营业执照 是这么写的 的行为 职务行为 即使 书面合同 口头承诺 企业行为 无论如何 收下了3 谁是要约人 谁是承诺人 要约人3 作为董事长 性质如何界定 说过 在电话里面 通话的内容2 到底是什么 地球上2 只有我们2 两个人 知道3 还有其他观点么2 叙述简短一些

（二）录入技巧提示：离过（可输入“离过婚”，删除“婚”字）

被告：彭女士第一天到邙山，亲口对我说：“原来的律师找过我，让我改变证言，但我信不过他们。”我与彭女士总共只见过三次面，累计见面时间不到四个小时。而且，我对见面的每一分、每一秒都进行了录音录像。我申请法庭调取。我相信会调取到。我的第一个观点是，没有发现该笔款项是投资。

第二个观点：彭女士的钱是借款还是投资？我讲过，我作为律师，所谓“诱导、教唆”过彭女士，从法律角度对她讲解什么是投资、什么是借款。投资是不能撤回的，借款是随时主张权利的。我讲过这些话。至于她听我的所谓的“教唆”和“引诱”以后，如何选择，是她作为完全民事行为能力人，凭自己的判断进行选择。她听了我的所谓“教唆”还是“引诱”后，做了何种选择，完全是她的独立判断。我不排除她听了我的话思想动摇，也不排除她是想收取回报，但我千真万确没有教唆她如何去改变借款的性质或投资的性质。

还有另外一点：孟某案子开完庭以后，我多次督促孟某还彭女士的欠款。

第四点：彭女士的钱无论投到哪，自始至终，没有依照法定程序变更款项的性质。投资是有严格程序的，人民法院的判决也没权就此判定。依据法律规定，100 万元的性质到今天也没有发生变化，就是借款。

第五点：到今天，我仍然不知道 100 万元的所有权人是谁的？有人说是王某某的，有人说是彭女士的，而他们之间到底是什么关系？我相信，我们四方现在都没有搞清楚。彭女士离过三次婚。这点很难说清楚。判决书认定是王某某的 100 万元，现在怎么成了彭女士的？到底是谁的？我现在都搞不清。孟某案子的判决书我没看过。

第六点：彭女士吸毒成性，她的证言是何时作的？询问时是否清醒？我希望法庭注意。

另外，还有一个民法、公司法上的一个观点。孟某是法定代表人，任公司董事长，营业执照是这么写的。法定代表人的行为是职务行为，即使没书面合同，口头承诺的合同也是企业行为。无论如何，孟某是收下了 100 万元。这 100 万元，谁是要约人？谁是承诺人？我认为，彭女士是要约人。孟某作为董事长，她把这 100 万元收进来，这 100 万元的性质如何界定？彭女士说过，她和孟某在电话里面通话的内容到底是什么？地球上只有我们两个人知道。

审判长：还有其他观点么？叙述简短一些。

提速实训二十三［本实训案例是实训案例二十二的继续。全文共计 787 个汉字，要求训练到能够在 4 分 55 秒内听录完为止，160 字/每分钟。］

（一）将下列这些缩略词录入几遍后再进行这篇文章的听录练习

审判长 2　还有其他观点么 2　简短一些 8　开庭以后　女士 6　多次找

过我　要求　三方还款协议　还款 5　授权委托书　他们　达成还款协议　经过　总结归纳　他们的意思　由我口授　速录 7　三方签订了　还款协议书　签了字　多次 2　督促 7　据我所知　确实 4　不少钱 4　到今天为止　到底 5　还了多少钱　什么时候还的 3　我都不太清楚　没有　向我提供 2　这些信息 3　我敢确定　为什么　卷宗材料里　这方面证据　我要求　辩护人　申请 4　法庭　后期 4　多少钱 3　进行调查　侦查机关　没有问到过　这方面的问题　还有一个问题　木兰秋狝市　都没找到　曾在 5　电话里 3　对我大喊大叫　说一些过格的话　我就把　她的电话 2　给挂断了 5　这件事 2　是引发　今天　案子　导火索　我想向她 2　说的是 3　债务人　债权人 3　之间的　债务纠纷　没有关系　希望　理解 3　法官 2　还有一点　我曾经　在开庭前　检察官 2　都说过 2　这样一个　吸毒成性 3　女人 3　公诉人提请法庭注意　被告人　不能污蔑证人　请被告注意　我道歉 2　两个字 2　没能克制住　说的没有不当 2　说话请举手　公诉人　刚才发言　也没有　举手示意 3　一碗水端平　请辩护人注意　你的言辞 2　被告人还有什么意见　另外一个问题就是　当年 3　我没有答应 2　的问题　已经说过了　再说最后一个观点 2　我又有点激动　被告人观点　发表完毕　公诉人发问　辩护人提出的　法庭庭审　有监督职责 2　法庭审理　的目的是　查清事实　请你 3　实事求是　陈述犯罪事实　请没请你　担任辩护人　什么时候　具体时间　得看卷宗　作为辩护人　检察院 5　法院　材料　都是　前任律师　转交我的 2　是不是　我反对　这是诱供 5　叫什么 2　不能问 2　某某某　这是典型的　我是问被告人　是否是　某某人　没说一定是

（二）录入技巧提示：但我还（可输入“但我还是”，删除“是”字）

审判长：还有其他观点么？简短一些。

被告：有，就是孟案开庭以后，彭女士多次找过我，要求我按三方还款协议，督促孟某还款。孟某有授权委托书。我将授权委托书给了彭女士，他们达成还款协议。我经过总结归纳他们的意思，由我口授、闵某某速录，三方签订了还款协议书，并签了字。我多次督促孟某还款。据我所知，也确实还给彭女士不少钱。但到今天为止，到底还了多少钱？什么时候还的？我都不太清楚。律师没有向我提供这些信息。我敢确定，还了彭女士不少钱。为什么 卷宗材料里没有这方面证据？我要求辩护人申请法庭对后期又还彭女士多少钱进行调查。侦查机关没有问到过这方面的问题。

还有一个问题。彭女士多次到木兰秋狝市找我，都没找到。彭女士曾在电话里对我大喊大叫，说一些过格的话，我就把她的电话给挂断了。这件事是引发今天案子的导火索。我想向她、向法庭说的是，债务人与债权人之间的债务纠纷，跟律师没有关系。希望她理解、法官理解。

还有一点，我曾经在开庭前跟法官、检察官都说过，彭女士这样一个吸毒成性的女人……

公诉人：公诉人提请法庭注意，被告人不能污蔑证人。

审判长：请被告注意。

被告：我道歉。我手上写着“克制”两个字，但我还没能克制住。

辩护人：说的没有不当。

审判长：辩护人说话请举手。

辩护人：公诉人刚才发言也没有举手示意。请法官一碗水端平。

审判长：请辩护人注意你的言辞。被告人还有什么意见？

被告：另外一个问题就是，彭女士当年去木兰秋狝市找我，我没有答应。

审判长：彭女士到木兰秋狝市找你的问题，已经说过了。

被告：再说最后一个观点。彭女士……我又有点激动。

审判长：被告人观点发表完毕。公诉人发问。

公诉人：辩护人提出的公诉人对法庭庭审有监督职责。今天法庭审理的目的是查清事实。被告人，请你实事求是地陈述犯罪事实。孟某请没请你担任辩护人？什么时候？

被告：有，具体时间得看卷宗。

公诉人：作为辩护人，你到检察院、法院去阅过卷没有？

被告：没有，材料都是孟某的前任律师转交我的。

公诉人：前任律师是谁？前任律师是不是……

辩护人：审判长，我反对，这是诱供。要问前任律师叫什么，不能问前任律师是某某某么？这是典型的诱供。

公诉人：我是问被告人，是否是某某人？没说一定是某某人。

提速实训二十四［本实训案例是实训案例二十三的继续。全文共计 744 个汉字，要求训练到能够在 4 分 39 秒内听录完为止，160 字/每分钟。］

将下列这些缩略词录入几遍后再进行这篇文章的听录练习。

审判长 2　法庭申明规则　发问方停止发问　由法庭发问　法庭评议后

认为　表示　记不住　的情况下　进一步发问　不算诱供2　公诉人继续发问　给你材料　是不是叫4　我所有的材料　转给我的　你不否认　投资款　你没听清楚　不否认　个人意愿　认为是　款项的性质　到今天也没有被确定2　是将此款2　用在公司　还是个人　这要看3　投资给谁　如果　某个人4　下面　隐名股东3　直接回答问题　你看过证据　复印资料2　里面有什么　有很多东西3　你陈述一下　工商档案　合同协议　企业章程　有没有　民事判决书　好像有4　侦查阶段　笔录6　复印件　好几年了　我记不清了　见了几次面　有谁在场2　三、四次2　累计不到3　四个小时3　很多人在场　母亲5　父亲9　亲戚朋友　女儿　其中一次　儿子　我与他们　非正式的见面　我不记得了　提示8　有没有谁　诱导性提问　刚才　合议庭　看得很清楚　反对无效　你刚讲述过　你承认　行为2　反对　这种　发问方式2　予以制止　我还没有说完　教唆过　引诱过8　什么叫　违背事实　改变真相　目的是什么　解释6　两者之间的区别　的目的　是一样的　你说过　好像见过　民事判决　我记得不是很清楚　我见的时候　不是终审判决　确认　股东身份　出庭作证　出庭4　我们在一起　多次开会　研讨这个案子　直接回答我的问题2　谁申请的2　直接回答　听不懂2　被告可以适当陈述

审判长：法庭申明规则。发问方停止发问，由法庭发问。法庭评议后认为，公诉人是在被告人表示记不住的情况下，进一步发问，不算诱供。公诉人继续发问。

公诉人：给你材料的律师是不是叫某某某？

被告：不是，我所有的材料都是孟某转给我的。

公诉人：你不否认是投资款？

被告：你没听清楚，不否认彭女士的个人意愿认为是投资款。但款项的性质，到今天也没有被确定。

公诉人：彭女士的意向，是将此款用在公司还是个人？

被告：这要看是投资给谁，如果投给孟某个人，彭女士是孟某个人下面的隐名股东。

公诉人：直接回答问题。你看过证据复印资料。里面有什么？

被告：有很多东西。

公诉人：你陈述一下。

被告：工商档案、合同协议、企业章程。

公诉人：有没有民事判决书？

被告：好像有。

公诉人：有没有彭女士侦查阶段笔录的复印件？

被告：好几年了，我记不清了。

公诉人：你跟彭女士在邛山见了几次面？有谁在场？

被告：三、四次，累计不到四个小时。很多人在场，有朱某某母亲、父亲、孟某、孟家的亲戚朋友。

公诉人：孟家的亲戚朋友，有没有孟某的女儿？

被告：其中一次有。

公诉人：有没有彭女士的儿子？

被告：我记不清了。我与他们都是非正式的见面。

公诉人：被告人直接回答问题。

被告：我不记得了。

辩护人：法官，公诉人提示有没有谁？这是诱导性提问。

审判长：刚才合议庭看得很清楚，反对无效。公诉人继续发问。

公诉人：你刚讲述过，你承认有引诱行为。

辩护人：反对。请审判长对公诉人这种发问方式予以制止。

公诉人：我还没有说完，你不否认被告人教唆过、引诱过……

被告：什么叫投资、借款，我没有违背事实，改变真相。

公诉人：目的是什么？

被告：解释两者之间的区别，跟孟某前任律师的目的是一样的。

公诉人：你说过，好像见过民事判决？

被告：我记得不是很清楚。我见的时候，不是终审判决，也没有确认其股东身份。

公诉人：彭女士出庭作证了？

被告：是。

公诉人：谁向法庭申请彭女士出庭？

被告：我接手孟某案子后，孟某的前任律师、孟某的亲戚、朱某某的亲戚，我们在一起多次开会，研讨这个案子。

公诉人：直接回答我的问题。谁申请的？

被告：如果直接回答，我怕法庭听不懂。

审判长：被告可以适当陈述。

提速实训二十五［本实训案例是实训案例二十四的继续。全文共计745个汉字，要求训练到能够在4分23秒内听录完为止，170字/每分钟。］

（一）将下列这些缩略词录入几遍后再进行这篇文章的听录练习

审判长2　被告可以适当陈述　被告　作为律师　应该抓住4　案件重点　挪用资金　三个月　我关注的是　是否　超过　是否是　投资　经过大量　发现　挪用时间4　案子　证据目录　可以看出　我的注意力　放在那　开会时2　有一个　法律工作者　把资料给我　他说他曾　女士6　录了音　现在开始　回答4　公诉人　的问题　建议3　请来作证2　后来2　闹得很僵2　母亲5　通过　同学　前任律师　申请书　依照法律规定　听清楚了　2008年　30日　作证7　内容是什么　我可以　不要打断我的思路　当年3　当庭火了　你怎么说　举报人4　也是你　对不起　常年吸毒　报案时2　吸毒7　我不清醒　他带我到2　公安局　剂量过大2　身上发冷4　他就把　公安　可怜3　孩子2　四次7　去过4　戒毒所3　马上出来2　打电话给　住所记录　陈述3　地球上2　几十亿人3　只有3　能说清　还是　与你了解的事实相符么　基本属实　公司法规定　法人3　能否把　单位　资金3　存入6　个人账户2　我反对　可以　这个问题　与本案无关　进行　诱导式发问　反对有效　公诉人注意　还款协议　是怎么形成的2　代表　双方家庭　有委托书4　写协议3　的过程　你是否　参与了　肯定有　三方2　都是　老百姓　缺乏　法律知识　在我主持下　签订　在场有哪些人　有很多人　他们家　开庭前　证人等候室　没有　与本案有关么　我记不太清　开完庭以后　为什么要2　退出8　辩护7　我可以说么2　与本案有关　可以说

（二）录入技巧提示：律师在场（可输入“律师在场权”，删除“权”字）

审判长：被告可以适当陈述。

被告：作为律师应该抓住案件重点，“挪用资金”案的期限三个月，我关注的是是否超过三个月？是否是投资？我经过大量取证，发现挪用时间不到三个月。从孟某案子的证据目录可以看出，我的注意力是放在那的。开会时，有一个律师在场，姓王，是位法律工作者，他把资料给我。他说他曾找彭女士，并录了音。

我现在开始回答公诉人的问题。他建议孟某把彭女士从东北请来作证。

后来，孟某与彭女士闹得很僵。朱某某的母亲通过朱某某的同学王某，把彭女士接到邛山，是孟某的前任律师提议的。申请书是我依照法律规定写的。

公诉人：公诉人听清楚了。彭女士在 2008 年 7 月 30 日作证的内容是什么？

被告：我可以叙述一下，不要打断我的思路。我和孟某当年说到借款的问题，公诉人当庭火了，对彭女士说："你怎么说是借款，举报人是你，作证也是你。"彭女士说："对不起，我常年吸毒。报案时，我在周某某家吸毒了，我不清醒。他带我到公安局，当天我吸的剂量过大，身上发冷，他就把公安大衣给我。是周某某跟公安说的，公安记录。我可怜孟某的三个孩子，上了周某某的当。"审判长问："你吸毒么？"彭女士说："我吸，我四次去过岱岳的戒毒所。"我马上出来打电话给岱岳戒毒所，查彭女士的住所记录。这是她的陈述，她说地球上好几十亿人，只有她和孟某能说清是借款还是投资。

公诉人：陈述与你了解的事实相符么？

被告：基本属实。

公诉人：公司法规定，法人能否把单位资金存入个人账户？

辩护人：我反对。

审判长：可以。

辩护人：这个问题与本案无关。公诉人进行诱导式发问。

审判长：反对有效。公诉人注意。

公诉人：好。还款协议是怎么形成的？

被告：朱某某、孟某代表双方家庭，有委托书的，彭女士看过。

公诉人：写协议的过程你是否参与了？

被告：有，肯定有。三方都是老百姓，都缺乏法律知识，在我主持下签订的。

公诉人：在场有哪些人？

被告：有很多人，孟某他们家的哥哥、姐姐、弟弟、妹妹。

公诉人：开庭前，你进过证人等候室没有？

被告：与本案有关么？我记不太清。

公诉人：开完庭以后，为什么要退出辩护？

被告：审判长，我可以说么？

审判长：与本案有关的可以说。

提速实训二十六［本实训案例是实训案例二十五的继续。全文共计 774 个汉字，要求训练到能够在 4 分 33 秒内听录完为止，170 字/每分钟。］

（一）将以下这些缩略词录入几遍后再进行这篇文章的听录练习

被告　我为什么　因为　案子中　出庭作证　以后　发生激烈对抗　好几道关系　沟通　让我 7　有罪辩护　我认为　是无罪的 2　没有同意　如果要我　我只能　还请了另一个　辞职 2　检察院 5　公诉科　公诉科长　原来的同事　介绍 0　围绕重点陈述　你听我说完　第一辩护人　的观点 2　与我不一样　怕影响　辩护材料　交给谁了 2　首先是　不排除　朋友 2　找过你　不是找我　是让我　发问暂时结束　由辩护人发问　整个 2　执业过程中　有没有　威胁 3　证人　违背事实　改变证言 2　的情况　反对　今天　针对本案　超出本案范围　按规则　辩护人　针对 6　反对理由　陈述答辩意见　了解　在整个执业过程中　是否按照　《律师法》5　的规定　有利于　查清 3　心理状态　理由成立　注意方式 2　引诱、教唆　看怎么理解　汉语　我承认　引诱她 5　学习　主观上 3　没有过错　万元 2　性质判断　之前 5　已经　早有人 2　引诱过 8　她是清楚的　提请你注意　一般人 3　理解 3　说话 4　准确 3　所谓　按一般人的理解　别的案件 3　一次没有　从来就没有　请辩护人进入实质性发问　的过程中　是否了解到　涉案　具体情况　了解到了　通过什么方式　了解到　合同　档案 3　资料　根据你的分析　的性质　是如何判断的　各项资料　根本没有　显示 6　那个 5　民事判决书　也不是 4

（二）录入技巧提示：撤出来（可输入“撤出来了”，删除“了”字）

被告：与本案有关。我为什么退？因为在孟某案子中，彭女士出庭作证以后，公诉人与孟家发生激烈对抗、争吵。孟某的亲戚通过张三、李四，好几道关系，与公诉人沟通过，让我作有罪辩护。我认为孟某是无罪的，没有同意。如果要我改为有罪辩护，我只能撤出来。他们家还请了另一个辩护人，辞职前是检察院公诉科的，是公诉科长原来的同事，经公诉科长介绍的给孟某辩护的。

审判长：围绕重点陈述。

被告：你听我说完。第一辩护人的观点与我不一样。孟家也说怕影响孟某。

公诉人：辩护材料交给谁了？

被告：首先是孟某，不排除给了孟某的朋友。

公诉人：彭女士找过你要钱？

被告：不是找我，是让我向孟某要钱。

公诉人：发问暂时结束。

审判长：由辩护人发问。

辩护人：你在整个执业过程中，有没有威胁、引诱证人违背事实改变证言的情况？

公诉人：反对，今天是针对本案，这个问题超出本案范围。

审判长：按规则，辩护人针对反对理由陈述答辩意见。

辩护人：了解辩护人在整个执业过程中，是否按照《律师法》的规定进行执业，有利于查清辩护人在办理孟某案子中的心理状态。

审判长：理由成立，辩护人注意方式。

辩护人：你在办理孟某案子中，有没有威胁、引诱、教唆证人违背事实改变证言的情况？

被告："引诱"看怎么理解，汉语中是中性。我承认，我是引诱她学习投资的法律知识，我主观上没有过错，是彭女士对100万元性质的判断。在我引诱之前，已经早有人引诱过了，她是清楚的。

辩护人：提请你注意，请用一般人的理解。你说话要简要、准确。在公诉人问你时说道，你有所谓的诱导、教唆，按一般人的理解，你这是引诱么？

被告：我认为我没有做。

辩护人：你除了孟案，办理别的案件有没有威胁、引诱、教唆证人违背事实改变证言的情况？

被告：没有。

辩护人：是一次没有，还是从来就没有？

公诉人：反对。

审判长：请辩护人进入实质性发问。

辩护人：好的。你在办理孟某案子的过程中，是否了解到涉案的100万元资金的具体情况？

被告：了解到了。

辩护人：你是通过什么方式解到的？

被告：通过合同、档案、章程等资料。

辩护人：根据你的分析，你对这100万元的性质是如何判断的？

被告：各项资料里根本没有显示彭女士及100万元。那个民事判决书也不是。

提速实训二十七［本实训案例是实训案例二十六的继续。全文共计 827 个汉字，要求训练到能够在 4 分 52 秒内听录完为止，170 字/每分钟。］

将以下这些缩略词录入几遍后再进行这篇文章的听录练习。

审判长 2　请辩护人进入实质性发问　辩护人　案子　的过程中　是否了解到　涉案　万元 2　资金 3　具体情况　了解到了　通过什么方式　了解　通过　合同　档案 3　资料　根据你的分析　的性质　是如何判断的　各项资料　根本没有　显示 6　女士 6　那个 5　民事判决书　也不是　确认资金额 2　而是　前任律师　怎么跟你说　并且有 6　同步录音 2　大家心知肚明　投进来　又拿回去了　特别说明 2　其他股东 3　不知道　十几万　股东 0　也不知道　别的股东　你是怎么知道的　股东们 2　我都见过　我们在一起开会　举报 9　我们　搜集了大量资料　代表全体股东　提供资料　证明什么 2　证明　蒙骗 8　带着闲散人员　公司　大股东 7　赶了出去　提请注意　不要问无关问题　反对　此问题　涉及　问题　与本案有密切关系　可以继续发问　如何进入　不是投资　当年 3　今天　木兰秋猕市　开庭　我都没有看到　材料　可以看到　确实不是　发言请简短　有没有　说过　的观点　没有体现　投资款　所有股东 2　也不同意　作为股东　这些都有书面文件　法院　提交 3　希望法庭予以调取　在法律上　作过解释么　作过解释 7　投资是不能撤回的　如果是 2　可以偿还　只能　如何理解　作出什么选择　自己的心态　理解了么 2　我认为理解了　认为是　她说没说 2　这样表示 7　作伪证 5　你是否　作过承诺　如果　出庭作证　就能 6　还款 5　我肯定不会这样做　不还钱 3　将来由你还　我凭什么　我不是讲了么　债务人　偿还义务　帮助 3　签订 9　还款协议　作为诱饵　去法院作证　三方协议　谈不上 2　诱饵 5　三方 2　都是成年人　自由 3　表达自己的意愿

审判长：请辩护人进入实质性发问。

辩护人甲：好的。你在办理孟某案子的过程中，是否了解到涉案的 100 万元资金的具体情况？

被告：了解到了。

辩护人乙：你是通过什么方式了解的？

被告：通过合同、档案、章程等资料。

辩护人甲：根据你的分析，你对这100万元的性质是如何判断的？

被告：各项资料里根本没有显示彭女士及100万元。那个民事判决书也不是确认彭女士的资金额，而是王某某的。

辩护人甲：前任律师怎么跟你说？

被告：他到鲁西找过彭女士，并且有同步录音。大家心知肚明。投进来钱，又拿回去了。特别说明，投进来钱，其他股东是不知道的。撤回十几万时，股东也不知道。

辩护人甲：别的股东 不知道，你是怎么知道的？

被告：股东们我都见过，我们在一起开会，要举报周某某，我们搜集了大量资料，代表全体股东向邛山经侦提供资料。

辩护人甲：证明什么？

被告：证明彭女士是受周某某的蒙骗，周某某带着闲散人员到孟某公司把大股东赶了出去。

公诉人：提请注意，不要问无关问题。

辩护人甲：反对。此问题涉及股东问题，与本案有密切关系。

审判长：可以继续发问。

辩护人甲：你了解的这100万元资金是如何进入孟某公司的？

被告：不是投资。当年以及今天在木兰秋狝市坝上区开庭，我都没有看到是投资的材料。你们也可以看到，确实不是投资……

审判长：发言请简短。

辩护人甲：你有没有跟彭女士说过不是投资的观点？

被告：说过，没有体现是投资款。我问所有股东，股东也不同意她作为股东。这些都有 书面文件，已向木兰秋狝市法院提交。希望法庭予以调取。

辩护人甲：你在法律上向彭女士作过解释么？

被告：作过解释。投资是不能撤回的，如果是借款，可以偿还，投资只能分红。她如何理解，作出什么选择，是她自己的心态。

辩护人甲：彭女士理解了么？

被告：我认为理解了。

辩护人甲：彭女士认为是借款。她说没说，这样表示是作伪证？

被告：没有。她说举报孟某是周某某骗她去的。

辩护人甲：你是否向彭女士作过承诺，如果出庭作证就能还款？

被告：我肯定不会这样做。

辩护人甲：你有没有对彭女士说过，如果孟某不还钱，将来由你还这83万元？

被告：我还？我凭什么还？我不是讲了么，是债务人有偿还义务。

辩护人甲：你有没有以帮助签订还款协议作为诱饵，让彭女士去法院作证？

被告：三方协议有，但谈不上诱饵。三方都是成年人，都可自由表达自己的意愿。

提速实训二十八 [本实训案例实训案例二十七的继续。全文共计802个汉字，要求训练到能够在4分43秒内听录完为止，170字/每分钟。]

将以下这些缩略词录入几遍后再进行这篇文章的听录（看录）练习（有数字键的用数字键上屏）。

辩护人　是否　引诱过8　女士6　作伪证5　不可能　其他案件中　有没有　从来没有　不能发问　与本案无关的问题　什么时候　被侦查机关告知　发现了漏罪　合同诈骗案　2010年　月份　当时4　不说罪名　我觉得奇怪　最后到了　11月份　才说我有2　辩护人妨害作证罪　侦查机关　告知你2　诉讼权利　有没有见到过　与家属通信　也没见到　未会见过家属　也没有通信　我一直认为　侦查阶段　接到过家属的信么　一封也没有接到过　第一次被羁押　扣押过什么东西　很多东西　后来2　要求归还3　当天就要求　看守所　到今天　能不能　看书、读报、看电视　与本案无关　这关系到　的权利2　是否被剥夺　看电影4　看不到　时事新闻2　请问与本案有关的问题　这与我的　辩护观点4　直接有关　我得问清楚　上一个2　执行时间4　没有执行2　收费多少2　开庭几次　会见几次　调取多少份证据　提交了么　申请几个证人出庭　花了多少时间　一两次　会见次数记不清了　调取了几十份证据　都提交了3　几个证人出庭　有的出了2　有的没出　花费多少时间　别的案件3　也要像这样　调查取证　申请证人出庭　肯定的3　任何一个案件　都要看材料　分析、取证　这样做的风险你知道吗　没办法　既然2　接受委托7　就得这样办　发问结束3　谢谢审判长　继续开庭　另一位　辩护人发问　经过法律分析后　款项性质　如何认定　是借款　在庭审中　认为　后来再说　由控、辩双方举证　能否把我2　庭前提交的申请　法庭予以当面答复　我在阅卷时　发现控方　又提交了　补充证据　对于　在起诉以后　调取的3　我们认为　取证时间不合法辩护人甲：你是否引诱过彭女士作伪证？

被告：不可能。

辩护人甲：其他案件中有没有？

被告：从来没有。

公诉人：辩护人不能发问与本案无关的问题。

辩护人甲：你什么时候被侦查机关告知发现了漏罪？

被告：合同诈骗案是在 2010 年 6 月份。当时提审了，不说罪名，只问龚某案。我觉得奇怪。最后到了 2010 年 11 月份，才说我有“辩护人妨害作证罪”。

辩护人甲：侦查机关有没有告知你诉讼权利？

被告：没有。

辩护人甲：有没有见到过律师、家属以及与家属通信？

被告：律师也没见到。未会见过家属，也没有通信。我一直认为我在侦查阶段。

辩护人甲：接到过家属的信么？

被告：一封也没有接到过。

辩护人甲：你第一次被羁押时，侦查机关扣押过什么东西？

被告：很多东西。

辩护人甲：你后来要求归还过么？

被告：有，当天就要求归还。

辩护人甲：你在看守所羁押到今天，能不能看书、读报、看电视？

审判长：此问题与本案无关。

辩护人甲：这关系到李某的权利是否被剥夺，与本案有关。

被告：只能看电影，没有报纸看，看不到时事新闻。

审判长：请问与本案有关的问题。

辩护人甲：这与我的辩护观点直接有关，我得问清楚。

辩护人乙：你上一个罪的执行时间？

被告：没有执行。

辩护人乙：你办理孟某案子收费多少？开庭几次？会见几次？调取多少份证据？提交了么？申请几个证人出庭？花了多少时间？

被告：收费多少忘了。开庭一两次。会见次数记不清了。调取了几十份证据都提交了。几个证人出庭记不清了，有的出了，有的没出。花费多少时间记不清了。

辩护人甲：除了孟某的案子，你办理别的案件也要像这样调查取证和申请证人出庭吗？

被告：肯定的，我办的任何一个案件都要看材料后，分析、取证。

辩护人甲：这样做的风险你知道吗？

被告：知道。没办法，我既然接受委托，就得这样办。

辩护人甲：发问结束，谢谢审判长。

审判长：继续开庭。另一位辩护人发问。

辩护人乙：经过法律分析后，彭女士对款项性质如何认定？

被告：是借款。

辩护人乙：孟某在庭审中认为彭女士交给她或公司的钱是借款还是投资？

被告：先按借款进来，后来再说。

辩护人乙：发问完毕。

审判长：由控、辩双方举证。

辩护人甲：审判长，能否把我庭前提交的申请，法庭予以当面答复？我在阅卷时，发现控方又提交了补充证据。对于侦查机关在起诉以后调取的，我们认为取证时间不合法。

提速实训二十九［本实训案例是实训案例二十八的继续。全文共计 752 个汉字，要求训练到能够在 4 分 11 秒内听录完为止，180 字/每分钟。］

将以下这些缩略词录入几遍后再进行这篇文章的听录练习。

审判长 2　法庭　在庭前　已经　有关问题　公诉人　补充的证据　辩护人　查阅和对照　发现　还有　如下　请公诉人　能否　提交 3　我们的证据　是齐全的　依法 3　查阅 6　相关证据 2　职责 4　自己 7　没有　你有什么依据 2　我们　没有履行 3　辩护职责　言语不当 4　没提交的证据　可能是　公诉机关　有所疏忽 2　我并没有说　你们　刻意隐瞒　但我认为是　侦查机关　隐匿证据 4　申请 4　法庭调取　扣押 8　笔记本电脑　但是 2　告诉我们　拒绝提供 2　对于　这种做法　我们认为　是违法的　《中华人民共和国刑事诉讼法》3　第四十五条 2　第三款 3　规定　凡是 3　伪造证据　或者　毁灭证据 2　无论属于何方　必须受法律追究　这种行为　属于　请求法庭　追究其法律责任　第一　在此说明 2　庭前 7　我们为了

充分保障2　查阅的权利　全部复印2　已经查阅4　第二　根据　《刑事诉讼法》　针对6　该问题　已经做了3　比较充分的说明　为了保障2　查阅案件材料　已将所有　定罪证据　绝对没有　证据突袭3　的做法　其他的在案证据2　将在休庭后　全部提交法院　可以　向法院申请调取　下面由公诉人举证　第一组证据　第一项是　接受刑事案件登记表　其中一份3证明　2010年　木兰秋狝市　公安局　分局6　接受9　举报9　代理6　案子中　涉嫌合同诈骗　公安分局　涉嫌合同诈骗罪　一案　另一份　28日检察院5　女士6　教唆她作伪证　的材料　移送给　后者2　该案8　进行登记2　决定　立案调查　应当说明　证据的名称　形成时间2　等要素3否则2　不知道　得到的　复印件　是否是　同一份材料　我方主张2　按照　控方证据目录　一份一份地质证　我也想　一份份质证　便于作出　详细说明2

审判长：法庭在庭前已经将有关问题转交公诉人，公诉人已将补充的证据转交了辩护人。

辩护人甲：我经过查阅和对照，发现还有如下几份缺页，请公诉人能否提交给我。

公诉人：我们的证据是齐全的。依法查阅、复制相关证据是辩护人的职责，是辩护人自己没有前来查阅……

辩护人甲：你有什么依据说我们没有履行辩护职责？

审判长：公诉人有言语不当。

辩护人甲：没提交的证据可能是公诉机关有所疏忽，我并没有说你们刻意隐瞒，但我认为是侦查机关隐匿证据。我们在庭前已经申请法庭调取被侦查机关扣押的李某笔记本电脑，但是法庭告诉我们侦查机关拒绝提供。对于侦查机关的这种做法，我们认为是违法的。《刑事诉讼法》第四十五条第三款规定："凡是伪造证据、隐匿证据或者毁灭证据的，无论属于何方，必须受法律追究。"侦查机关的这种行为属于隐匿证据，我们请求法庭追究其法律责任。

公诉人：第一，在此说明，庭前，我们为了充分保障辩护人查阅的权利，我们已全部复印交给辩护方。辩护人也已经查阅。第二，根据《刑事诉讼法》规定，针对该问题已经做了比较充分的说明，为了保障辩护人查阅案件材料，已将所有定罪证据全部复印给辩护人，绝对没有证据突袭的做法，其他的在案证据将在休庭后全部提交法院，辩护人可以向法院申请调取。

审判长：下面，由公诉人举证。

公诉人：第一组证据：第一项是“接受刑事案件登记表”两份，其中一份证明2010年2月9日木兰秋狝市公安局坝上分局接受龚某的表弟向该局举报李某在代理龚某案子中涉嫌合同诈骗，木兰秋狝市公安局指定坝上公安分局管辖李某涉嫌合同诈骗罪一案。另一份证明2010年1月28日坝上区检察院将彭女士举报李某教唆她作伪证的材料移送给坝上区公安分局，后者接受该案并进行登记，决定对李某立案调查……

辩护人甲：公诉人应当说明证据的名称、形成时间等要素，否则不知道与辩护人得到的复印件是否是同一份材料。

辩护人乙：审判长，我方主张按照控方证据目录的序号一份一份地质证。

被告：我也想一份份质证，便于作出详细说明。

提速实训三十［本实训案例是实训案例二十九的继续。全文共计715个汉字，要求训练到能够在4分内听录完为止，180字/每分钟。］

将以下这些缩略词录入几遍后再进行这篇文章的听录（看录）练习（有数字键的用数字键上屏）。

审判长2　公诉人有何意见　每组质证　是为了　查明6　法律关系　有利于　提高效率　我们进行　一组一质2　我们在2　设置3　辩护方4　可以把　速度放慢　同意　分组举证4　逐一质证　证据的形成时间　制作人　都要读出来　公诉人举证　第一组2　举示证据4　立案决定书　指定管辖决定书3　移交控告书的函　常住人口登记信息　刑事判决书　证据3　首先　跟本案没有任何关系2　我不知道　这份证据　有什么法律依据　今天审的是　涉嫌辩护人妨害作证罪　而并非　合同诈骗罪　起诉的时候　妨害作证　辩护的时候　拿这个来干什么　如果认为是　合同诈骗　可以起诉　其次　跟本案也没有关系　第三5　显示6　立案　这个时候　审判阶段3　根据最高法院司法解释　如发现漏罪　应当2　撤销案件　发回重审　没有理由　根据此规定　两案合并处理　为什么　没这么做　11日　我认为　根据前面所讲　犯罪行为地　被告居住地　都不是　公安部　的规定　应该　移送7　为什么做出　是非法的　刑事判决　真实性无意见　这两个　是不服的3　最后一份　既不是5　又不是3　被告人居住地　《公安机关办理刑事案件程序规定》　人民检察院　27日　原来的案子　还在审判　根据最

高法院　司法解释　同罪应当发回重审　关于　指定管辖9　决定书3　合同诈骗案　与本案没关系　身份信息　无异议　非常渴望　看到2　那份5　控告书3　到现在　遗憾3　没有看到

审判长：公诉人有何意见？

公诉人：每组质证，是为了查明法律关系，有利于提高效率，我们进行一组一质。我们在设置组时，充分保障辩护方和被告听清，可以把速度放慢一点。

审判长：同意公诉人分组举证，逐一质证。

被告：证据的形成时间、制作人，都要读出来。

审判长：可以，公诉人举证。

公诉人：读第一组举示证据：接受案件登记表、立案决定书、指定管辖决定书、移交控告书的函、常住人口登记信息、李某刑事判决书。

审判长：法警，把证据拿给被告人、辩护人查看。

辩护人甲：首先，龚某某的举报跟本案没有任何关系。我不知道公诉人出示这份证据有什么法律依据。今天审的是李某涉嫌辩护人妨害作证罪，而并非合同诈骗罪。起诉的时候是妨害作证，辩护的时候也是妨害作证，拿这个来干什么？如果认为是合同诈骗，可以起诉。其次，立案决定书也是合同诈骗一案，跟本案也没有关系。第三，立案决定书显示坝上公安分局立案是在2010年1月28日，这个时候还在李某前案审判阶段，根据最高法院司法解释，审判阶段如发现漏罪，应当撤销案件发回重审。坝上公安分局没有理由不知道、没有理由不根据此规定，两案合并处理，为什么坝上公安分局没这么做？2月11日的立案决定书，我认为根据前面所讲管辖，是犯罪行为地、被告居住地，木兰秋狝市都不是。坝上公安分局根据公安部的规定应该移送，为什么做出立案决定？是非法的。对李某刑事判决，真实性无意见。李某对这两个是不服的。最后一份，木兰秋狝市坝上检察院移交控告书的函。根据前面所讲以及《刑事诉讼法》的规定，木兰秋狝市既不是犯罪行为地，又不是被告人居住地，根据《公安机关办理刑事案件程序规定》，应当移送邙山区公安分局。坝上人民检察院移送公安局是在2010年1月27日，李某原来的案子还在审判，根据最高法院的司法解释，同罪应当发回重审。关于指定管辖决定书：合同诈骗案与本案没关系。我们对身份信息无异议。

我非常渴望看到那份控告书，但是到现在还遗憾地没有看到。

提速实训三十一［本实训案例是实训案例三十的继续。全文共计641个汉字，要求训练到能够在3分34秒内听录完，180字/每分钟。］

（一）将以下这些缩略词录入几遍后再进行这篇文章的听录练习上

审判长2　先由被告人发表意见　然后是2　辩护人发表质证意见　被告　刚才　是我的错　我还没说　给拿走了　我看了　一项一项说　立案登记表　与我上次　认定2　是不是　一回事　是包含在2　以内　还是　以外的3　中青报　我收了2　一审时2　根据刑法2　第二百二十四条2　关于　合同诈骗罪　规定　一项也不符合　另外　无论收了多少　开具了发票　律师事务所　2010年　1月份　当时4　二审4　还没有启动　正式启动2　19日　开庭　重复罪名　如果是2　我现在不说　1993年　司法解释　我想用一个　老百姓的　心理3　向法庭叙述2　上一案判我　一年半　如果这个案子　再判我几年　可想而知　本案6　最高刑期2　按此程序进行　是什么结果　这样4　加大了8　被告人　受罚力度3　听清了3　其他观点　木兰秋猕市　公安局　依法指定　办理案件　无论是　《刑事诉讼法》　公安机关　办案规则　好像是　第十七条　如果我没记错的话　这里　不存在　任何　什么　行为地　犯罪地3　第二十四条2　规定很明确　发生争议　怎么办　由共同上级协商　由共同上级决定　邙山区　共同上级　以我的理解　侦查阶段　应当是由　公安部　审判阶段3　最高人民法院　审查起诉阶段　最高人民检察院　我认为　法律　应该支持　我这个观点　时间太长　我在里面　什么也看不到　关于漏罪　罪名8　与以前的　是否一样　发生的时间　是在原来　开庭前　都有4　不尽相同　的规定　涉及今天的案子　希望　对这个　解释6　高度重视　我刚才　确实看到了　移送函　但是2　有一个　特别关键的　问题　第二百二十一条

（二）“第二百二十四条、第二百二十一条”输入前四个字的首字母和条前面的字的首字母，即第二百二十四条debes　第二百二十一条debei

审判长：先由被告人发表意见，然后是辩护人发表质证意见。

被告：刚才是我的错。我还没说，法警给拿走了。我看了，我得一项一项说。龚某某的立案登记表与我上次认定的，是不是一回事？是包含在150万以内还是以外的？据中青报讲，我收了245万，一审时认定我收了150万。根据《刑法》第二百二十四条关于合同诈骗罪的四项规定，我一项也不符合。另外，无论收了多少万？我都开具了发票，款也打入了律师事务所账上。

彭女士的立案登记表：是2010年的1月份，当时我的二审还没有启动，正式启动是1月19日，2月2日开庭。都接到我的重复罪名，如果是，我现在不说1993年的司法解释，我想用一个老百姓的心理向法庭叙述。上一案判我一年半，如果这个案子再判我几年，可想而知。本案的最高刑期是七年，按此程序进行，是什么结果，这样加大了被告人的受罚力度。

审判长：听清了，其他观点。

被告：木兰秋狝市公安局依法指定坝上公安局办理案件，无论是《刑事诉讼法》还是公安机关办案规则，好像是第十七条规定，如果我没记错的话。这里的公安机关不存在任何的，什么行为地、犯罪地，但《刑事诉讼法》第二十四条关于审判地规定很明确。发生争议怎么办？由共同上级协商，再由共同上级决定。邙山区和木兰秋狝市的共同上级是谁？以我的理解，侦查阶段应当是由公安部，审判阶段是最高人民法院，审查起诉阶段是最高人民检察院。我认为法律应该支持我这个观点。时间太长，我在里面什么也看不到。关于漏罪的话，罪名与以前的罪名是否一样，发生的时间是在原来罪的开庭前还是后都有不尽相同的规定，绝对涉及今天的案子。希望对这个解释高度重视。另外，关于漏罪，我刚才确实看到了移送函。但是，有一个特别关键的问题，就是《刑事诉讼法》第二百二十一条。

提速实训三十二［本实训案例是实训案例三十一的继续。全文共计809个汉字，要求训练到能够在4分30秒内听录完为止，180字/每分钟。］

（一）将以下这些缩略词录入几遍后再进行这篇文章的听录练习

公诉人　辩护人说　合同诈骗　与本案有关联性2　涉嫌的罪名是　两个2　举证0　可以　真实反映　立案过程　程序事实4　一部分　发回重审的问题　女士6　举报9　举报线索5　还不是2　明确的3　犯罪事实　发现　不能画等号　成为事实　必须　立案、调查、搜集证据　收到5　具有起诉条件　也不具有　裁判的条件　所以　没有　判决3　是合法的　对本案　立案管辖权　刑事诉讼活动4　以立案为中心　对应5　侦查机关　侦查权　有管辖权3　所对应的　当然　立案侦查权　在侦查阶段　无论2　最初受理的　都是　辩护人妨害作证　合并侦查2　并无不当3　检察院5　并没有　这份证据　公诉人认为　是属于　公安立案侦查　符合法律规定　所说的　指定管辖决定书3　无权指定管辖　发生在　有权9　在本辖区内　指定管辖9　因此　不能成立　我要发表意见　本组质证结束　辩护人有意

见留待后面发表　抗议 7　控辩双方　发表质证意见　请尊重法庭的决定　有新观点可以发表　被告有新观点没有　根据　第一百二十四条 2　侦查期限　我不知道　从什么时候开始算　立案　应该符合　延长 4　两个月　无论是哪一个　是否符合　期限问题　我被捕后 3　是不存在的　在羁押中 4　第二百一十三条　一年以下　在看守所　执行 2　第二百一十一条　执行机关 3　移送检察机关　必须有 5　移送主体　被移送主体　第二看守所　法定的证据　辩护人有何新观点　有三点 0　犯罪线索要待查实才算犯罪事实　11 日　所涉嫌的 2　辩护人妨害作证罪　立案的时候　没有任何证据　跟前面 3　是一样的　都只是线索　你凭什么说　不能适用　最高人民法院　所有的证据　都是在 3　8 月份　以后　取得的

（二）录入技巧提示："条"字是高频字

凡属于法律条款且词库中没有的词条，书记员可以按照自造词方法自造。如，第一百二十四条、第二百一十三条、第二百一十一条这样的法律词条，可输入每个字读音的首字母，用最后一个数字读音的首字母上屏，单独加"条"字。如，第一百二十四（dibess）、第二百一十三条（debiws）、第二百一十一（debiwi），后面分别加一个高频字"条（t5）"字。

公诉人：

1. 辩护人说合同诈骗与本案有关联性，其涉嫌的罪名是两个，举证可以真实反映本案立案过程，是程序事实的一部分。

2. 发回重审的问题。接到彭女士的举报，仅是举报线索，还不是明确的犯罪事实，这与发现不能画等号。要成为事实，必须立案、调查、搜集证据。当时，收到后不具有起诉的条件，也不具有裁判的条件，所以二审没有发回重审而判决是合法的。

3. 坝上公安局对本案有立案管辖权。刑事诉讼活动以立案为中心，对应的侦查机关的侦查权，坝上公安局对本案有管辖权，所对应的公安机关当然具有立案侦查权。李某在侦查阶段无论犯罪地还是最初受理的公安机关都是坝上，合同诈骗和辩护人妨害作证案合并侦查并无不当。

4. 关于检察院移送控告书的函，公诉人并没有举示这份证据。公诉人认为，彭女士举报的犯罪事实，是属于公安立案侦查的犯罪，坝上公安局移送符合法律规定。

5. 辩护人所说的指定管辖决定书，无权指定管辖的问题。合同诈骗发生在木兰秋狝市，木兰秋狝有权在本辖区内指定管辖。因此，辩护人和被告人以上几点质证意见，不能成立。

辩护人：我要发表意见。

审判长：本组质证结束，辩护人有意见留待后面发表。

辩护人：抗议。控辩双方发表质证意见要对等。

审判长：请尊重法庭的决定。有新观点可以发表。被告有新观点没有？

被告：有。根据《刑事诉讼法》第一百二十四条，有一个侦查期限问题，我不知道从什么时候开始算？本案2月9日立案，应该符合二个月的规定。如果再延长两个月，无论是哪一个罪名，是否符合期限问题。我被捕后，是不存在的，我一直在羁押中。另外，根据《刑事诉讼法》第二百一十三条，余刑一年以下的在看守所执行。第二百一十一条，由执行机关移送检察机关。必须由执行机关，无论是受理还是监管发现，必须有移送主体和被移送主体；木兰秋狝市第二看守所是执行机关，没有移送检察机关法定的证据。

审判长：辩护人有何新观点？

辩护人：有三点：1、公诉人认为，当时只收到犯罪线索，要待查实才算犯罪事实。2月11日，李某所涉嫌的辩护人妨害作证罪立案的时候，是没有任何证据的，跟前面彭女士举报是一样的，都只是线索，你凭什么说不能适用最高人民法院1993年的司法解释？所有的证据都是在2010年8月份以后取得的……

提速实训三十三［本实训案例是实训案例三十二的继续。全文共计723个汉字，要求训练到能够在3分49秒内听录完完整，190字/每分钟。］

（一）将以下这些缩略词录入几遍后再进行这篇文章的听录练习

审判长2　辩护人有何新观点　有三点0　公诉人认为　当时4　收到5　犯罪线索　11日　辩护人妨害作证罪　立案的时候　没有任何证据　跟前面3　女士6　举报9　是一样的　都只是线索　你凭什么说　不能适用　最高人民法院　1993年　司法解释　所有的证据　都是在3　2010年　8月份　以后　审判管辖　决定　公安侦查　这是不可信的2　没有用　公安管辖　关于　并案侦查　为什么把2　放进去3　因为　并案是要有前提的　两个案子　像这个3　一样2　下面一个　基础　上面2　还有一个　可是　这个基础2　没有了　合并管辖4　就是笑话2　我还是要　抓住5　控告书3　的问题　从卷宗材料看　检察院5　16日　然后3　27日　移交到公安机关　如果没有　哪来的2　移交控告书的函　公安局　立案　请公诉人　还是

提交出来 否则2 案子 不能成立 现在看来 似乎3 这份控告书 侦查机关 没有入卷2 我认为 这种行为 隐匿证据4 应追究3 法律责任 公诉人有无新的质证意见3 有新的质证意见2 首先 被告人 提出《刑事诉讼法》 第一百二十四条2 侦查羁押期限 从未3 被羁押7 时间 一直是在 《刑法》2 有规定3 第二 一年以上 二审宣判之后 围场6 在此过程中 合同诈骗一案2 才转为3 第二看守所 第三5 辩方提出 批复2 需要 仔细审查 发回重审 而当时 只是一个2 报案的线索 没有 正式立案 没进入 刑事诉讼 程序3 就能判定 关于并案公安办案规则 因人并案 因事并案 的情况 本案属于 的情形2 已经多次说明 该份证据 列入目录 并且 在卷宗内2 休庭后2 提交辩护人查阅

（二）录入技巧提示：第六十七（可输入“第六十七条”，删除“条”字）第十五（可输入“第十五条”，删除“条”字）

审判长：辩护人有何新观点？

辩护人乙：有三点：

一、公诉人认为，当时只收到犯罪线索，要待查实才算犯罪事实。2月11日，李某所涉嫌的辩护人妨害作证罪立案的时候，是没有任何证据的，跟前面彭女士举报是一样的，都只是线索，你凭什么说不能适用最高人民法院1993年的司法解释？所有的证据都是在2010年8月份以后取的。

二、审判管辖决定公安侦查，这是不可信的，没有用审判管辖倒推公安管辖的。

三、关于并案侦查，为什么把龚某某的举报放进去？因为并案是要有前提的，就是至少两个案子，像这个瓶子一样，下面一个是基础，上面还有一个瓶子，要大的吸收小的。可是，支撑上面的这个基础没有了，何来的合并管辖，合并管辖就是笑话。

请公诉人原谅，我还是要抓住控告书的问题不放。从卷宗材料看，检察院是2010年1月16日接到彭女士的控告书的，然后在1月27日移交到公安机关。如果没有控告书的话，哪来的移交控告书的函？然后又哪来的公安局来立案？我请公诉人还是把它提交出来吧，否则案子就不能成立。现在看来似乎这份控告书在侦查机关，没有入卷。我认为侦查机关这种行为就是隐匿证据，应追究侦查机关的法律责任。

审判长：公诉人有无新的质证意见？

公诉人：有新的质证意见：首先，被告人李某提出《刑事诉讼法》第一百二十四条期限的问题，是指侦查羁押期限，是从未被羁押到羁押的时间。但李某一直是在服刑中，《刑法》第六十七、七十条有规定。第二，余刑一年以上的，二审宣判之后，公安机关将李某押往木兰秋狝市围场监狱。在此过程中，因为合同诈骗一案立案才转为第二看守所关押。第三，辩方提出的1993年批复的问题，需要仔细审查，发回重审。而当时只是一个报案的线索，没有正式立案，没进入刑事诉讼的程序，就能判定是漏罪么？关于并案，公安办案规则第十五、十六条有规定，有因人并案和因事并案的情况，本案属于因人并案的情形。控告书的事，我方已经多次说明，该份证据列入目录，并且在卷宗内。休庭后提交辩护人查阅。

提速实训三十四［本实训案例是实训案例三十三的继续。全文共计753个汉字，要求训练到能够在4分内听录完，190字/每分钟。］

（一）将以下这些缩略词录入几遍后再进行这篇文章的听录练习

审判长2　我要发言　被告人说2　不要说　重复的观点　人民检察院刑事规则0　发现有漏罪的　监督职能　参照4　所有程序　还有　一年半时候2　假设我有　你是否　才找我呢　公诉人的推理　我觉得是　对法律的误解　举示第二组证据　第二组证据　第一项6　律师执业证书　第二项委托书6　第三项2　律师所　函件一份　第四项3　专用介绍信　发表质证意见　真实性无异议　跟本案无关联性　不用拿给我看了　已经找到了2　其他没有异议　就一点问题　执业证8　考核合格　2009年　2008年　是否是　正常执业状态　公诉方　提供证据证明　我觉得　是一个　证据漏洞6　有何意见　律师执业证　可以证明　被告　当时是2　作为律师　代理6　挪用资金案　一审辩护人　注册合格期间　担任辩护人　有一个前提也是合法的　提出的问题　影响2　证据的证明力　公诉人的说法　逻辑不通2　大家都知道　司法局　一年一检2　并不表示　考核2　请问　证据3对这个　基本属实　是不否认的　继续举示下一组证据　出示第三组证据　第一证言8　辨认笔录3　笔录6　证言一份2　第四6　第五9　被告人有什么意见2　胡说八道　对不起　我要克制3　里面　唯一　一句实话2　什么是投资　我确实讲2　有一点要说明　在我讲之前　她就明白2　在第一次被抓后7　就讲过　录音资料　提交法庭　我希望　这个案件　就如同　在审理　又开庭了　到今天为止　说明3

（二）录入技巧提示：是一样（可输入“是一样的”，删除“的”字）

被告：审判长，我要发言。

审判长：被告人说，不要说重复的观点。

被告：人民检察院刑事规则，在监督、监管过程中，发现有漏罪的，行使的监督职能，参照《刑事诉讼法》的所有程序，是一样。反正你还有一年半的时候，假设我有 20 年，你是否 19 年时才找我呢？公诉人的推理，我觉得是对法律的误解。

审判长：公诉人举示第二组证据。

公诉人：第二组证据有四项：第一项，李某的律师执业证书；第二项，委托书；第三项，律师所函件一份；第四项，律师会见的专用介绍信。

审判长：被告人发表质证意见。

被告：真实性无异议，跟本案无关联性。

辩护人：不用拿给我看了，我都已经找到了，其他没有异议。就一点问题：李某的执业证，考核合格期间是 2009 年 6 月至 2010 年 6 月，而李某在 2008 年是否是正常执业状态，这个公诉方没有提供证据证明。我觉得是一个证据漏洞。

审判长：公诉人有何意见？

公诉人：律师执业证可以证明被告当时是作为律师代理孟某挪用资金案的一审辩护人的。2009 年 6 月至 2010 年 6 月注册合格期间担任辩护人，这就有一个前提，2008 年李某担任辩护人也是合法的，辩护人提出的问题，不影响证据的证明力。

辩护人：公诉人的说法逻辑不通。大家都知道，律师执业证是由司法局一年一检的。2009 年 6 月至 2010 年 6 月考核合格，并不表示 2008 年考核时检过了。请问公诉方有这个证据么？

公诉人：李某对这个基本事实是不否认的。

审判长：公诉人继续举示下一组证据。

公诉人：出示第三组证据：第一，彭女士的证言及辨认笔录。第二，苏某笔录及辨认笔录。第三，王某证言一份。第四，杨某某的证言。第五，诸某某证言。

审判长：被告人有什么意见？

被告：全是胡说八道！对不起，我要克制……里面有唯一的一句实话，就是彭女士说，我多次向她讲解什么是投资，什么是借款。我确实讲，有一点要说明，在我讲之前，她就明白，在第一次孟某被抓后的律师就讲过。有录音资料提交法庭了，我希望播放。这个案件，在坝上审，就如同在审理孟某案，孟某案在木兰秋狝市又开庭了。到今天为止，我希望公诉人说明，彭女士的100万是投资还是借款？

提速实训三十五 [本实训案例是实训案例三十四的继续。全文共计657个汉字，要求在3分28秒内听录完为止，200字/每分钟。]

（一）将以下这些缩略词录入几遍后再进行这篇文章的听录练习上

被告 2010年 22日 女士6 肯定不是 如果有 拿出3 结婚证5 投资 能取回么 我上午讲过 由股东会定 控、辩双方2 探讨2 定下来2 都要有3 严格程序4 无法调取 因为没有 一万个 事实4 但没有2 这一个2 证据3 突破不了 多次证实 吃饭时2 有很多人 还有 母亲5 至少有2 十个以上 到现在 别的人 最直接 录音录像 我知道 出尔反尔 从没说过 这两个 字母0 因为 俄语5 说话4 缺乏可信度 女士说6 是冒险 你们应该 还她钱3 的确是 有风险 当年3 举报9 出庭4 也是她2 应该追究4 刑事责任 肯定是2 犯罪4 有没有 没关系 吸毒7 不清楚 的情况下 作证7 是什么时候 我希望法庭 对她作一个鉴定2 11月4 13日 联系 的的确确 我不认识 他们家 的确3 冒险7 思想观念转变 跟我交代 我才知道 关于 27日 笔录6 我教给她3 干姐妹5 我都不知道 什么是 东北话6 我不知道 希望 她们2 十几年2 的关系 搞清楚 都知道 她们的关系2 我也不想说什么 12日 吃饭7 挨着我 罪与非罪 不在这些 辩论2 我以为 三方协议 拿回来 注意5 这里没提2 所以 根本 一派胡言 侦查机关 工作不扎实 没有取到3 涉及 所有权 的问题 不要重复观点

（二）录入技巧提示：投进去（可输入“投进去的”，删除“的”字）

被告：2010年8月22日，彭女士说：“我和我丈夫王某某……”王某某肯定不是彭女士的丈夫。如果有，拿出结婚证。投资100万取回17万，投资能取回么？我上午讲过，投进去，由股东会定的，不是控、辩双方探讨就定下来的。撤出都要有严格程序的。无法调取，因为没有。你找一万个事实，但没有这一个证据，也突破不了这个。彭女士多次证实和她儿子，吃饭时有很多人，还有朱某某的母亲等，至少有十个以上。到现在，找过那些人没有？别的人为什么没找？最直接是录音录像，我知道她出尔反尔。我从没说过OK这两

个字母，因为我是学俄语的。彭女士说话缺乏可信度。彭女士说，我向朱、孟两家说，莫女士来是冒险，你们应该还她钱。彭女士的确是有风险的，当年举报的是她，出庭来保孟某也是她，应该追究彭女士的刑事责任，她肯定是犯罪了。我有没有罪没关系，但彭女士肯定是犯罪了。她说，她当年吸毒，她不清楚的情况下作证的。她是什么时候不清楚。我希望法庭对她作一个鉴定。

11 月 13 日，说朱某某的母亲联系的她，的的确确。我不认识彭女士，是他们家说能说服彭女士来。彭女士的确既冒险又帮忙。思想观念转变是邱山律师跟我交代时我才知道的。关于 3 月 27 日笔录，说我教给她，说她和孟某是干姐妹，我都不知道什么是干姐妹，这是东北话吧，我不知道。希望把她们十几年的关系搞清楚。王某和朱某家属都知道她们的关系。我也不想说什么。

苏某在京西作的证言。11 月 12 日，吃饭当晚，彭女士是坐在我旁边，还夸我水平高。罪与非罪不在这些，是看借款、看投资。辩论时再说。苏某说："我以为有个三方协议，我妈的钱就拿回来。"注意，这里没提爸，苏某姓苏，不姓王。所以彭女士根本是一派胡言。侦查机关工作不扎实，没有取到彭女士与王某某的结婚证，结婚证涉及 100 万所有权的问题。

审判长：被告人不要重复观点。

提速实训三十六［本实训案例是实训案例三十五的继续。全文共计 754 个汉字，要求训练到能够在 4 分钟内听录完为止，200 字/每分钟。］

（一）将以下这些缩略词录入几遍后再进行这篇文章的听录（看录）练习（有数字键的用数字键上屏）

被告　如果　协议 4　三方都承认　女士 6　今天　都能 2　拿到钱 2　投资　血本无归　侦查阶段　说过　是截然不同的　基本　客观　当时 4　很多人在场　说的话　是有出入的　我不同意　这种　评价 2　最气的是　我女儿　我也可以　委托 4　我的律师 3　我的母亲 2　一份证言 2　这样的证言　有效 8　从证据学的角度　直接证据　是什么　你这些 2　必须　环环相扣　缺一个都不行　最后　没有　他的身份　曾经是　公司　供应商　开业后　总经理　副总经理　管理人员　站在 7　一边　你们　后来 2　证明　没有开过股东会　我们一起　公安局　跟我案子无关　我不多说了　看证据 2　不能听谁说　没有任何证据　显示 6　辩护人发表质证意见　为了节省资源　能说的 2　你就别说了　第一点　公诉人举证　公诉人说　取证程序合法　最早一份证言　取证的地点　后面讲到 2　其他的证言　地点 7

是不合法的　第二点　最高人民法院司法解释　证人应当出庭作证　法定情形　那么2　最主要的证人　出庭作证　对本案　定罪量刑　重大影响　应该　出庭作证　不出庭4　第三点　应注意到　所有宣读的笔录　最早的就是　有管辖权3　这些证据　怎么来支撑　前面的4　说话要有依据　第四点2　最可笑的是　你是否清醒　这样的证据2　本身就表明　已经觉察到精神状态不佳　让一个　长达十几年　这样4　公平么　如果是你　证人出庭　将心比心　直接　叫我怎么改　我怎么说　在笔录中3　诬陷8　怎么能被采信呢　的说法　现在已经倒掉了　这时候　如果说是　钱就拿不回来

（二）录入技巧提示：说一句（可输入“说一句话”，删除“话”字）

被告：好，如果这协议三方都承认的话，彭女士今天都能拿到钱。说投资，血本无归。侦查阶段，彭女士说过本息，本息和投资是截然不同的。王某的证言，基本客观，当时证明很多人在场。王某的话，公诉人的总结与王某说的话是有出入的。我不同意这种评价。最气的是彭女士的母亲，“我听我女儿说”。我也可以委托我的律师找我的母亲作一份证言，这样的证言有效么？从证据学的角度，直接证据是什么？你这些必须与直接证据环环相扣，缺一个都不行，你缺八个。

最后，还有朱某某的证言。侦查机关没有把他的身份搞清楚。他曾经是孟某公司的供应商，开业后，他是总经理或副总经理，管理人员。他是站在彭女士一边，孟某被取保后，朱某某就倒戈了，你们后来没取。他证明没有开过股东会。我们一起跟公安局抓捕的。因为跟我案子无关，我不多说了。焦点是投资和借款，看证据，不能听谁说，总结：没有任何证据显示是投资不是借款。

审判长：辩护人发表质证意见。

辩护人：好。我想跟李某说一句，为了节省资源，律师能说的，你就别说了。

第一点，对公诉人举证的，彭女士的笔录，公诉人说取证程序合法。彭女士的最早一份证言是8月22日取的。关于取证的地点，后面讲到其他的证言中，作证地点是不合法的。

第二点，最高人民法院司法解释，证人应当出庭作证，除非有法定情形。那么，最主要的证人，为什么不出庭作证？彭女士的证言，对本案定罪量刑有重大影响，她应该出庭作证。如果她不出庭，其证言不能作为本案定罪证据。

第三点，应注意到，所有宣读的笔录，最早的就是8月22日。你公诉人说，你有管辖权，这些证据，怎么来支撑前面的。说话要有依据。

第四点，最可笑的是，侦查机关问彭女士“你是否清醒?”答：“是。”这样的证据，本身就表明，侦查机关已经觉察到彭女士的精神状态不佳。让一个吸毒长达十几年的人作证，这样对李某公平么？如果是你，你希望证人出庭么？将心比心。“朱某某有没有吸毒，直接叫我怎么改我怎么说”，彭女士在笔录中诬陷李某，这样的证言，怎么能被采信呢?

按彭女士的说法那100万是投资，孟某公司现在已经倒掉了，这时候如果说是投资的话，钱就拿不回来。

提速实训三十七 ［本实训案例是实训案例三十六的继续。全文共计770个汉字，要求训练到能够在4分钟内听录完，200字/每分钟。］

将以下这些缩略词录入几遍后再进行这篇文章的听录练习。

辩护人　女士6　的说法　投资　公司　现在已经倒掉了　这时候　如果说是　钱就拿不回来　这难道还不说明问题么　在出庭前　半个月　签订9　还款协议　写的就是9　借款还款协议书　书面东西2　她的笔录2　效力差6　这些　直接证据　反复无常　笔录6　更能证明事实　公诉机关　凭什么相信　她这次说的就是真的6　怎么证明　她这次是真的5　她说的就是真话了2　至于2　冒风险2　我就不多说了　所以　的责任　作伪证5　有没有　作伪证的证据　有管辖权3　是不是　案子　拿到7　木兰秋狝市　不还钱3　我来还2　作为　按常理不会这样说　最后　1999年　离婚5　三年多　有人说　他们　没有结婚4　应该把　这个问题　查清楚　其二人　结过婚6　有多少钱2　在哪里　这个漏洞4　我希望　侦查机关　能查明　法院审理　登记机关2　结婚证5　公检法　也应该做得到　22日　证言8　你为什么　负罪感　录像证据3　可以证明　是在说谎　如果是2　投资款　哪还讨得回　关于　女士说6　投资人　她的话2　财务盖章　是谁的4　为其母亲治病　取回了4　万元2　能收回么2　头脑是否清醒　希望　能出庭　因为　前后矛盾　如果不能　依法3　出庭4　就以此为　定案证据　合议庭　过不了这道坎　取证时间2　2010年　30日　我母亲5　以前8　吸毒7　情绪易波动　表示　目前状态　也不好5　听见他们说什么了　没有　这是　典型的　选择性记忆　却偏偏是　如果　如公诉人所言　这家人5　都是　有利害关系　这一家人4　指控6　而不顾2　书面协议　低头小声说　相矛盾3　我认为　应该　出庭作证　年纪轻轻　为什么不出庭作证　任何公民　都有作证的义务　举证义务　没有出庭　我们又有疑问　其证言4　不能作

为定案依据

辩护人：按彭女士的说法那100万是投资，孟某公司现在已经倒掉了，这时候如果说是投资的话，钱就拿不回来，这难道还不说明问题么？彭女士在出庭前半个月，和孟家签订还款协议，写的就是借款还款协议书，这书面东西比她的笔录效力差么？这些直接证据比她反复无常的笔录更能证明事实。公诉机关凭什么相信，她这次说的就是真的？怎么证明她这次是真的，咬出李某她说的就是真话了？至于冒风险我就不多说了。所以，公诉机关要追究她伪证的责任。邛山区查出彭女士作伪证了么？有没有交出彭女士作伪证的证据？邛山对彭女士是有管辖权的，是不是又把案子拿到木兰秋狝市来审？李某说："孟某不还钱，我来还。"李某作为执业20年的律师，按常理不会这样说。

最后，彭女士和王某某结婚是1999年，离婚有三年多了。有人说他们没有结婚，应该把这个问题查清楚。其二人有没有结过婚？王某某在孟某公司有多少钱？彭女士的钱在哪里？这个漏洞，我希望侦查机关能查明。邛山法院审理时就有登记机关的结婚证，木兰秋狝市的公检法也应该做得到。8月22日证言讲到，你为什么告李某？她说"我一直有负罪感"。录像证据可以证明，彭女士是在说谎。如果是投资款，哪还讨得回？关于彭女士说投资人是她的话，孟某公司的财务盖章是谁的收条？是王某某的。王某某为其母亲治病取回了17万元。投资能收回么？关于彭女士的头脑是否清醒，希望彭女士能出庭。因为彭女士的证言前后矛盾，如果不能依法出庭，就以此为定案证据，合议庭是过不了这道坎的。

苏某的证言：取证时间是2010年8月30日，他说："我母亲以前吸毒，情绪易波动。"这表示目前状态也不好。问："听见他们说什么了么？"答："没有。"这是典型的选择性记忆，对李某不利的记得，却偏偏是侦查机关要用的。如果如公诉人所言，这家人都是有利害关系的。就靠这一家人来指控，而不顾书面协议。苏某说："李某与彭女士是低头小声说。"这与彭女士的证言相矛盾。我认为，苏某应该出庭作证，年纪轻轻为什么不出庭作证？任何公民都有作证的义务。这是公诉人的举证义务，他没有出庭，我们又有疑问，其证言就不能作为定案依据。

提速实训三十八［本实训案例是实训案例三十七的继续。全文共计621个汉字，要求训练到能够在3分钟内听录完为止，210字/每分钟。］

将以下这些缩略词录入几遍后再进行这篇文章的听录练习。

关于　证言 8　请法庭注意　法律规定　解释 6　什么是投资　什么是上午说过 2　我只是　证言表明 7　说的是 3　真实事实 6　证人 3　已经七十几岁　在证言中　一口一个　这像一个老百姓说的话么　说的话　是不是记错了　他是谁不重要　其表明了　告诉他说　作为借款　这种　引诱、教唆　说明 3　尊重事实和法律　提供的 2　这一组证据　一家人　本人 8　精神状态不好　通过质证 2　也应该能意识到 2　根本证明不了　辩护人妨害作证　的行为 3　认识到　还要什么钱 2　2005 年　年检 8　2008 年　不经营了 3　请公诉人原谅　我又挑出毛病来了　首先　证据目录　证人证言　却没有　询问笔录　公诉人说　要我们 2　休庭后 2　这是不合法的　任何证据　都要　拿到法庭上来　只能　算是什么证据　如何质证　如果没有这份证据　我是不认可　控方 7　证据体系 2　第二　其中三人　相互印证 3　效力问题　儿子　他们的证言　能否　产生了疑问　虽然属于　各自的　独立证言　他们之间　效力极弱　完全是　她的证言 2　亲自所见所闻　只是 2　陈述 3　严格地说　本人的证言　如何 2　第三 5

关于王某的证言：请法庭注意，王某说："李某用法律规定解释，什么是投资，什么是借款。"李某上午说过："我只是帮彭女士分析，什么是借款，什么是投资。"王某的证言表明，李某说的是真实事实。

关于杨某某的证言：证人已经七十几岁，在证言中还一口一个"伪证"，这像一个老百姓说的话么，倒像侦查机关说的话，是不是记错了？

关于朱某某的证言：他是谁不重要，其表明了，李某告诉他说，彭女士的钱是作为借款。李某没有对这种证人有引诱、教唆。说明李某是尊重事实和法律的。

公诉人提供的这一组证据，是彭女士一家人的证言，而彭女士本人精神状态不好，反复无常。通过质证，公诉人也应该能意识到，根本证明不了李某有辩护人妨害作证的行为。李某让彭女士认识到是借款时表示，是投资还要什么钱？向谁要？孟某公司 2005 年后就不年检了，2008 年后就不经营了。

请公诉人原谅，我又挑出毛病来了。

首先，这一组证据举的是证据目录中第 39 到第 45 的证人证言，但是却没有序号 40 王某某的询问笔录。公诉人说要我们休庭后看，这是不合法的。任何证据都要拿到法庭上来质证，你不拿到法庭上来，只能休庭后去看，算是什么证据呢？我们还如何质证？如果没有这份证据，我是不认可控方的证据体系的。

第二，其中三人证言相互印证的效力问题，就是彭女士与其儿子、其母亲的证言，他们的证言能否相互印证，产生了疑问。彭女士和她儿子的证言，虽然属于各自的独立证言，但他们之间有利害关系，其相互印证的效力极弱；而彭女士母亲完全是听彭女士说的，她的证言不是其亲自所见所闻，只是彭女士陈述的转述。严格地说，彭女士母亲的证言就是彭女士本人的证言，如何相互印证？

第三，彭女士在2010年8月22日……

第九节　汉字查字识字技术与司法文书校对

速录技术是以语音信息采集为手段的职业技能。汉字查字识字是解决在文本看录时遇到不会读的汉字，既能解决了会读（识字）的问题又解决了输入的问题。

在双文速录软件应用状态下，击“/”键后进入汉字查字识字功能区域。

一、查字识字的作用

查字识字的作用在于：一是解决了输入时遇到不会读的汉字怎样打出来的问题；二是阅读时对不认识的汉字起到确认读音的作用。

二、查字识字方法

第一，将汉字的8个根部件（一个笔画的）和156个虚部件（即两个笔画以上的汉字偏旁、部首和半边字）赋予读音，用读音的首字母对应于计算机的键盘键位上。如“氵”读shuǐ，“扌”读tí，键位分别是W和T［参看《中华汉字速成教程》（3500字版）第1—3页］。

第二，用部件组成330多个实部件（即独体字和成体字），用实部件读音的首字母对应于计算机键盘的键位上。如工读gōng，口读kǒu，工和口两个独体部件读音的首字母对应于计算机键位G、K。譬如对合体字趺、朽不认识而无法用双文速录软件输出来时，击“/”键后，输入“趺”字的三个部件口、止、夫的首字母kyf和“朽”字的两个部件月、亏的首字母ok，读音栏内就显示出趺（fu）和朽（uel）的读音，击数字键2上屏。这样，既能将不认识的字输出来，还解决了认识该字读音的作用。

查字识字中的字库是“‘GB’-13000标准”，共有21000多个汉字，与双文速录使用的字库完全一致。汉字部件归类见表2-4：

表2－4　汉字部件总表

首字母与键位	汉字部件总表
A	凹 印
B	八 巴 白 百 半 贝 本 匕 必 丙 秉 卜 不 采 币 办 卞 卑 兵
C	才 册 匆 寸 束 歺
D	丶 大 歹 丹 刀 电 刁 丁 东 弟 氐 鼎 斗 旦 单 当 典
E	儿 耳 二 而 阝
F	发 飞 非 丰 夫 弗 甫 市 方 凡 父 乏 匪 厂 几
G	亅 丐 干 甘 戈 个 更 工 弓 瓜 果 艮 广 鬼 共 革 毌
H	一 禾 乎 互 火 户 黑 或 奂 亥 灬
I	乙 丫 牙 亚 严 央 夭 也 业 夷 已 义 弋 亦 永 用 由 酉 又 尤 曳 幺 尹 乂 尢 羊 衣 医 九
J	及 己 几 夹 甲 柬 见 巾 斤 井 九 久 臼 巨 今 具 击 兼 戋 丩 无
K	开 口 丂 亏 匡 夬 丁 匚(凵 コ 冂 冂)
L	来 乐 里 力 立 吏 隶 了 龙 卵 耒 良 令 丽 两 六 甪
M	马 毛 矛 卯 门 米 民 皿 末 母 木 目 灭 免 面 乜 么
N	㇏ 乃 内 年 鸟 牛 农 女 廿
O	于 与 予 雨 禹 曰 月 禺 聿 戊 臾 玉 元 云
P	丿 皮 片 平 爿 乒 乓 丕 匹 叵 疋
Q	七 其 气 千 且 丘 求 曲 羌 犬 区
R	冉 人 壬 日 入 内 刃 戎 亻
S	三 丝 巳 四 肃 司 卅 厶 纟
T	㇀ 天 田 凸 土 屯 乇 太 兔 头 扌
U	瓦 为 丸 万 亡 王 卫 未 我 乌 无 五 午 勿 戊 韦 兀 毋 武
V	产 长 厂 车 臣 承 尺 斥 赤 虫 丑 出 川 串 垂 丞 彳 亍 豖 成 叉 刍 镸
W	丨 山 上 少 申 身 升 生 尸 失 十 石 史 矢 士 氏 世 事 手 书 束 甩 水 豕 彡 甚 成 勺 术 示
X	夕 西 下 乡 小 心 戌 血 习 熏 兴 匣 象 卂 巛
Y	乛 乍 丈 爪 兆 正 之 直 止 中 重 舟 州 朱 竹 专 主 争 真 只 豸 夂 隹
Z	再 子 自 匝 𠂇

用查字识字方法将下列汉字输出来，并确定读音：

涴（部件提示：氵 宀 夕 㔾）

鬘［部件提示：镸 彡 人 土（超过5个部件以上的汉字，只输入前三个部件和最后一个部件的首字母即可）］

髻（部件提示：镸 彡 士 口）

蝤（部件提示：虫 丷 酉）

蛑（部件提示：虫 厶 牛）

繇［部件提示：爫 午 凵 小（超过5个部件以上的汉字，只输入前三个部件和最后一个部件的首字母即可）］

嶷［部件提示：山 匕 矢 疋（超过5个部件以上的汉字，只输入前三个部件和最后一个部件的首字母即可）］

嶅（部件提示：攵山）

岙（部件提示：夭山）

锕（部件提示：钅阝口）

硪（部件提示：石艹乂）

陑（部件提示：阝而）

蒽（部件提示：艹冂大心）

黝（部件提示：黑幺力）

畖（部件提示：田瓜）

洇（部件提示：氵冂大一）

篔（部件提示：⺮口贝）

筜（部件提示：⺮当）

桷（部件提示：木⺈用）

垭（部件提示：土亚）

靿（部件提示：革幺力）

濞（部件提示：氵自田丌）

萣（部件提示：艹宀一）

沄（部件提示：氵云）

栎（部件提示：木 乐）

我们通过上述查字、识字、输出汉字的示例，基本上掌握了查字识字方法的要领。查字识字方法可以在“第十节 常用词、冷僻地名、姓名用字应用实训”的冷僻地名、姓名用字中得到实验。查字识字方法中最重要的是掌握虚部件（偏旁部首、半边字）的读音，因为我们都知道实部件（汉字中的独体字和成体字）的读音。譬如：“艹（读音为‘cbv’）、爫（读音为‘yfv’）、⺮（读音为‘yuc’）”等。为了让书记员切实掌握查字识字方法，特制定虚部件形态、读音汇总表，以便应用时查阅和参考。

表 2－5　虚部件形态、读音汇总表

虚部件	读音	首字母	虚部件	读音	首字母	虚部件	读音	首字母
𡗗	áo	A	𡧲	ào	A	手	bài	B
宀	bǎo	B	丬	běi	B	㡀	bì	B
疒	bìng	B	冊	biǎn	B	少	bù	B
䒑	bàn	B	歺	cān	C	曲	cáo	C
艹 屮	cǎo	C	曽	céng	C	丷	dào	D
典	diǎn	D	卌	dài	D	产 弟	dì	D
𠂤	duàn	D	刂	dāo	D	𠂉 阝 卩	ěr	E
冫 ⺀	èr	E	厂	fǎn	F	几 丰	fēng	F
𠂊	fù	F	毌	guàn	G	生	gào	G
小	gōng	G	目	guān	G	皿	gǔ	G
耒	gēng	G	隺	hè	H	川	huāng	H
𦍌	hán	H	虍	hǔ	H	叀	huì	H
尢	yóu	I	以	yǐ	I	亦	yì	I
夂	yè	I	焉	yān	I	讠 延	yán	I
易 羊	yáng	I	关	yǎng	I	爻	yáo	I
衤 衣	yī	I	疑	yí	I	月	yīn	I
乛	yǒng	I	㠯	yìn	I	豕 勹	jù	J
叚	jiǎ	J	艮	jí	J	东	jiǎn	J
廴	jiàn	J	卩	jié	J	乍	jīn	J
丰	jǔ	J	类	juǎn	J	丬 牛	jiàng	J
夬	kuài	K	丁	kě	K	凵匚コ冂	kuàng	K
卜	lú	L	刂 𠂉 罒	lín	L	勿	lí	L
刂 彐	lì	L	耂	lǎo	L	㚒	liáo	L
彐	lù	L	卯	liú	L	氏	lǚ	L
𦍌	měi	M	尸	méi	M	朩	mù	M
冄	nà	N	𠄔	náng	N	鸟	niǎo	N
廾	nòng	N	乇	nüè	N	牛	niú	N
月	yuè	O	𠂉	qián	Q	川	qiáo	Q
龶 丞	qīng	Q	犭	quǎn	Q	亻 𠂉	rén	R
夕	rán	R	日	rì	R	纟 厶	sī	S
𡗗	sāng	S	四	sì	S	臾	sǒu	S
扌	tí	T	土	tǔ	T	冖	tū	T
𦍌	táng	T	㐅	wèi	U	無	wǔ	U
王	wáng	U	攵	wén	U	春	chūn	V
车	chē	V	手	shǒu	W	商	shāng	W
饣	shí	W	豕	shǐ	W	氵 水	shuǐ	W
礻	shì	W	冫	shuài	W	丷	shàng	W
丨	shī	W	巾	shuāi	W	巛	xún	X
覀 龷	xī	X	隹	xiè	X	一	xià	X
亠	xuán	X	𭕄	xué	X	彐	xuě	X
忄	xīn	X	爫	zhuǎ	Y	韦	zhì	Y
冂	zhōu	Y	⺮	zhú	Y	自	zhuī	Y
止	zhǐ	Y	辶	zhī	Y	𠂇	zuǒ	Z
朱	zǐ	Z						

三、文稿看录与司法文书校对

书记员在制作法律文书和校对法律文书时，遇到不会读的汉字是常有的事，但如何用双文速录软件录入并知道该字的读音呢？此时的“查字识字法”就派上了用场。譬如：“被告郜某，从山东狍猛到山东黉山，又从山东黉山到广东朱磡，使用的是盗窃车辆，纵横近两千公里。”这段话中的“郜、猛、黉、磡”都不太常用。此时，在双文速录应用状态下，用右手小指点击“？/”键后输入“郜”字的三个部件（厶口阝）的首字母“ske”后，“郜”字排在数字键的第二位，上屏后对话框有该字的读音“tsc”；输入“猛”字的三个部件（犭丑山）的首字母“qvw”后，“猛”字上屏，对话框有“nbc”读音；输入“黉”字的前三个和最后一个部件（⺌冖龷八）读音的首字母“xtxb”后，“黉”字上屏，标有“hgc”的读音；输入“磡”字的部件（石甚力）读音的首字母“wwl”后，“磡”字排在对话框的第二位，上屏后读音栏内标有“khl”的读音。

第十节 常用词、冷僻地名、姓名用字应用实训

认真将用常用词、冷僻地名和姓名组成的句子、小故事、诗词等，先看录一遍，后听录。这样，我们不仅能熟悉常用词的序位，还能在已有的汉字基础上，多掌握一千多个汉字的读音、写法和字音，这对我们增强语言文字的应用能力有一定作用。

他暗藏利器　这是她的爱称　案例与案例分析 鹌鹑生的蛋叫鹌鹑蛋

有癌瘤病的人令人哀怜，得癌瘤病的人要求安乐死。暗恋不是在暗处爱恋，而是在心中爱恋。

爱财和爱财如命性质不同　他因过分哀愁挨呲了　按理分析你是有错误的 你是他安插的内奸

阿姨腌的咸菜特别好吃，她还会熬制阿胶呢。但她最近的心情有些腌臜，起因是由于她的丈夫长期从事金属元素——锕的研究工作，受到放射性影响而患上了癌瘤。

暗算他人的人自己也不会有好下场　寄托我们的哀思　奥赛是奥林匹克大赛的缩写名称

艾和平先生是研究金属元素——镲和非金属元素——砹的专家，他的妻子担心镲的放射性会影响丈夫的身体，就整天唉声叹气的。艾先生知道后对她说："嗳，你哪能这样呢！我们从事这种工作是有特殊保护的。"

这是我的爱好　祝你们身体安康　案款上缴国库　佛心爱护万物　他懊悔的竟然哀哭起来　他们接头的暗号是"暗扣"　被两性的爱河所淹没　方言真拗口

安老师说："清明前后埯瓜种豆。"说完，就开始大口大口地唵米饭，噎得直打嗝儿。

敖书记住在滦河岸边的敖包里，负责某部门的安保工作。一次，他去辽宁西公廒出差，在公路边看见一位老媪正在用鏊子烙饼，这种饼的名称叫"烙糕"。他第一次见到这种食品，就买了一个吃起来，其香无比。就想顺便到山东嶅阴，浙江松岙、薛岙、富岙等地转转，看看那里都有些什么食品。

日本首相安倍很崇拜鳌拜，就想利用奥博期间来中国拜谒鳌拜墓。

我的父亲个子矮矮的，我暗暗下定决心一定长个傲岸的高个子，超过父亲。

孩子的母亲没有奶水，挨饿的孩子嗷嗷直叫。

案发后，案犯挨罚了，受害家属得到了安抚，不安分的人也得到了警告。

通过暗访，恐怖分子安放的炸弹被我们爱戴的排雷战士排除了，被疏散的群众得到了安顿。

开奥迪的司机挨打了　黯淡的夜灯下几个人低头哀悼刚刚离世的死者　鞍钢的东部有暗沟

她挨个地看，最后拿了个最昂贵的戒指。

阿姨的爱女最近双眼皮周围有一圈暗影，她说是在查案件时熬夜造成的。

安排安检得安宁，安慰爱人安全行。爱情爱上爱抚事，按语暗语义不同。按摩奥妙有奥秘，挨骂懊恼自哀鸣。暗夜碍眼防暗箭，矮胖挨批诉哀怨。安于傲慢无爱意，案子案由看案卷。昂扬遨游防暗礁，癌症哀伤又哀叹。矮人矮小有爱心，暗中暗杀且鏖战。安详安闲须安静，挨近暧昧防暗探，按揭爱家无按钮，傲人傲气不傲然，爱听爱说更爱子，澳门爱慕新澳元。按月按期不按组，矮墙暗器藏暗间。矮子挨揍坳洼里，暗示凹凸将凹陷。昂头奥运人爱美。熬汤熬粥心安然。碍于哀求暗自想，按时安置心胸宽。案头案外案情有，傲物爱拼亦黯然。安培物理 IT 业 ，爱玩翱翔飞蓝天。癌痛安危无碍事，安稳安装春盎然。按照澳洲安神法，按住肮脏看人间。安定方能有安逸，爱国才有傲骨见。

感谢上帝的恩赐　她家住在二层，我已经去过两次　一双儿女都二十

这是不真实的讹传　经过肠胃消化而成的粪便恶臭

据耳传二老不仅耳沉，耳垂还特大。

耳聋和耳沉的词义有二成的差异　在二楼的二层　俄罗斯已沦为二流国家　恶狼的恶劣本质

鄂女士出生于四川向洑。有一次，她误食了莪蒿和莪术后感到很恶心，她就咨询安徽富堨的伙伴何小姐是怎么回事。

区先生是我的恩师，他和我都是福建雷陑人，我们住在同一小区里。他是研究金属元素——“铒”和有机化合物——“蒽”的闻名遐迩的物理学专家，他用字母“E”组成的常用词编了一首诗说：“二手二人听二审，二日二百加二年。若见婀娜动恶念，定罪恶人不愕然。二是儿时扼杀事，偶然无知不审判。讹人殴辱遭天谴，不恋私情好儿男。恶人善人冰与火，瓜豆结果种天然。建筑而是欧式好，俄日领土有争端”。

恶霸定有恶报　恩爱获得恩典　欧亚欧洲欧安　耳朵不离耳边　耳科耳廓耳孔　欧美欧盟欧元俄国俄文俄语　二维二者二线　欧俄俄欧俄而　恶性恶习恶言　欧阳欧姆欧文　耳穴耳旁耳畔耳部耳鼻耳背　额外额头额前　遏制遏止讹诈　二号二婚耳环　恶棍恶毒恶果　额定额度二战儿媳儿戏儿科　偶发藕粉偶犯　偶尔殴斗殴打　恩待恩德而言　而后而应而已　二分二级二环而且偶遇俄美　恩公恩惠恩怨　耳根耳鼓耳垢　而非而今而又　恩泽恩准恩情耳风耳光尔后恶徒恶化恶疾　二位二心相斗　耳膜耳鸣耳麦　怄气饿死体瘦儿童儿子儿歌　呕吐恶心难救耳闻耳塞耳语　偶像而外不求　噩梦噩耗厄运鳄鱼遏阻儿孙

因此，宜饭前服药。

只有一次的机会　依次列队而行　已隐藏了多年 天天有应酬　以地域而言

野菜的营养价值很高，可帮助人类度过饥荒。野草的价值是防风固沙，为食草动物提供食物。但烟草的价值就不同了，它是制造烟雾破坏环境的罪魁祸首。

黟县正在为“黟”字申报非物质文化遗产呢

要严惩肇事者　养成准确应用同音字和多音字的习惯　又延长半年

遗传是有基因的，查遗传基因是有偿的。

严重依赖洴水的灌溉作用　他忧虑能否登上九嶷山　医疗机构有不许收红包的压力有利于患者　他去江苏杨宧村采访以来饱受人们的议论

山东峄山镇一年存款60亿，亦不知是真是假？

钟繇是古代魏国人，他的业余爱好是到海洋中捕捉蛸蛑，到森林中捕捉蛸蛴，久而久之，他的脸色被阳光的紫外线晒得黝黑。他的舅妈带着一筐柚子从广东省吉祐来看他，一见面，他的舅妈就嚷嚷道：“哎哟哟！你的脸是涂了釉浆不成？黑黝黝的像个非洲人。”

尤先生用手把麦克风拉到自己跟前说：“大家不要掩饰自己的主张，有事的可以请假回家，有要事的马上就可以离开这里。我们这个团队是有优势的，有时虽有一盘散沙现象，但关键时刻还是能够团结一心的。以上就是我的发言。”

三年以内　业内精英　如有疑难请让我的养女回答

寇正胤与王荫权是同班同学，他们上课时不小心把墨水瓶碰倒了，墨水把书、笔记本全都洇透了，两个小朋友很懊恼。

尹先生是天津市溵溜人，他与浙江省鄞县的殷茵女士都是研究有机化合物——“吲哚”和“茚”的专家。有一次，二人去江西省枚崟旅游，在餐饮店里看见一位印尼男士在饮羊。

印度是印欧语系国家　英俄关系比印俄关系紧张　亚欧板块构造

娃娃鱼的叫声与婴儿的啼哭声差不多

他有恩于我，因而我要报答他。

有关银耳的食用方法，你应该一清二楚才对。

严格的培训和自身的用功，造就了他勇敢、顽强的内在气质。

英国有一家名叫“阳光工程”的教育机构。

叶绽雯是广西邕宁县人，从小生活在邕江江畔，上高中时随父母迁移到安徽埇桥区定居。＊邕（读“ig”），邕宁县。

亚洲的世界第一是什么？人口多。

一家研制多年刚刚进入市场的优质产品，还没等收回研发成本，一模一样的盗版产品就铺天盖地倾泻而来。在中国，盗版这个问题是多么严重！

一种进步的力量正在潜移默化地渗透到社会的肌肤中。

应筱红出生于四川荥经县，后随父母移居河南荥阳市。她大学毕业后，考察了小说《红岩》描述的当年华蓥山游击队驻地；到河南颍上县考察了职业教育与地方经济发展的衔接程度。她与一直跟随着她的好友——嬴颖同学一同考察了四川潆溪和滦溪两个镇的社会现象。＊潆、滦（读音“iyc”）

旅游收入仅仅依靠游客是不够的

蒋先生邀请了姚处长到家里做客，同时商量一下单位医保的事。他约了半斤瓜子、半斤黄猺肉、半斤青猺肉、大约一斤羊肉，花了三十英镑。随后，他又打电话给山西炭垚坪的姜五星女士和浙江垟溪的江七曜女士一同来陪酒，以便陪好姚处长。姜、江二位女士如约而至，她们彼此都很美丽，噘着的小嘴与深深的笑靥表现出唐代仕女的遗风。她们脱掉高鞫儿皮靴，一边一个坐在姚处长的左右。

眼看就要冬至了。北方的夜空，繁星被冻得直眨眼睛，大地被凛冽的寒风肆虐着，动物们都隐蔽了起来，只有挺立的苍松摇摆着与“呜呜”呼啸的寒风伴舞。

发电以后我们都要拥护他　遗憾的是我们至今仍在疑惑中 淫秽视频的制造者靠缺德来养护自己

晏院长是河南鄢陵县人，他和鄢审判长共同审理桊树村人燕老三奸污幼女案。负责记录的是书记员刘焱焱同志。燕老三在庭审过程中提出要吃芫荽的请求，被鄢审判长拒绝。

闫禹是四川漹城镇人，他跟随母亲去浙江贬口的舅舅家探亲。舅舅博学多才，他在寝室的墙上用多音字写了一首诗，诗曰：咽喉吞咽听呜咽，折腾折尺折本钱。殷朝纣王殷红血，自古燕赵看飞燕。

阎凤娇是地理课的老师，她在阐述“ia、iac、ial”音的汉字与中国的地名时说：“山东省和安徽省各有一个琅琊山，琅琊山很险峻；河北省有一个狼牙山，狼牙山有‘五壮士’的故事；石砑在重庆，北埏在山东。从贵州省的凉风垭到重庆市的黄桷垭有300多公里；从贵州省的琊川到山东省的洛河埏大约有两千多公里。这些地名对我们来说，有的是很熟悉，有的则是很陌生的名词”。

教社会课的游老师说：“政协的议案很多，公安局的要案不少，黑帮们的阴暗事则层出不穷，延安的延河沿岸传说着很多很多的有关友爱的故事。”

有人要求鹰派利用乙方　一定要应用已经掌握的技术　由于他的阴谋没有得逞　你说的用法应当研究　他隐瞒了诱骗真相却依然装模作样的与以前一样　真善美是人类永远的追求　用人之长就是优点　英美两国的通用语言

是英语　研发的意义是为了拥有核心技术　医药产品与医德医术同等重要　眼睛近视要配制近视眼镜　印度赢得了世界信息产业界的好评　航班延误了

以下是我的意见，请将意见发到我的邮箱。

经常要挟别人的人一定是阴险之人

营造引资、验资的气氛　坐在硬座上听演奏

检察院一般都是作有罪辩护的客体

依法依附找依据，应付应得难应急。银幕一代真勇猛，异地唁电送延期。业余演员颇优越，一起邀请谈议题。友谊永久如营养，严禁游泳炎热气。营业严谨摆样品，以免意见被演绎。一切赝品皆俨然，仰慕优美却严密。阴霾因素查要素，游人摇头不欢喜。因为银牌太遥远，囿于谚语不彻底。引入用品拍影片，液态用于变液体。应聘宴请吃羊肉，引起压迫隐私露。沿途业务作引擎，涌入氧气有要求。意图意思无意外，依托阳台展歌喉。有损严肃音萦绕，蚁族悠哉没中秋。庸俗引发亚非热，也许颜色引害羞。银色用途以为少，移送演戏不深究。一条以外无疑问，用作营销被没收。有些英文印象浅，以往游玩影响休。

邬委员两眉之间长了个痦子。他在江西婺源县下过乡，也到过山东峿山搞过调查，曾在浯河河畔捕捉过鼯鼠和蜈蚣。最近，他买了一双靰鞡，说是要到东北的深山老林去体验冬天。

吴姗对武浩然说：“午餐过后是晚餐，未来网络威力宽。往常维持不紊乱，天寒焐手吾吴姗。未曾完成无偿事，为了围场有秋狝。无论何时有雾物，为此常有雾霾天。”

晚上的问候语是“晚安”　心底无私的人能干大事业　网速的快慢　他负责文案　政变未遂　瓦斯是一种有毒气体　物色几个行动无碍的人　尾随着他的外孙

一位六七岁的小男孩在用铁锹笨拙地挖蚯蚓，不远处一个有水的洼地里忽然传来“呱呱”的青蛙鸣叫声。小男孩脱掉鞋子和袜子，双手拉着挽到膝盖的裤脚儿寻声去找，找到后，碗口大的一只癞蛤蟆吓得他“哇哇”大哭起来。小男孩的父亲正在不远处的房子上换瓦（ual），此时，他从房子上跳下来，一边朝孩子奔跑一边说：“娃子，不要怕！爸爸来了！娃子，不要怕！爸爸来了！”

武老师说：“‘万安、文安、瓮安’都是我国的县级行政单位，‘畖底、东窊、薛家窊’是山西省的乡镇名称；‘王子坬、朱家坬’是陕西省的乡镇名称。”

文化是一个概念　维护知识产权　要挽回因挖苦造成的危害　中秋晚会现在开始　还在顽抗，真是勇士啊　唯恐文科考试不及格　文字是语言的物质外壳　据说往后的外科手术都用激光了

一位头上绾着髽髻的姑娘，她脖子上戴着象征吉祥的“卍卐”佛教字符项链，左胳膊挎着竹篮，右手拿着一把带把（bal）的弯刀，很专心地蹲在初春的麦田里剜苣荬菜。

吹牛有多少问题要解决　心愈善舞台宽　无题就是没有标题　越来越稳妥

尉迟先生是个尉官，目前正在新疆尉犁服兵役，他委托我去陕西省的硙峪镇看望他的表姐魏薇卿。

隗小妹是四川嵬家湾人，她对我们说：“沩水是湘江的支流，涠洲是一个不大的小岛，而水硙镇、硙峪乡都在陕西。”

未能让国家领土完整　巍峨的昆仑山　网站的网址　不是万能的而是无能的　玩偶注定是被人玩弄的是无奈的　往年这时候还很温暖　国家的外债由人民偿还吗　武装的概念是有杀人武器的组织或集团吗　位置有变化　万恶的骗子脚崴了　忘恩的人手瘘了

外宾外表有外币，外办外边搞外包。网友完工设网页，外界外因大外交。外部温度外地事，顽固完蛋悔诬告。我党务必求稳定，文件完毕加文稿。晚点晚到没午饭，晚饭晚宴唯独好。无法稳步有危急，网点网费谈无聊。我国无疑真伟大，网购万亿成绩骄。违反违法没王法，物价忘记贴商标。万一往返心枉费，午夜围攻劫匪逃。我军王牌有武警，外国外语外聘高。外观污垢万分险，挽救玩命网民瞧。文艺文明乌云下，外面污染真减少。外贸委员我唯一，诬蔑伪造判无期。文凭完美谁无缘，婉约文秘乃文员。违约问责又问罪，无语物品增外援。委派外企来慰问，顽皮玩牌定玩完。宛如温柔遭侮辱，玩笑猥亵花万元。外派委培坐卧铺，忘却委屈保文物。无情歪曲入误区，完全围绕维稳需。无穷往事业为首，危险武器在须臾。为人顽强勿忘我，宛如委婉温柔居。外商微软生万物，完善文字页无数。外形往往无外人，委任文武寻帮助。污辱无谓再诬陷，污水威胁物资库。外在外泄撤外资，旺盛无限松柏树。

作无罪辩护　他往日都是晚上搞维修　往上一步一步地缓行　蚊子稳坐在他的帽子上

你的预测比较准确　这里蕴藏着多种矿藏　云层愈来愈厚　实施了远程的精确打击　这是个愚蠢的家伙　这是一部原创，请放回书架原处。我预料这次舆论的动向比原来预料的更可怕　这种原理更省原料　娱乐场所的娱乐器械

于毓敏是广东棫朴人，她最近被调到山东郚古城镇当镇长。

俞老师站在远处比划着，然后拉着他的学生卢煜辉的手说："走，咱们回邘部去。"

禹城市的禹作敏先生在江苏敔山做薯蓣的生意，逐渐成了大老板。

遇难人数已上升到170余人　云南的东南部与越南接壤　他允诺在三个月内完成　一场风暴正在酝酿中　余额已经不足　悦耳的歌声

云月娥是湖北郧县人，后来迁到福建筼筜定居，并在那里与山西河沄的恽满仓先生结婚。婚后，二人徒步到陕西栎阳、湖南岳阳、安徽瀹岭下等地旅游。

袁老板从湖北涴市出差回到青岛，他的妻子苑婵娟正在家里与别人约会被他抓个正着。他从此怨恨妻子。一次，他随船队去远海远航，目的地是非洲的好望角。待他远航回来回到家时，他的妻子已在家里遇害有半个月了。公安还没有破案，袁老板大哭一场，随口说道："空中飞纸鸢，与会说闲言。人间婵娟美，鸳鸯不存单。名媛淑女秀，圆规画圆圈。"说罢，就要跳楼自杀，被邻居们劝止。

预案原案是冤案，云安远安都是县。远眺云霭遮远景，预感越轨有渊源。预备阅兵援兵到，原本渊博在原版。愚笨迂腐皆缘故，冤屈冤情有源泉。孕妇晕倒住院部，月饼远比玉米甜。原定运动先约定，月底元旦转圆盘。远赴约旦志远大，遇到愚钝躲远远。预告远方多运费，原告预计找原配。远看远客有远见，月末哪有月光现。预算雨天看月份，员工远非怕愚钝。愿意预防设预警，遇见源头是缘分。约稿运营原因找，越野越过山原貌。岳阳云烟伴云团，园区原样景跃然。愉快运用予以赏，与人乐谱登月刊。预谋愚昧凿圆孔，约有院长来约见。元凶元月思越狱，月球月色月圆圆。预见余款运送走，越位越快越局限。源于域名运气好，逾越郁闷问原判。孕育元气很愉悦，逾期月票抛弃闲。遇上原则约束大，原委云头买雨伞。源自院校忙运输，允许援助祝美满。元首元勋奏乐章，原诉淤血还淤伤。运行运转又运作，源自原始诉愿望。预期语委不作为，圆柱原物是原装。预知原子能运载，预先月薪是欲望。

260余人　这里有预赛的元素　原文是这样描述的　远在异国他乡　月租六千多块　月坛有一个闻名遐迩的乐团　远途的乘客请往里走　你运算一下这个鱼塘有多大面积　被冤枉的人约占30%　院外看远山

一本小说比一部电视剧好看。

菠菜比饽饽好吃得很，但彼此都来源于幡溪。

不论是檗木还是柏木，八成都长在陡坡上。

跛子昂头簸簸箕，有人提出并补偿他，说这是对他有利的事。

泊头市和桲罗台都在河北省，这两个地方不产布帛，亳州产布帛，也产玻璃。

包场是给补偿的，补偿物有铂、薄荷、鹁鸪和白菜，并能办理衣钵的发放。

一个扒手霸占了靶场，此事已备案。同时，还有八个保安找他办案。

构机在陕西省，岜蒙在广西壮族自治区。前者有灞河水坝，后者产笆斗。

李丽的爸爸胳膊上有疤痕，他爱吃糍粑、爱耙地，去年到了辽宁省的蚆蛸居住。

八十辆巴士开向贵州省的岜饶，有捌拾人在巴士上开了吧台。

必要的是榜样，不用又不要的是带匕首的歹徒。

云南省的漾濞产一种竹箅子，煲汤时，厨师就用细细的竹箅子把沫子滗出去。

萆薢、薜荔和荜拨都是藤本植物，产于浙江省的五坒和山东省的苾村。

“芘”和“吡”都是有机化合物，秘鲁的秘密就是居民们所住的房子都是蓬门荜户。

“铋”是金属元素，荸荠是一种可吃的植物。

东南亚的柬埔寨，陕西省的吴堡县和浙江省的蓁篰都有核原料“钚”。

并未把握好补课技能，哥哥为此而烦恼，有时还很恐怖。

部长是部委的首长，账簿是财务人员的记账工具。

妈妈说我的伯父是她的大伯子。我记得伯父在自行车比赛中一直保持第一。

她对他掰开揉碎地做工作，但他就是不分黑白地独断专行，结果败诉了。

小弟把掰开的馒头放在白色的抹布上，他自言自语地说：“我这是摆设食物吗？”

江西省的畈大有变化，且变化很大。这里的斑纹钢钣和铝合金钣都是优质的。

江西省的源溘产一种木柈子，这种木柈子一般都供应给了日本国的大阪。

搬动扳手搂扳机，绊倒舞伴一对一。木板版图烧瘢有，变坏不好彼此离。

新四军在沙家浜打击了敌人，敌人很快就崩溃了。

湖北省的张塝有一位诗人，他说："报刊诽谤木棒打，傍晚蚌壳在塝田。臂膀膀肿膀胱大，英镑能买青海盐。"

李龙是大龅牙，他喜爱煲饭、种植枹树。多少年来，他的喜爱和脾气一直不变。

鄂熙龙是本科毕业生，他刚吃饱饭，不便做俯卧撑运动，就改为玩儿攻堡垒游戏。

保卫拿褓被，褓被中遍布宝贝，原来宝贝是苞米。

河北省的瀑河有一处瀑布，每遇到暴雨，鲍鱼就沿着瀑河逆流而上。

报纸包括包食物，爆炸刨坑为保护。济南遍布趵突泉，骑虎难下豹上树。

袼褙须烘焙，举杯祝晚辈。蓓蕾花骨朵，背包硫酸钡。表态问补贴，摆脱重石碑。不提被迫事，悲伤且疲惫。悲天悯人者，读书不狼狈。北碚重庆市，备战后墓碑。

江苏省的栟茶，有一位会使用锛子的木工，他与河北省倴城的任师傅是同行。

本市市政府颁布了不能在本市奔跑的法律规定，很多人为此奔走相告。

最不难做的是人的本能。有本事和没本事各有利弊。

我和你分别后就不在报社当编辑了，而是与一位姓卞的女士共同编纂词典。

去陕西省碥头溪乡旅游，据说那里有好看的蝙蝠和鳊鱼。

美景不在了，就和我的童年不在了一样。

湖北省的滮草沟适合养马。有从云南省法膘来的保镖，他骑在黑白相间的肥膘大马上，也不用鞍鞯，两腿摽在马肚子上开始练习在飞奔的马上甩飞镖的功夫。

肖老师爱箫，表现得也很潇洒。他会使用飞镖，但裱褙技术不行，夫妻不和，最近刚与妻子分道扬镳。现在，自己过着独身生活。

绑匪说："我姓别，叫别彪，生于2001年9月。曾因报复打人而蹩伤了脚，现在正在治疗。我当绑匪，并非出于无奈，而是感到好玩儿"。当听到法庭要判他有罪时，他如同泄气的皮球，一下就瘪谷了。

朱斌和史彬是一对很要好的同事。朱斌是连鬓胡子，成天一副彬彬有礼的样子；史彬的鬓角很大，是个小白脸，在江苏省 邠州村是有名的才子。有位叫孙膑的同事去世了，出殡的那天，他们一起参加了孙膑的葬礼。

槟子的又一名字叫槟榔。相对而言，槟榔的又一名字叫槟子。

士兵禀告邴首长："丙方饼干有病变，冰山兵器有把柄，请屏退他人共同登冰山。"

雨打芭蕉真寂寞，如丧考妣。黑红铅笔描扮相，树立榜样。装备刨床看卜卦，冰山一角。搬迁柏林点百货，思路相悖。辩论绑架找绑匪，摒弃帮凶。加倍努力建邦交，来宾宝贵。

泚江吡啶无斑点，表面无痕。煸锅炒菜要精致，避免油烟。这部分那部分只是一小部分。

不但不报导还不能再抱怨，我表达了悲观的看法。不断的报道，让被告有了抱歉的表示。不得对报告的内容进行篡改，不过可以修改。不怕奔跑，就怕逃跑；不怕不去，就怕非去。比较一下便于在办事时把关，否则会被边缘化，不然别人怎么会知道呢？他背叛了人民，因此被判了十年有期徒刑。不经比对，如何辨认版权？被告的帮派思想和悲观情绪很严重。

有评论说：琥珀、筐箩都是远古时期的产物，但现在用起来还很方便，也很漂亮。

繁先生颇怕评测费事，就跑到繁花似锦的鄱阳湖边找人帮忙。他走了三天，累得一副失魂落魄的样子。

潘老师是番禺人，他和年过花甲的泮老师配合和帮助法官判案，有的当事人 衣服扣子要掉，他们就帮忙襻上几针。有时，他们也站在大街上盘问迈步蹒跚的人，问他们需不需要帮助。久而久之，人们给他们送了一个美名：俩好人。

庞女士爱打乒乓球，逄先生喜爱庭审时旁听。他们有一个共同的爱好，那就是吃螃蟹、榜地、研究上世纪 60 年代的贫困和甲午战争的赔款等问题。

"膀胱的又一称呼叫尿脬"。逄女士一边陪伴着她的丈夫散步，一边对旁边的泮局长说。泮局长手里拿着一本《庖丁解牛》的书，指着不远处咆哮的狍子说："对的，对的。"

我陪同骑马按辔徐行的首长参观刚购买的配套的葡萄研究平台。陪同的还有研究胚胎的裴先生，研究金属元素——锫的庞老师。这时，一位凤冠霞帔的女士笑着朝我们拍手。

陈芃是云南省普溯人，她蓬松着头发，与从江西省湓城来的男友站在篷车上，手里拿着批准结婚的凭证，大声说道："我的男朋友叫彭鹏，是从事烹饪技术的，他做的饭菜喷香。"

"朋友培养朋友，以备聘用。"来自安徽省淠河河畔的李邳对我们说。李邳睥睨权贵，他的脾脏健康，爱研究铍青铜，喜爱喝啤酒，时不时地就去湖北省 黄陂区旅游，看那里有没有貔貅和熊罴。从来不怕疲劳的他有时也去郫县买鼙鼓，看小孩儿光着屁股在郫江游泳。

骈老师是福建省楩树岔人，他在一篇文章中描述了骗子的可耻，这个骗子后来找到了骈老师，并向他赔罪。

漂（pxv）白漂（pxl）亮水上漂（px），朴（pxc）氏朴（puv）实产朴（p）刀。瓢瓜判刑分两半，排序培训买通票。频繁姘居至贫穷，撇嘴瞥见一惊鸿。东施效颦模仿样，片面佩服献笑容。

仆玉珂住在莆田市，莆桂鸽住在河南省的濮阳市。仆玉珂是金属元素"镤"和"镨"的研究者，他经常坐在带有铺垫的蒲团上默念菩萨谒；莆桂鸽有黄埔军校的纪念章，他经常把它悬挂在胸脯前招摇过市。

听到对自己不利的判决，她很平静。她评估并判断着这个判决对自己品牌产品的影响，譬如：是否 应该 聘请律师？是否 培育新的团队？总之，应该以批判的态度评估自己，抛弃 平日的主观臆断，大胆聘任 专业人员来管理 蒸蒸日上的企业。

一支庞大的购物团队在浦东大厦排队购物；你如何评价"骗供"和"骗取"的词义？

她迫于压力频频回婆家，目的是陪陪老人，而老人的脾气又偏偏不让她陪，她很疲惫。

每隔 5 秒亮灯一次可以吗？

在商场排队付费时，碰巧碰到了李明，他拿着一面旗，在离我五米远的地方被迎面驶来的汽车撞倒了。

每辆小轿车没有命令不许亮灯，不错，一亮灯就暴露了。

吃美餐搞摩擦膜拜美丽，问名称思描摹漠视摹本。

会冒充非模特骗人剽窃，正面临漫长的监禁生活。

脉脉把脉万俟摩拳擦掌，人人歌颂南无阿弥陀佛。

＊脉脉（mlml）、把脉（bavmsl）；南（na）无（mc） 阿（e） 弥陀佛

因母爱闹出的命案　你妈和我妈一同用抹布抹桌子

慢速比快速更安全　在雾霾中摸索着前进

大嫂一手拿着馒头，一手开门锁，头上还戴着有帽徽的帽子。二嫂则在一旁埋怨她做事慢。

一头犛牛看见一条蟒蛇，犛牛鲁莽地向蟒蛇走过去，蟒蛇急忙向长满杧果的邙山爬去。

耄耋之年　有明确的目标　我并不明白是蟊贼偷牦牛

茆大嫂出生于上海市泖港镇，今年 23 岁，她与出生于河北省鄚州的毛红波是大学同班同学。

梦寐以求　联袂出场　拾金不昧　阳光明媚　魑魅魍魉　我的表妹住在云南省的小水渼，她眉清目秀，很腼腆，每天都要与媒体　见面　面谈一些有关霉菌的用途。

每年的此时，美女们都很郁闷，明年 也不例外。

从某种方式上看，民主都是一种进步，民众对民主和民政有不同认识。

没有你的美意，就没有我的满意。2015 年的美英 贸易额 翻了一番。弥科长和宓书记都是河南省 泌阳县人，他们二人考察了发源于 江西省的汨罗江。

明眸皓齿　未雨绸缪　马上就没事了　面试时要面授机宜　秘书说：每个开门市的都必须去面试，否则不予颁发执照。

仫佬族　如沐春风　庄严肃穆　睦邻友好　朝思暮想　每位保姆都带着她们做的毪子到牧民家里拜访。牧民们不喜欢沐浴，但却喜爱苜蓿，因为苜蓿能够饲养牛羊。

问：你叫什么名字？答：弭萍。问：什么民族？答：蒙古族。问：文化？答：大专。问：年龄？答 22 岁。问：从事何种职业？答：埋葬专制者和腐败分子。问：我们今天谈到这，你慢走。

缪处长对张淼说：“很明显，如果没有你的默许这几个人是不会来的，你不能藐视那些明星。”

王淼是美方的商务代表，她一边乜斜着眼，一边模仿羊“咩咩”地叫。有一位因污蔑他人而惹上麻烦的人让李淼淼为他做免费的辩护律师，其目的

是因为李淼淼是道德模范。

美梦的秘密　美满幸福生活　茂名是广东省的一个市　莨玉米和莨高粱都是成熟期较晚的植物。

闵春雨是岷山人，能破保险箱密码，慢慢就有了偷窃行为，最后，美梦破碎了，买卖也没了。

王春淼的母亲生于河北省的洺河岸边，她有一个很好听的名字，叫吴谬论。手机在这里是个盲区，没有信号，这里也没有民企，人们勉强着靠种植作物生活。

我们的目的是面对矛盾要解决矛盾，而不是激起矛盾。

每月检查门牌一次到每日检查一次。

美元是美国的货币，也是世界通用的货币。

佛祖　佛门　有分寸　没风采　饭菜香　是副词　讽刺他　莫犯错　早发财　须服从　非常大　已付出　要扶持　发出的　范畴内　很反常　有分量　很费力　走辅路　非礼我　正在发愁　买房产　学法律

定方案　报方案　要翻案　犯案了　妨碍了　少父爱　肺癌患者　新法案　用法器理发可以吗?

翻箱倒柜　肄武绥藩　扛幡　一帆风顺　白矾　麻烦　平凡　樊城区　繁琐　樊笼　频繁　凡是　烦恼　明矾石　反对　返回　逆反　折返　范文　犯罪　饭菜　泛滥　贩卖　梵语　梵蒂冈　商贩　广泛　米饭　战犯　模范　符合要求　三次访华　能够发挥　繁华的城市

棉纺厂　放开我　反馈给　分开后　被罚款　方芳是防空主任

蜚声海内外　敞开心扉　淝水 淝水之战　肥胖　诽谤　匪徒　菲薄　翡翠　悱恻　榧树　蜚蠊　左肺　狒狒　作废　免费　狂吠　痱子　肺脏　沸腾　鸡鸣狗吠　扬汤止沸　法庭宣布　访谈开始　王飞是反贪部门的　王霏是法庭的访谈记者

非分之想　奋笔疾书　愤怒的妇女们　发怒的房奴们　谷芬为他们烦恼

天衣无缝　李云峰跑了 3 分钟　高锋住在酆都城　冯司长有一把锋利的匕首　繁重的劳动　只有发展才有未来　防止风沙

到底发生了什么　这是一种方式　凡是错误的就要改正　分手的时候　烦事不少啊　丰收的季节　范围不大　服务方式不同　分为上下两部分　访问了她们　具体防卫　肥沃的土地

发表了几篇论文　为了方便行人　分别受到处分　腐败是亡国之兆　发

布了反腐败信息　反对不等于否定　封闭的方法防腐不一定有效果　法院的法官设立分院　分局就在附近　奉告法盲犯人们不要贩毒，那可是犯死罪啊！不否认有分歧　负责带队的人发现走错了方向　复杂的心态

发送短信时　扶贫资金的分配问题　富饶的土地　法国的法定节日

到处搞调查　到处堵车　没有对策　敦促独裁者实施改革　对立的双方达成了和解

三沓钞票　三打水饺　鞑靼　鞑靼斯坦　查档案有了答案　这是全市的一个大案　对岸有几个孩子在蹦跶　登岸后　宽阔的道路　代理产品　林黛玉　埭头镇　严惩不贷　包装袋　死伤殆尽　拖泥带水

戴县长是江苏垈湾人，他带领一个考察团考察了岱岳和福建的埭头镇。他打算把岱宗的大蒜移植到浙江的钟埭，把岱山县的登山大赛照搬到傣族居住的云南。有些官员说他是“得瑟”，他听后不屑一顾地撇撇嘴，继续按部就班地实施他的工作计划。

电话通知开大会　种植养殖他都会　王丹对捣毁制假窝点很懂行　航海必须有用于导航的导航系统　夺回一个弹丸之地　老子的名字叫李聃，又叫老聃

跌宕起伏　多亏进行了抵抗　不用贷款了　“莨菪”和“浪荡”音同义不同，前者是名词，后者是形容词。几位大款打开电脑准备夺魁

直捣敌巢　手舞足蹈　倒买倒卖　迟到　强盗　哀悼　正道　水稻　稻草　到底　盗匪　悼念　道路　倒车　逮捕了几个强盗和赌博的赌徒　抄袭就是盗版，盗版被打击后就倒闭了。打败了别人不代表自己的胜利　对方提出了担保意见

她声音发嗲地对他说：“看在多年夫妻的份上，一定要买最好的电脑。”我很惦念你 这么粗的铁丝都能扽直了，尼龙绳肯定就能扽断了。

并蒂莲　瓜熟蒂落　得了第一　已经答应　都有一份　彼此对应　他动摇了　另收导游费　动用大笔公款　不用抵押就能贷款　电影与电视不同之处在于哪里？每个人都有一颗爱心就好了。

短暂的停留　被带走调查　带走和调走的词义差异很大　这个动作被当做流氓行为　电子产品全部都是智能的　蒋坫不仅是地名，也是人名

国不分大小　做事要有底线　交流要多发短信　承诺一定兑现　湖北的汈汊是典型的出才子的地方，这里每年有上百人考入世界一类大学，这些大学生毕业后的底薪都很高。

喋喋不休　耄耋之年　肯定有对不住的地方　对方一再要求　请给予答复　提防对手　担负起养育孩子的重任　好对付　不好对付　刁先生买了一只雕一直由他爹给养着　大风刮得天昏地暗　颠覆了传统

孤苦伶仃　他的脚上长了一个疔　酩酊大醉　鼎力　大名鼎鼎　顶峰　顶天立地　订单　定金　锭子　吡啶　光腚　露腚　嘧啶　钢锭

丁玎小姐是云南畹町市人，她虽然是个女孩，但会钉马掌，全市武术大赛获得第二，她能让斗殴的人和平相处。最近，她与大二的几位东欧同学约定要去台湾茄萣乡旅游。

丢三落四　地区的差异性　当前的工作重点　的确很必要　不开斗气车　他赌气走了　这里的物资特别短缺　夺取了政权　盗窃物资　盗窃的事是丢人的事，也是犯罪的事。要求你道歉

大概有二十多个人　我在广西麻垌打工　他躲过了一劫　我住在他家的对过，每天都能听到他们“咚咚”的敲门声。岽坑成了旅游景点，这带给我们许多好处。

鼻窦炎　这里满山都是宝　你穿的衣服有多少个兜？都先生自己都不知道自己的出生地　多数人喜欢看电影而不喜欢看电视　对手可以变成朋友，朋友也可以变成对手　他当时就傻眼了

买椟还珠　连篇累牍　老牛舐（wl）犊　穷兵黩武　鳏（gr）寡孤独　肚丝　笃信　堵车　目睹　小肚鸡肠　情爱甚笃　观者如堵　睹物思人　聚众赌博　杜绝　妒忌　渡船　镀金　硬度　穷兵黩武

人也是动物　绫罗绸缎　断章取义

自从担任了组长，当然就有脾气了。

点燃了消灭敌人的怒火　我刚到任打扰您了　打人不对是犯法的行为　动人的故事

段主席今天调任省人大担任委员长职务了

大舅给外甥倒酒　大家把赌具集中到一起然后开始登记　从大局出发

得到的是　还没有达到目的　你到底想咋样　你等待着我回来　短短几个月过去了　25 吨重

董占铎先生会剟花　打破了党派之间的竞争　大批失业人员　毒品是有害的　贩卖毒品被判刑　他把自己手指剁掉一截，这是多么愚蠢的行为啊！

对面有一座山　有事要当面说清　还没有完全点明　东盟十加一会议　他自认倒霉对吗？把地面进攻作成动漫　但愿所有队员都不掉队　党员的待

遇就是起带头作用　对于歹徒只能实施制裁　地铁属于低炭环保和低炭产业　大约有30多吨　独特的地理位置是任何地域所代替不了的　复古就等于历史的倒退　他说话、做事都很得体　动态与速度关联

他特贪婪　她特有志气　她推测他是天才　大家一同讨论他贪财的手段　脱离了台词他还真讲不出什么内容来　谁提出了建铁路是战略韬略？请大家认真讨论讨论然后再投产　实施退出机制

“铽”是一种金属元素，要统筹开发。我们提倡坦诚，更要突出坦诚。

纷至沓来　糟蹋　他提出的提案缺乏韬略，通常是要推迟讨论的。她们是同案嫌疑人，今天一起来投案。

这种轮胎很有特色　探索宇宙秘密的进程正在提速　投诉是一种维权方式　退缩是颓丧的表现

澹台小姐来到了水波澹澹的郯城县，她这次来是替换谭县长的，因为谭县长受弹劾给免职了。镡老板在谈话中说：“袒护贩毒团伙的官员被判刑了。”

你很痛苦　相关条款的落实　停课3天学开坦克

汤局长从山东鄌郚出发，他拿着铜锣，一边“嘡嘡”地敲着，一边大声喊道：“痛快呀！管理公帑和负责调控的贪官今天被抓了，他多痛苦啊！”他边走边说，一直朝着济南方向走去。

展焘从洮南市回到木兰秋狝市，他看到一个淘气的孩子在树上掏鸟窝，在树下的孩子一边吃葡萄，一边从兜里掏桃花。坦白地讲，展焘的特别之处在于不逃避和回避问题。

佟大夫可以通过人的“嗵嗵”心跳声确诊人的疾病，透过这一现象证明：人有天才不是童话。我与安徽鲖城镇的人们交流，他们说他们那里没有贪官。

我问你同意还是不同意？体验体验生活同样重要　同意统一

我的同事是一位很漂亮的女子，她特别坦率，做事从不偷偷摸摸的，她总是妥善安排和处理在别人看来是最棘手的问题。她最近得到了提升，同时，还得到了特殊奖励。

我国台湾地区的涂先生和广东梌圩的屠女士都是研究金属元素——“钍”的专家，他们在答记者的提问时，谈到了体委人员贪污，团委组织跳舞的问题。

山东滕州的滕老师对我们说：“我们的同志会熥馒头，会包饺子，会当

庭长，还能誊写文稿、钓鳢鱼。”他调整了声音，又说：“统治者的统治表现在体制特征上，停止进步，不敢面对挑战，不能拓展国际空间，这就是腐败和没落的统治者。”

恬不知耻 宾客阗门 舔干净 腼腆 暴殄天物

田书记去江苏泗泾学习回来，就整天腆着个大肚子陶醉在迎送宾客阗门的日子里。有一天，他投资养的几只黇鹿逃走了，他以为是邻居家给偷走了就去找邻居要求退赃。结果可想而知。

从青梅竹马的龆年到初中毕业的少年，再到大学毕业的青年，我们两个一直是同学。大学毕业后，我们两个为了体现勇于迎接挑战又一同去了非洲推行中文拉丁化。我们两个都很漂亮迷人，被人们称为窈窕淑女。

饕餮大餐 铤而走险 潜水艇 白家疃

律师去探访逃犯，想找理由推翻逃犯的有罪供述。逃犯精神颓废地对律师说：“你别以为你有辩护的天赋，我已服服帖帖的认罪了，你还辩护什么?”律师无奈，到宾馆退房后回律师事务所了。

柏树挺拔庭院中，蜻蜓点水翅影停。宫廷听曲游艇美，亭台客厅少女行。

河北省有渟泗涧，山西遍布麦草莛。厅长梃猪痛殴打，天鹅云中伴雷霆。

山西猫窝土壤肥，地名刘疃在河北。白家疃在北京市，麻团点点芝麻围。

倘若坦然相处好，突然投入不相悖。天然湍流瀑布样，周而复始看圆规。

这些条件还不够 要有计划地推进 相关文件已提交法务部 据不完全统计 你这是投机行为 他要求法庭调解，你听见了吗?因为付出的太多，当听到有人要替代他时，他的态度特别激动。你所提到的团队和团队精神我们都听到了。天津的地理条件忒好了，它东临渤海，西近北京，有着无可替代的经济发展潜质。

有人把华佗和赵佗二人所处的历史朝代弄混了。

庹师傅吃了一碗坨面条，他伸直左右两个胳膊开始丈量木柁，然后站起来对刚投票回来站在身边的侄子说：“你给你四川石盘沱的叔叔打个电话，让他再给买一架5庹长的松木柁，这架木柁只有4庹，不够长度。”

增加谈判的砝码 在如何脱贫的问题上有了新突破 太平的日子 这层

纸被你捅破了　又拖又拽的赶紧逃跑了 唾手可得

他们做事不透明　她们中有个头目是逃难来到这里的，体能有些差。“同谋”是贬义词，“同盟”是中性词。听听童年的故事　他天天在这里卖体育彩票　统统上缴国库　恐怖分子的头头

最近的天气怎么样　他和她感觉很投缘，就于今年的3月份结婚了。天哪！原来鸵鸟这么大?

他们提取了指纹，听取了汇报，又对案情进行了探讨和推敲，就向检察院提起公诉了。不能因为太忙就不去看望老人　我很同情她　头脑要清醒　特约需提前　体育能强国　工资不拖欠　在淘汰赛中被淘汰出局　贪图享乐的人就是被竞争所淘汰的人　偷窃和偷运不是一个概念

哪吒　木讷　讷河市

农业、农村、农民统称为“三农问题”，我家就是农村的，我就是农民的儿子。

大年年初，我拿出用玉米酿成的白酒和太太一起去看望农场的场长。场长很有能力和社会能量，他的年龄和我差不多。他给我们倒了两杯已经沏好的浓茶，又拿来牛奶给我们补充能量。“让农场的贸易逆差变为顺差是我努力的方向”场长对我们说。

你们那里的情况如何？女厕在哪里？太平洋的暖流　哪次打架没有你？年产奶粉20万吨

那大爷过分溺爱他的外甥女李娜。那次我与李娜打架是在哪啊？你帮我想一想好吗？我想起来了，是在珠江南岸的大姑嫐，那次不是还有你吗？

他在凝思：南宋亡国是因为国君贪恋女色吗？牛奶浓缩后是奶粉吗？

男孩对老人说：“您好?”女孩对男孩说：“你好?”这些问候都标志着礼貌内涵。

她面有怒色地对他说：“我宁死都不肯向你妥协。”

他对农行的业务产生了浓厚的兴趣　脑海中浮现出基本轮廓

这样不仅难看，还很难堪。

从飞机上鸟瞰广东的硇洲，就像我们站在沙盘边看城区规划一样。

几个维吾尔族的女兵从南部作战回来，她们饿得大口大口地馕米饭。

从山东的狍猛到云南的包谷垴，再从云南的包谷垴到山西的南垴，基本构成了三角形。

内部人看内科很难办

一位蔫儿坏的男子拿走了内资企业一位女子酿造的美酒，男子的女友知道后很生气，就把这位男子撵走了。

从广东白坭徒步走到广西坭洞，难免会遇到这样或那样的困难。

不能许下难以兑现的诺言　这纯粹是捏造　两个孩子尚且年幼　不能挪用公共资金和公款

剑拔弩张　怒气　恼怒　希望你能够取得新的胜利　难忘的初恋情人　你是哪位？挪威不在南纬　他凝望着那个鸟窝　恁不听劝

侬先生是日本的内阁成员，他唧唧哝哝地说："青年男子哪个不钟情？女工女王哪个不怀春？"

还是那位侬先生说："难过难关必须过，内外内在有内容。女工女友是女子，难怪难忘话难听"。

我国的能源安全　农业离不开农田　纽约有浓郁的国际大都市气息　宁愿挨饿也不去乞讨

他遇到了不懂鸟语的难题

奶奶一边喝着牛奶一边恼怒地对身旁的一对青年男女说："你们长能耐了不是？我对治疗鼻衄的病都难于拿捏，你们那套哪能用得上？哪天我内退了，才能轮到你们。"

男女都是客　暖流云团造成了台风　鲇鱼喜爱池塘里的泥土　3 年内解决这一难题

那些心灵有创伤的人　哪些人比较保守　女性的内心世界　他的年薪 80 万

泥鳅在暖瓶里被虐待

男性和女性的关系比较融洽，男性的耐力差，女性的耐力强。

男方在中国的南方，女方则在南非，最近，这一对男女闹翻了。

哪怕你再年轻，如果总是虚度光阴，青春就会像飞鸟一样一去不复返了。

"女人懦弱，男人阳刚"？那就看看中国女排和中国男排的成果吧！

我的女儿早在三年前就去了南欧国家，在南欧某国工作。

请你拿起笔，不要作懦夫，继续把那篇文章写下去。

男人在智力上比女人能否更胜一筹？答案是肯定的。

娘家 娘们儿 娘亲 娘子 老娘 丈母娘 酿酒 酿成大祸 酿造 酝酿 您好 您说 您的 能够 能力 能源 能不能 能用 能耐 能工巧匠 能耐非凡 佳酿 酝酿已久 能

言善辩 能文能武 老娘们 娘娘腔

接到匿名电话后　我那时还小

难说南极难受事　年终难找纳税人　脑袋脑筋勤转动　凝结凝聚富农民

家住内蒙古，年仅20周岁的倪冬梅于2015年底制定了2016年度工作计划。

那里有几个男生拿着笤帚闹事，你们几个女生去劝劝他们，让他们宁静下来，摒弃大男子主义。

要凝聚集体力量，抛开那种个人私心以及那种个人英雄主义。

内战已经在所难免，难民问题已迫在眉睫。

一位女士正在挑选一件女式上衣　有难度难道就知难而退了吗？不可逆转只能扭转

任何事情都不是那么一帆风顺的。我在纳闷为什么逆境能造就人才？

两次来此乘列车，路程里程有良策。列出理论讲伦理，凌晨来临现轮廓。屡次践踏茵绿草，乱伦蓝领遭冷落。轮船楼层摆兰草，云端露出白天鹅。理财良策讲利率，乐观立场念弥勒。

棉靰鞡　已立案 黄河两岸　正在恋爱中 轮船靠岸后很快就离岸了　另案处理 宁缺毋滥　陈词滥调

邛崃市有着良好的绿化环境，天是蓝色的，大地是绿色的，没有北方那种灰蒙蒙的雾霾。因此，这里很受游客的青睐。

山东的大俫庄与邛崃市的绿化率则恰恰相反，零散在农田周边的树木像懒散冷傲的醉汉，孤零零地站在那里，如同等待着人们去搀扶一样。

类似的问题和现象　他因勒索罪而被捕　这事做得很利索　还有搞联合离婚的呢　脸色很难看

从广东南葫到广西的葫南途中要经过两个省的领空，从广东的大崀到湖南的崀山也是如此。

辽阔的大地上有一个拥挤的城市，城市中有一位女郎站在路口的中央，她对过往的旅客和行人说："我是台湾荖浓溪的来宾，名字叫郎世宁，在一家广告公司做领班，我在阆中等你们。"

请来宾立刻离开这里　冷酷的老板狼狈地站在路边　他的轮班计划落空了　大致有个轮廓了

愣头愣脑　聊天记录显示　旅游论坛会议结束了　比较笼统　在这里隆重集会　冷战又开始了　理智是理性认识的结果　两种假设的两种结局　离

职人员大都是联通公司的

被雾霾笼罩的城市不只是京津地区，雷同的还有石家庄和郑州。

陕西有个叫埈底下的镇子，镇里有一位叫雷森的先生，他给家住江西长埈的表姐羸女士发去一封悼念表姐夫的诔文。诔文说：别人立正汝下令，人生旅途你已停。蓝天无垠魂何去？劣质酹酒送西行。

劣迹斑斑 风声鹤唳　孤雁悲唳　老骥伏枥　呕心沥血　励精图治　贪官污吏　有理由利用一切手段保护自己的利益　有理由没来由

郦萍是一位才女，她用“li”音的四声字写诗：丽水女子形丽质，蠡县姥爷自莅临。江蓠没有薄绿叶，杒县盛产甜酸梨。浙江浬浦说俚语，台湾中坜景美丽。洛阳深处绿荫浅，黄鹂明春唤妯娌。

我们的理念是立足开发和创新　她老子临走时还一再叮嘱我，让我们期待着来年的再会。连老板开了一家卵子公司不久就出乱子了。

辽宁有靓女，烂醉楝树旁。怜悯老年人，留念在濂江。纪念罹难者，历年莲花香。

请立即了解并处理好这个问题　我们列举了大量楼房的浪费情况　需要保持冷静　雷锋是真善美的化身　对来访的人必须做好登记和回访　历经九九八十一难　累计人数　礼服的色彩

尥蹶（jrv）子　撂挑子 他与我是一块离休的老乡 连续几天没联系上了这种类型的汽车并不多

廖先生是广东贤憭人，他的理想是当一名驯马师。有一次，他刚骑上一匹浑身黑色的马，这匹马就扬起头“咴咴”地叫，并开始尥蹶子。廖先生很快就从马背上跌落下来，摔得他老半天站不起来。待他忍着疼痛站起来时，那匹黑马已蹽得无影无踪了。此后，他就撂挑子不干驯马师的行当，改为饲养鹪鹩的生意。

路面有很多积雪　冷漠的流氓

据说广东白箖到处林木葱茏，那里的劳模特别多，家家户户的楼门都贴有住户老妈的画像。

高屋建瓴　绫罗绸缎　山岭　衣领　崇山峻岭　心领神会　不要对林立的楼群来气　我平常给他一些零钱　对林区留情做到不砍伐

镠司长在六安考察时与一位比他大六岁的令狐女子结了婚，而他的部下刘处长则在六合县嫁给了一位叫泠峻岭的医生。有一次，他们共同约请了湖南舲舫和江苏浒澪的同学一同到湖南酃县聚会。

这些同学都是同一天被录取到同一所大学的，他们力求在一起多待几天，一直不愿离去。

要落实两国之间已达成的互助协议，使两国关系更加牢固。 我来过两次都是路过 历时三年之久 广东呤村出了个神医，据说任何佝偻病他都能治好，不知真假？

娄老师是湖北永灕人，他有罗锅儿，做人老实、厚道。他对朝鲜半岛一个民族分成两个国家感到遗憾，对中国的统一感到乐观。他认为：民族分裂只是历史过程的一个临时插曲。

戮力同心 他们的来往比较密切 木兰秋猕即将列为世界非物质文化遗产名录

出生于安徽澛港的逯忠心是“镥研究院”的研究员。他带的两位研究生，一位是江苏甪直人，一位是浙江甪堰人。这三位经常带着一位绰号叫“油葫芦”的人进入芦苇荡寻找猎物。“油葫芦”是广东渌水人，他习惯撸起裤腿在芦苇中钓鲈鱼，爱吃卤煮食品，另外有过贿赂犯罪的记录。

吕洞宾 捋胡子 铝合金 膂力过人 衣衫褴褛 步履维艰

立于无私高地才能利于人民 不能成为犯罪分子的乐园 他说不清财产的来源 履约是一个人的诚信标准 淋浴的热水来源

《论语》是一本记录儒家领袖言行的书，有精华亦有糟粕。

“领域”和“流域”都是指范围，但领域是概念，是一个体系；而流域是指江河所流经的区域。

吕女士的丈夫闾先生到河南段埠出差，约定今天回来。吕女士正倚闾而望，等待她的丈夫归来。此时的闾先生正在捋着胡子骑在毛驴上，他老远看见妻子正在朝他回来的方向眺望。

滦平县 金銮殿 栾城县 栾川县 鸾翔凤集 两人的世界 有着可观的利润

书记员培训教材列入了“十三五”规划

一般的文字录入人员与速录师职业有着天壤之别 不能乱扔垃圾 乱扔垃圾是令人气愤的事 所谓的连任大都是提前安排好了的，例如：某某厂长选举连任。

一对恋人带着各自的老人开车去旅游，他们看到路牌上写着“寇罽圙”的汉字，“罽圙”念什么？什么意思？他们停下车，用汉字部件学习法中的识字解字软件一查就知道读音和字义了。把“罽”字的部件“冂罒方一”

输入读音的缩略首字母“K（‘冂’读框）、S（‘罒’读四）、F、（‘一’读横）”后，“圐”字就出现在对话框中，点击该字，对话框显示出该字的注音和女声提示以及合成词“圐圙”的读音和词义解释。

伦理道德　囫囵吞枣　赖皮送的礼品你也敢要？　楼盘高得离谱儿　汉字永远不会领跑世界信息核心技术　两派站在两旁打得非常激烈伦敦垄断了英镑的发行　懒惰的人不爱劳动　为劳动者开绿灯　来到选举会场拉票　早已料到

骆经理是洛阳人，雒厂长是漯河人，这二位领导准备去贵州的倮柱和四川的倮格考察养殖技术。他们骑在骆驼上，落日的余晖把它们的身影拉得很长很长。

青草塥　隔三差五　各种　硌脚　硌牙　铬钢　这是一份纲领性文件　已观察了很久　整个过程被拍了下来　据观察家的观察只有36公里　已够30年工龄，故此退居二线。各级各类的管理都有规律可循　刚才收到通知　民盟的高层领导要求全体盟员贯彻国策　这是一项浩大的工程　葛先生在滆湖湖畔养了一群鸽子

为了鼓励圪上乡的农民去安徽省的青草塥学习钢材冶炼技术，厂长自个儿掏钱培训他们。

准噶尔盆地　噶尔县　尴尬　咖喱面馆紧挨着咖啡店

要关爱那些有病的患者 孤傲的劲松生长在悬崖峭壁上，高傲的海燕在海浪中翱翔。公安将作案的人抓住叫归案，有嫌疑人的亲朋好友去询问，公安回答说：“该案正在处理中。”

甘光辉是江苏戤效人，他用汉字写文章言简意赅，颇有古文风范。最近，他与四川花荄的同事公孙先生要去浙江澉浦购买几吨又叫黄钻的鳡鱼。鳡鱼和芥菜疙瘩是他们公司的主营产品。

检察院是公诉单位，公安是逮捕嫌疑人的单位，而法院则是审判和判决机构。

请你告诉我该如何寻找归宿　为了让同事们更好地搞好关系　甘肃是进出新疆的咽喉要道

高速发展的高速公路　国会通过了国徽使用法　骨髓也可移植　他跟随我多年　该死的东西

港口的概况　根本的改变　刚公布了干部的改编办法　卢戆章是中国速记创始人之一　这已是公开的秘密　请公孙灵女士概括一下干部用公款吃喝

的情况　找一家挂靠单位　举行了告别仪式　宪法是我国的根本大法　高考一结束我就去湖南筻口　高皋和牛皋都是南宋时期人

纪罡是贵州省青㭎坡人，季钢是山东省堽城镇人，两人约好去湖南筻口和浙江省的大矼旅游。

杲先生是福建省筶杯人，他娶了一位与他一样从事钢铁交易的郜女子为妻。

亘古未有　有着共同的功能　个体企业在港台遍地都是　共同的观念归纳起来就是真理　沟通是一种理性认识　有共同的价值观最好沟通　我乘坐的是 G121 次高铁　港台的钢铁产业并不多　父亲挂念闺女与母亲挂念儿子是一样的　他站在柜台里感叹着商品的齐全　开始供暖了，滚烫的热水带着温暖通过管道流向千家万户。

蓬头垢面　提出各种问题　关注公共交通　观众报以热烈的掌声　有故障就得排除　改革国债发行办法　必须改正错误　刚刚解除的警报又拉响了　改善两国关系　不干涉他国内政是我国固守的外交政策　感受一下我编的故事情节

缑女士出生于浉水河畔，大学毕业后留在贵州工作。缑女士的同事宫先生和龚小姐也对缑女士表现出极大的关注。

聘国外的人当顾问我们是否过问一下？取消了古文的之乎者也，让我们深受鼓舞。

辜老师是河南濉水人，他不畏权势，善于不拿讲稿而演讲。有一次他对一群大学生说：各位请注意，你们看那些辛勤劳动的农民工，他们每天要工作十几个小时。无论是烈日炎炎的夏季，还是冷风嗖嗖的冬天，大楼拔地而起了，又去了新的工地……春节放假了却拿不到工资，有的一拖几年，有的彻底成了泡影，这就是生活在社会最底层的当代农民。

贾先生是陕西省府嵋的商贾，他是靠经营钴原子发财的。他与李固先生雇用了一位身患痼疾的男子去安徽省永堌镇贩运菰米，在途经山东抱犊崮的时候，听到一群蛤蟆在“呱呱”地叫。

做棺材的工人　他是公认的鳏夫　公然挑起战争　您还猜对了果然就是她　我国的大工业基本都是国有和国营　有问题拜观音　有过硬的本领真管用　官员雇用 4 名工人

根据国家的有关规定　更多更大的问题还在后面　我感觉他做事有些不规矩　有高度、观点新妫法官住在妫水河边，据说妫水河就是因为她们的姓氏而起的。妫法官经常到各地调查案子，回到家里耕地种菜，栽了一百多棵桧树。她还研究汉字，她说：“‘木棍’和‘打滚’二个词的后边各加一个卷舌音‘儿’字，读音和词义就将发生微妙的变化。我们在判案时，这也是案情的依据之一，你们不妨试一试，并作出具体分析。”

东郭先生的家乡在山西崞山，他少年时，曾与小伙伴过龙一同前往涡河拜师学艺。那时的涡河水流湍急，旋涡特多，人们都不敢进河游泳。

公平、公开、公正是法律的天平　最近的股票大跌　实行挂牌服务　拐骗人口　从死刑改判为无期徒刑　根据词频统计得出了高频字和常用词的数据　身高 1.2 米就得购票　刻录光盘

过去是工作关系 感谢你赶走了这几个匪徒 这所公园是公元2015 年年底建成的 孤儿都知道感恩 过于干预会影响根源性创新 从感性到理性 走出精减—膨胀—膨胀—精减的怪圈 我高兴的是得到了她的关心与呵护 靠惯性肯定够呛 他刚走你就来了 国情已不适合搞国庆 构造的不断改造是技术创新的一部分 共享跟踪的乐趣 高额的工资待遇 这个贵族被灌醉了

溘然长逝　你可曾打过瞌睡　勘探确认有矿产后才能开采　库存了许多的快餐原材料　看来必须要考虑考虑了　快来看！他编的课文：第一课　快乐　第二课　抗力　多可怜啊！

柯坪县的吕玉柯先生有口才，他喜爱吃快餐，养了几只红点颏鸟。一天，他与几位客人一边唠嗑，一边嗑瓜子。这时，一位以前被吕玉柯开除的员工骑着一匹骒马来找他，说是要与他合作开一家客栈。吕玉柯拿出一盆青稞喂马，干咳了两声说：“我不考虑开客栈，我要养鸟。”

巴颜喀拉山 咖啡店 卡片 咳痰 刷卡 是酷爱不是可爱 到了口岸不一定靠岸 宽松的外衣

同仇敌忾　亏损的企业　快速记录　“胩”和“蒈”都是有机化合物　听说有几位医学专家在甘肃的垲坪研究出了抗癌药物　企业普遍亏损的现象像瘟疫一样快速扩散　他对这匹狂骜不驯的野马迅速做出快速反应　这是一只快速反应部队　看似简单实则复杂　货币宽松政策　抗诉和控诉的词义属性

每次去台湾，我都到崁顶和赤崁转一圈。阚先生带着康德的哲学著作从浙江槐花磡出发，第二天就到了江西的墈上，第三天到了广东的朱磡，第四天又到了香港的红磡，差不多绕一圈。

开会也得考核　恐吓客户真可恨　他为人宽厚　狂欢了一夜第二天就旷课了　历史过客和历史看客概念不一样　这个人很可靠　历经坎坷才变得苛刻　康慷先生特别慷慨

啃骨头　坑坑洼洼　铿锵有力　“铿”的一声　拷打的场景很恐怖　你们看吧，没有靠背的椅子是什么样子。他开办了学习拷贝技术和制作卡通的课堂　今天审理困难是制造空难的嫌疑人，现场报道已经开通。

广东浛溪人吴长友最近很是苦恼，他可能是遇到了困难。他说：“困难不是苦难，困难能克服，苦难则需要战胜。”他在一次矿难中因公殉职，他的家属找矿办哭闹了好几天。无题：靠山垮台已靠边，口头夸你缺时间。考题考能课题有，苦恼哭闹事没完。

豆蔻年华　开始了一年一度的跨国考试。寇女士眍瞜着眼，她坐上了去广东省庙埪、硿南的旅游车，开始了旅游行程。跨国公司一般都是控股公司　在这几个科室中专门设了一个看守科　客观上应该是这样可是事实上并不是这样　这是一位老矿工，他有可观的收入。汉字刚认识四千多个，怎么能参加所谓的国学考试？开始时是空的后来就满满的了　他抠了一块松树皮放在兜里

客服人员正在打扫客房　他魁梧的身材和魁伟的形象成正比　我的看法是　昆明不设空防　开放的大学可否随便发放证书　做小人是可恶的　我宣布科贸大会正式开幕　我看望你来了快开门！

这个家伙真抠门儿　矿脉是地质学的一门科目　控方指出：他是反面教材的楷模　刳木为舟不是投机而是智慧　蒯女士平日里孜孜矻矻，她最痛恨的是那些不学无术的纨绔子弟。

振聋发聩　功亏一篑　喟然长叹　当之无愧　客人可以学科技　困扰就是一种考验　看见别人宽容就要对照自己　在威权国家抗议是没用的，因抗议活动而被扣押或逮捕的人层出不穷。八月的沙特酷热难耐　不能坑人

邝老板爱吃扣肉，他是刘家夼矿业公司的老板。他对扩建矿山感到恐惧，他认为要先做好科研，在科研成果的框架内逐步扩建。他对那些狂热扩建矿山的人嗤之以鼻。他聘请了夔州的夔小姐担任开发科长，从科研入手组织企业工人考研，打造跨境经营的科技企业。

刘堃用砍刀把人砍伤了，随后就去公安机关投案自首以求宽大，这么做恐怕也得蹲监狱，因为这太可怕了，肯定得属于故意伤害罪。开盘、操盘和控盘都属于股市的词汇用语？王锟骑自行车从贵州的罗悃出发到目的地——

福建的蓬壶，2300 公里的路程走了整整 10 天，他开辟了骑自行车来往两地的第一人。

恳求您开恩　况且你还没有考勤　进行了空袭　这是空前的　为了扩展业务　裤子忒长了

空气难空运，扩展不扩张。看清狂躁症，开学考证忙。客运无客源，恐袭人开枪。宽限有苦衷，跨越水中央。快去不快走，馈赠樽佳酿。科员财宽裕，抗震赠款项。苦于练口语，看作考赛场。精神若空虚，科学能相帮。可信并可行，恳请游湘江。困厄觅款额，天恩正浩荡。

张郃是三国时期魏国的将军

贺森与清末翁同龢是同乡，他喜欢做诗、写文章。他用本课的常用词写道：菏泽划船看荷花，谎称喝茶吃鱼虾。会场花草何曾有，贿赂后来遭核查。换乘火车也合理，衡量坏处好处大。

一条黑色的哈巴狗在昏暗的海岸边与一只蛤蟆对峙，蛤蟆“呱呱”地叫几声，哈巴狗就“旺旺”地叫几声，此叫彼伏周而复始。不远处的哈老师被此情此景逗得哈哈大笑。哈老师心想：哈巴狗看蛤蟆的长相是异类，同样，蛤蟆看哈巴狗的模样也是异类。她若有所思地想：在伸手不见五指的黑暗中，黄色、红色、白色、绿色不都变成了黑色了吗？那些贪官污吏就像站在河岸或海岸边上一样，每个人的鞋都是湿的，何时被卷进反贪的浪涛里只是个时间问题。她感觉这些想法都富有哲理。

很好就辉煌，很坏无人帮。航海水浩瀚，很快问何况。悔恨眼红红，航空展珠江。好客必会客，货款还款忙。江苏邗江县，毁坏须赔偿。

成吉思汗用汗水缔造了蒙古帝国，也缔造了中华民族历史上疆域最大的帝国——元朝。

从广东的浛洸到广西的崴村再到安徽的中埕构成了三角形，韩校长对这个三角距离进行了实地考察和测量。

好吧，我们两家公司今天合并。

小时候，我伙同另一位小朋友去邻居家薅胡萝卜，我怀念我少年时期的生活。

还能有补救海难事故的办法吗？看来很难了。

好人真姓郝，号令止号丧。濠水安徽省，浩灏水难挡。合并问何必，滑头糊涂装。会谈合同事，糊弄后台想。湖南到海南，回避河南腔。华北增航班，黑天飞故乡。环保付货币，青山绿水方。

所以和或者在语法中都是连词

这种火锅是合格的产品

韩国有厚重的明朝文化

核准通知书　你慌张什么

日本的化工工业非常发达

历史造成的鸿沟需要我们来填平

宏观与微观如同战略与战术一样紧密

洪大哥是安徽鲁衹人，他邂逅相遇了山东黉山的韩红小姐后的第三天，就与韩红小姐结婚了。

合适还是不合适？要忽视好事重视坏事，很少有人去核实

侯经理住在堠北庄，与来自神垕（hwl）、鲘（hwl）门的两位副经理住在同一个套房里。他平时爱喝酒，喝酒时必吃的食物是臭豆腐和大蒜，这三种东西一中和，再加上睡觉时打齁喽，嗨！甭提了！大家想想这后果吧！不说了，我想喝水。

两国元首举行会晤　呼延女士爱吃烀地瓜　捍卫国家主权和利益

8 只白额鹱从福建的岵山镇飞了近 10 个小时来到了滹沱河边的潕潕水村。潕潕水村住着从江西浒湾来的呼延将军和从江苏浒浦来的扈二娘将军。这两位将军的年龄加在一起才 40 岁。

这是我们的后方　到敌人后方去　白发人送黑发人　两国元首互访　车辆在寒风中缓慢前行　大家慌忙把他抬下山　我现在很忙一会儿打电话给你好吗　这艘航母遭到毁灭性打击　你提的问题很荒谬　她长得很美

忽然断电了　这次会议还有谁没来　怀疑他就应将他解聘如何　欢迎黑人

郇小姐在澴河河边长大，大学是在湟水发源地——西宁市上的。他与丈夫黄欢的婚姻很美满，夫妻俩喜欢对诗。有一次，她用“hi、hic”音的常用词写道：坏人害人人心慌，豢养宦官国将亡。谎言充斥无人语，黄叶落后露伪装。后任后人擦亮眼，欢迎政改驱膏肓。

诲人不倦　风雨如晦　口惠而实不至　污言秽语　讳莫如深　奇花异卉　你浑蛋　难以撼动 插科打诨　待我们几个合计合计再说　王辉为湖泊作环评　赵晖的回答很犯浑　他回家后坐在虎皮椅子上 尺蠖蛾　大惑不解　磨刀霍霍

肚子豁了个口子，他很害怕，就拨打了 119 求救电话。

按照当地婚俗，今天应该有很多人结婚，参加婚礼的人也不少。

航拍时，偌大一个湖泊就像一个大水坑。

在通州区，我看到一个地名名称——漷县。我很奇怪！北京什么时候新建的漷县呢？一打听才知道，原来是漷县镇，是通州辖区的一个镇。

汉族汉语汉字，黑子黑夜黑人。和谐和蔼和平，后期后面后勤。货物货源货币，好强好奇好运。忽而忽视忽然，还原还能还愿。好吗好像好吧，或许或者欢迎。很大很凶很坏，很好很远很快。互殴互相互助，海尔海鸥海外。合计合作合适，合肥合格海外。花萼花草花园，回家回去回答。黄叶黄昏黄色，华侨华北华人。航海航空航母，韩语韩国韩文。后面后方后果，环保环境环评。寒暄寒冷寒风，获得获取获胜。何曾何处何况，悔罪悔啊悔恨。获取更多资讯，换取合法公认。

呼吁世界各国合作反恐　海藻是人类食物的一部分　搞好汇总和归纳

按照组织原则基层没有决策权　精彩则紧凑　警察几次逮捕他都没逮住

将来再建立交流平台

火车上，对座的几个人商量着每个人说一个“j”音的汉字，并用一句话解释这个字的字义。首先由来自江苏燕子矶的吉先生说：“冀”是河北省的简称；第二位是来自安徽采石矶的姬女士说：“蕺”是蕺菜也叫鱼腥草；第三位由来自浙江大漈的纪小姐说：“暨”是连词就是“和、并”的意思。

几年都没完成的任务今年就能完成　搞纪念活动

贾先生一边抽雪茄一边吃茄子。他是打假专家，经常利用假日骑着自行车到湖南樌山银行周边转悠看有没有卖假币的，到东泇河和西泇河看有没有卖假渔网的，晚上则去郏县学跏趺，节日去大佛寺向释迦牟尼佛敬香。

恢复建造行宫的可能

蒯先生很勤俭，专拣繁重的工作干，现在他是救灾总指挥。

蹇阿姨说国子监旁边有个小监狱，是那些望子成龙的父母捐赠款项建造的。据蹇阿姨说：过去在国子监没有考取功名的学子，父母们就花钱把他们放到监狱里待几天，让他们在那里体验一下失去自由的生活。

姜姐自己造了一架小飞机，她驾驶着飞机从河北洚河流镇起飞，到江苏弶港降落。飞机上还装载着 20 条船桨，50 公升血浆。她边驾驶着飞机边哼着小调：帝王将相看将来，宁死不降降大灾。细嚼慢咽不倒嚼，因材施教教书台。先知先觉睡午觉，速录学校校对快。

* 注意多音字的使用：降 ~ 将；降 ~ 降；嚼 ~ 嚼；教 ~ 教；校 ~ 校。

组委会要求裁判各报姓名、性别、籍贯、裁判项目，只听到：江艳姣 女 广东北滘人 台球裁判；敫大力 男 浙江峧头人 散打裁判；焦广 男 广东新滘人 摔跤裁判；徽红梅 女 游泳裁判 河北西峧人。

究竟解决哪些问题 决心解决经济问题 姐姐决心继续抗争 将研发进行到底 就像我教训他一样 即将举行婚礼

引以为戒 褯子 警方介入了甲方的合同纠纷 姐夫拒付诉讼经费

《降幅》一章分三节，皆由雷教授主讲。

解珍和解宝哥儿俩都是水泊梁山的好汉，他们应约去陕西白邑帮助朋友解决问题。

巨额财产来源不明罪 打开新局面 一个人很寂寞 路过家门都没回 饥饿和困厄 经批准买 2 斤鸦片 荆老板和金经理今天下午见面 吕晶会唱歌 杜晟会拉二胡 津是天津市的简称 咎由自取

尽快将捐款发放下去 加强政党纪律发扬艰苦精神 减轻农民负担 速录的技巧在于实训 鸠山有着健康的身体 她揪着他的衣领让他捐钱

广东省诗洞镇的陈炯明先生打电话问家住江苏省东氿镇的舅舅：“舅舅，你们那里的韭菜多少钱一斤？我这来了几位好友，他们有的会针灸疗法，有的掌握了捉秃鹫的技巧。他们既有坚强的决心，又有艰苦的斗志，他们人人身体健康，请您尽快给我寄三斤韭菜，我要做一桌酒菜款待他们。”他的舅舅回答说：“我此时在广西壮族自治区大垌讲课呢，我马上给你办。”

虎踞龙盘 声泪俱下 这可是机遇 请给予支持 教育之家 节约每一块钱 实施贸易禁运

三河市泃阳镇的居小红与陕西梁家岨的遽彪是一对恋人，最近因是去东岠岛还是金门岛旅游的问题发生了龃龉。据居小红说最后还是她占了上风。

他教会了我快速掌握汉字的方法；我参加了基督教教会。

卖官鬻爵 结合计划找机会 他就任教会会长 4 年了 这边救人那边杀人是战场 这次考试居然进入了前三名 假如没有金融诈骗多好 将会被淘汰 聚会时讲话

鄄城县的寇凤娟女士平日里不爱讲话，是一位脾气倔强的人。她在砍柴时把柴刀弄锩刃了，她就噘着嘴，一边生气，一边指着手中的木棍对旁边撅着屁股侍弄花草的丈夫说：“这根木棍竟然把柴刀弄锩刃啦，你把它撅断了。”她的丈夫站起身来说：“你别生气，我给你编诗听‘圆圈猪圈圈猪用，卷宗卷尺橱柜前。倔强偏又倔脾气，睡觉醒来觉悟谈。’”

＊“圈”有3个读音；“卷、倔、觉”各有2个读音

已基本结束　他基本具备了作案动机　我不要过程只要结果　决赛后再结算好吗　今天我加班　刚组建的家庭就解体了 有了精准的决算就减少了失误　竞争的机制并未减少　我紧挨着敬爱的老师

精神精品真精准，几种几个又几天。教育教案缺教训，决定决赛不决算。结束结构难结果，经营经济少经验。竞争竞标搞竞赛，解释解决定解散。奖励奖牌看奖品，警示警察问警探。举办举报无举例，加强加快又加剧。结构结束下结论，建国建设提建议。

泣不成声　迄今为止 修葺　小憩　沙碛　王琪是卖汽车器材的老板　启涛先生进行了全程跟踪服务

他起草了一篇有关青草的论文供交流和切磋，其次是作出“权力”和“权利”的词性解释。

她是个有道德情操的人　青春一去不复返　你清楚如何来清除和清理这些垃圾　强烈要求挖掘潜力　早晨起来就启程　情理和法理的法律解释　我清楚你的权力有多大 去年全年的营业收入　你赶紧取走　你负全责请签字　严厉谴责肇事者　潜在的危险

钱科长穿着带有袷袢的上衣，拿着一把从江西铅（ihc）山买的铅笔一动不动地站在门口。原来他从台湾港墘花重金买了一只公鸡带回广东田墘的家乡，这只公鸡为了争夺与邻居家母鸡的交配权就与邻居家的公鸡鸽架。双方鸽得满头是血，而且就像人们上班一样，它们也在八点准时鸽架。钱科长为此着急起来，他有时双手抱拳对两只鏖战的公鸡说：“求你们了！别鸽了！”结果，他的公鸡被邻居家的公鸡鸽架鸽死了，他为此而懊恼。

故事要有情节　事业应有前景　抢险须顾全局　抢先注意情形　制止抢劫倾向　取消全县动员

乔先生是羌族，住在四川硚头。他创造了奇迹，劁猪不用刀—硬挤。人们后来就把这句话用作了歇后语。最近，他与湖北硚口镇的谯女士喜结连理，两个人经常对诗。这次他们又开始以多音字作为手段了，乔先生说：“以头抢地被抢救，游泳呛水烟呛鼻”。谯女士说：“低声悄语静悄悄，满脸雀斑捉家雀”。

＊录入时要注意多音字的正确读音。

寝食难安　沁园春　沁人心脾　吣食　揿门铃　揿按钮　缺乏切西瓜的知识　不可有情妇或情夫　以侵犯人权的方式让人屈服　气氛相当紧张　起

码要区分勤奋和懒惰的界线　过于亲密离疏远就不远了　全民都在清明这天去扫墓　巧妙周旋　全面建设小康社会　前面已提到了自编常用词汇来训练

“秦姣是郄淼的表姐，覃琼是秦姣的舅妈，按照亲属关系，郄淼如何称呼覃琼呢?”来自江苏溱潼的祁延东老师问学生。他又说：“紫茄换雪茄，亲属找亲家。姓覃姓覃好？大雁声嘎嘎。”

＊多音字：茄 ~ 茄；亲 ~ 亲；覃 ~ 覃

集腋成裘　意气方遒　2015 年秋办的期刊　他有前科　他前额的疤痕就是在群殴时留下的　请在取款时全额支付现金　缺口很大这是他亲口对我说的　全球穷苦的人还很多　恰恰是不对的　请求支援并报告确切的位置　不要求情

邱先生从山西勍香来到山东大金碛请客，他在福建萩芦养了一千多只企鹅。

生物的起源　带头的批捕其余的驱逐　前后都是浅海　强化民族精神　情愿签约　全员上课　手写速记计算机速录我全会　三中全会　庆贺璩市长荣升　侵害了当事人利益　真是巧遇啊

椤棬派出所的屈所长和曲指导员早晨上班后发现，夜间巡逻队带到派出所的酗酒闹事者都姓“Qoc”，而且都是河北东坥坡的人。一问才知道，这三位同姓的人是同音不同字。长得黢黑的叫瞿秋雨，个子有些细高面容有些清癯的叫璩万全，颧骨很高满头鬈发的叫蘧永恒。

＊注意：“Qoc”姓的序位。

情人情敌遇情况，强调强忍碰强敌。欺辱屈辱难谦让，求得亲人受启迪。

亲爱的：这是迁安市发生的窃案，也是奇案，有关涉案人员已全部到案。

请问是强迫起诉企业吗？其中还有没有其他人？要切实做好群众工作其实 26 度的气温不冷不热是一种恒温　区别是有前提的　我很奇怪这是不是圈套　他企图欺骗她的感情　坐在前排很气派　确保情报的准确性　庆祝生日很惬意　前者是劝说后者是谴责　亲属在劝慰　因欺诈被驱逐　切勿轻易求助权贵　全体亲友的情感　权威发布　使用铅笔画棋盘　秋天的气味　刚有起色　已经确诊

下次再说　巡查人员发现了车祸幸存下来的几个人　从选材上看小草是不行的　下层社会的人行刺上层社会的人往往是受人支使的　宣传形成了心理压力　她心里想到站了应该下车了　这是史无前例的先例　叛徒的下场　系列小说描绘了美丽的心灵

郗老板从湖北浠水县以每斤 123 元的价格买了 2 斤枲麻，不到一周，他就把这 2 斤枲麻以每斤 1230 元的价格卖给了云南嵋山的表哥郃先生。

许愿成为幸运的人　我对你的信任无法形容　许多许多的行动都是为了反吸毒

徐校长说他们学院的学员信誉普遍高，这是他们的心愿。胥院长从江西盱江调到湖南溆浦县工作已经二年了。

薛旭日是现任市长，是我的兄弟，每当想到他，我就有了现代青年人拼搏向上的勇气。

显然，他们已经削弱了相对平稳的和平力量。溴化钾　白云出岫　需求很大　有这方面的需求　这样下去对大家都不好　限期交出答卷　喜鹊叫喳喳　沆瀣一气

袁亚轩与许振庥喜欢巡回下围棋，也就是双方轮流在各自的家里玩儿一天。他们的夫人也对下围棋有了兴趣，先后也都学会了下围棋，心情好的时候也相互下几盘。

可恶必邪恶，限额给小额。西欧科学事，辛苦奔许可。谢恩奖小康，细看新款多。高兴兴旺事，罪行内行说。反省真省事，沙漠走骆驼。

＊多音字：恶～恶；兴～兴；行～行；省～省。

莘莘学子访莘庄，电子芯片蛇芯长。仓颉造字颉颃舞，解氏家族解题忙。姓名辛姓选民本，泄愤项目想法狂。羡慕消费正相反，下方下放学费涨。血气方刚不出血，寒冬腊月雪飘扬。

李筱芸会吹箫　肖筱雪个子矮小　徐晓辉骁勇善战

湖北猇亭产绡巾，河北洨河岸绿茵。大街小巷无巷道，相亲相爱照相真。少女肖某画肖像，削减赤字消灭贫。学校学习问细节，新型小学存现金。想想选举全下降，刑警破案是先进。

＊多音字：莘～莘；芯～芯；颉～颉；解～解；血～血；巷～巷；肖～肖。

修弊补罅　现在选择下载的方法还来得及　新增销赃罪犯嫌疑人 3 人　虚拟世界戏弄人　新娘的信念　新年和春节不是一回事

冼教授从浙江岘口出发到山东岘沽，他一路上游山玩水吟诗作赋。他在看到本课多音字时说道：冼氏洗澡先脱衣，厦门大厦相连挤。恐吓惊吓痴愚相，纤维纤绳试松紧。

＊注意多音字的应用。

学生学习学业长学问，宣布宣判宣告搞宣传。协办协调协同定协议，协商协助县委发新闻。血液血压血案不虚构，相应相比相关人相陪。

形式和性质都变了　希望迅速得到协调　与宣判的效果相比　协助拉选票　这种行为在这种条件下很危险　相似的习俗相同的习惯　下班后要协助相爱的人　想过洗碗吗　献给做事细致的人　24 小时　显著的成绩　现在宣布休庭　盗版者十分嚣张　行政单位和事业单位不一样

恣意妄为　自从在此工作，每天都要走路 3 公里。总裁再次作出决定：每天早晨的早餐都要留一份备查。紫的、红的、绿的、粉的、黄的组成了五彩。我赞成资产重组　这是最惨的一次　资料已显示出总量

总理是国家的二号人物　这种阻拦自此形成了阻力　我赞成做错了就改正的态度　最初的自理能力变成了谋生的手段

载重 阻碍中文国际化的因素是汉字　有了作案时间　他再三赞颂经济的增速　自诉走私团伙　总算赠送给了最爱的朋友　扎堆扎挣扎绷带，咋办咋舌瞎咋呼。仔细询问打工仔，三年五载　载歌载舞。

＊“扎、咋”各有 3 个读音，“仔、载”各有 2 个读音。

尖沙咀　他们最近增加了资金使用量　不要自己糟践自己　早晚凉爽中午燥热　作为公司总经理有义务承担责任　做人自然有做人的标准　有些人现在走红实际上他们是历史罪人　希望这笔资金早日到位　增进交往是最佳方案

座右铭　做作业　装模作样　我的作品遭到左派力量的否定　我们赞佩并赞美那些幼树的栽培者　最多能做到的是拿到赠品而已　最大的宗派汇集了所有小团体的糟粕

左老师是山东岞山人，他上嘴唇的正中长了一棵黑痣，黑痣上长着几根长长的白毛。有一天，他左手拿着柿子嘬着，右手捽着一个扒手的头发说：“陕西柞水产柞木，撮煤之人一撮胡。琢磨玉器雕琢手，精工细作作坊无。柿子入口香甜味，捽住小偷当俘虏。”

＊注意使用多音字。

不能总是这样做事　暂时还得遵守这一秘密　股市的走势很低迷需要造势　做过最高总司令的资格足够了

钻石是这位尊贵客人的，邹先生就是尊贵的客人。宗老总一边吃着粽子，一边梳理着马的鬃毛，他有足够的时间做这些事。

日中则昃　增长点在哪里　受组织委托　最终所要达到的目的　总之，

尊重知识尊重人才是对的　美元不断增值　自制的香肠　昨天还是总统今天就成了阶下囚　总体上是赞同的　拿出座谈的姿态　她赞叹道：他左耳聋，又是在醉态下，是怎么回到鳜鱼涌的？他实施了罪恶的抢劫计划，总额达到三千多万元，我们没能阻遏住他作恶呀！每个人都有自己的择偶标准　钻探费的总额

笮英才先生和曾海涛女士以及迮雅茹女士三人在一个办公室里工作。她们穿的皮鞋都是一个品牌的，油光锃亮。

怎能忘记 怎好意思 这真是造孽呀 怎么办？　要做好最好的和最坏的两手准备，最后还要有一个综合的准备。资本运作最快也得半年，并且还得总部批准。自考就是自学考试的简称　载客车辆已经超载　因考试作弊而受到处分他为此自卑　阻抗是物理学单词　因自保问题而自打嘴巴

臧老板与湖北鄖阳的昝杜鹃小姐结婚了，婚后，臧老板经常酗酒。有一次，臧老板去客户家做客，他老婆对他说：“走吧，你这个醉汉要早回，否则自掌嘴巴!”

昨天还有作用怎么今天就没作用了呢？你这种做法是罪恶的做法是会给人类带来灾难的。在座的都同意增强资源保护　怎样才能让咱们的灾区走向重建　怎能是自费呢　灾民在做自保的事　子女不再阻挠　最难的是那些遭难的人　两个罪犯一个造谣一个造孽

遵循应赞美，早去要早回。自尊也自责，藏语说昆仑。走访造反户，灾民灾情深。字幕无字母，造福尊法人。做梦受责骂，汉字造型痕。自由不足以，遭殃欲自焚。暂且赠足球，早早来咨询。在座都坐坐，看谁最愚蠢。最早听仔细，总想学双文。增幅又增效，赞扬自在心。纵情不纵欲，资格足够尊。

从此冲出了层层包围　你此次的猜测宣告失败　此处的财产归国家所有这里存储了大量化学武器　有关磁场方面的材料　要讲究策略　夏天的北方翠绿欲滴　层层设卡　此类问题不能再出

内蒙古泚风岭，台湾有莿桐。湖南茈湖口，云南茈碧乡。刺刀挑布料，刺拉撕声响。

此案正在审理中　错案会导致残害或惨案

法官既要有慈爱的情理之心又要有公正的法理之心对吗？

她因错爱才受到如此残害以至酿成惨祸

参赛赛场拥挤发生踩踏事件，在踩死的人中有因窒息猝死的。

不许粗俗的人参会才会实现策划的目标　凑合着用吧　起草了一份测算草案　去掉白色都是彩色对吗？被摧毁了　此后再也没来

喀嚓断裂火柴嚓，参谋参差人参娃。餐厅磅床经常用，璀璨夺目彩色花。

＊注意录入多音字。

财会人员存款和取款是家常便饭　参拜完大佛就去操办婚事　挫败了一起恐怖袭击案

一个残酷的现实摆在了曹操的面前，使得他本来就很苍白的脸色变得更加阴郁。此刻，他正参考赤壁之战的惨败经验，准备挫败对方的进攻，从而使战局转危为安。

满仓在一个山区旅游时，看到峰峦叠嶂、路窄崎岖、车人拥堵的场景，就随口吟出一首诗，诗曰：嵯峨山下路蜿蜒，百鸟争言侧耳听。鸣笛刺耳催让路，蹙额行人错愕然。

凑热闹　财政从第一财年支出的采暖费中侧重补贴了三千多万元　次年才采纳了这位才女的意见　他经不住撺弄就草率的把逃犯藏匿起来，结果违法被迫辞职。去村镇的采摘园里采摘，要参照树的高矮和采摘人的身高比例重新测试的次数不能凑数　促使他从中使坏　没有藏着掖着的事　这才是我们所需要的

忙于采购错过了参观机会　此外我还从未犯过错误　次日存入银行　曾任村官的他很有才干　财务和财物是两个概念 舱位的残污有醋味　做事从容的人感情不脆弱　这是个手段极其残忍的家伙

爨股长长着粗重的眉毛，他不仅有汆汤的手艺，还会用冰镩镩冰，用苁蓉和大葱制成的馅蒸包子。他说："做什么事都不能一蹴而就。"

楷树园　曾经参加裁减财经人员会议的人　曾经产生过错觉　惨剧的制造者就是残局的收拾者　此地的草地胜过城市的草坪　你们猜到是如何裁定的吗？把菜谱打印一份然后存盘　不仅是篮球裁判还是彩票的操盘手　你们的产品通过测评被裁定为次品　她辞掉了这份别人为她篡夺来的工作

崔经理是东北吉林的莝草人，一直在湖南楷树园做房地产交易。他是个矬子，手上长皴。

采访是次要的 侧面参与了解 从严打击窜犯和从犯 这里存有从业人员的餐费　餐饮要防范苍蝇

这名村妇通过此番测验发现，她很聪颖。

曾有汽车侧翻在这里，存放的金条财富不翼而飞，司机也残废了。

草原晚霞有彩云，苍茫大地草木春。彩民聘请我参谋，赐予聪明附财运。此前存钱银行管，

现在财源付财团。从前蹉跎凑巧事，苍天苍穹不篡权。惨遭错字少词组，财贸公司大裁员。

从新参选促销会，村民辞行树参天。存心操作不操纵，粗心操心看从前。

南港渎　驷马难追　俟时而动　肆无忌惮　嗣继法　每天搜查私藏枪支三次至四次　森林能调节气候　速录技术靠的是词的缩略　世界的名牌大学都是私立的　没有思路就没有素材　二人撕扯扭打在一起　民主思潮在四处荡漾　扫除封建余孽　绷紧的神经松弛下来　他在赛场周围四处游荡

姒局长是山西省虒亭人，他经常穿一件用兕甲做的夹克上衣和用丝绸做的裤子，坐在汜水河畔看鹭鸶在田野上空打趔，倾听附近寺庙的晨钟和暮鼓，思考着金属元素—锶的利用价值。正是：山西虒亭鹭鸶多，河南汜水入黄河。重庆槵栗有姒姓，南港渎镇笥品活。

纪律松散　不能撒谎　用完了就要送回　损害公司权益

在潵河召开了扫黄会议，散会后，我就去上网搜索与扫黄有关的案例，随后又思索着诉案的相关方，似乎是一场抓捕、诉讼、判刑的大网已经张开。

嫂嫂每天都是扫扫地、算算开支，看看有没有被损坏的物品，然后右手托着腮想心事。

秋风萧瑟　随便思考苏俄问题　松开双手送别了刚刚丧偶的朋友　警察在一片房屋前散开开始搜捕逃犯　我爱你塞北的雪　做事忒死板

桑先生一边散步一边对路人散布假信息说：“我刚送客回家，到公安机关诉苦有奖励，领导一松口没准儿就奖励万儿八千的。”此话正好被他妻子听见，她拧着桑先生的耳朵说：“你这个没羞没臊的扫帚星就知道胡说八道，回家看我怎么收拾你！”

丧礼丧失亲人，柱下石磉石礅。狐臊哪知羞臊，扫帚扫地不浑。＊注意读准多音字

掇出车外，掇个跟头，掇了一下

随着登革热疫病在非洲的肆虐　送你一份思念　送给所长一个绰号——

三高色鬼　在死难者中有一位苏州死者　你能说出酸奶和蒜泥的味道吗？桑拿老板很会算账　孙女说“搜刮”是贬义词　三国中的人物素质很高

高森和高嵩是浙江崧厦人，是一对双胞胎兄弟。一天，哥哥高森开车，哥儿俩（拼写键位：g'rlnv）去嵩山看雾凇。由于路面湿滑，高森向左打轮来了一个急刹车，高嵩一下就从车窗处掀出去了，摔得满脸是血。

缩砂密　所谓的损失　随时都有可能出现死亡　用三维的形式思维　丧生就是丧失了生命　虽说不怎么斯文但还会写散文　算术属于数理逻辑　他留下来负责扫尾

秋风飕飕摧落叶，子弹嗖嗖响耳边。涑水发源山西省，抖擞擞火炉冒烟。

随即召开了索赔会议　赛跑的速度虽然快　所见三陪都是私人性质　因骚扰罪被刑事拘留　锁定范围搜集信息缩短时间　把速记稿速递到上海虹桥，一日内务必送达。缩减开支　僧人的意念　猪尿脬的碎片　算盘算计是算术　撕票所迫须搜救

睢小姐是河南睢县人，在中国驻苏丹大使馆工作。她的同事孙雯、隋圆圆是河北围场人。

司法立三方　所以有思想　私企随同众　塑造扫描忙　赛马已遂愿　私欲被缩放　色情洒满血　死罪丧命缸　随缘又随意　赛区设赛场　三月连四月　送去诉求腔　酸疼加酸痛　酸枣酸甜香　死于死刑者　私吞索取邦　虽有洒脱感　算作私营商　索性不松懈　缩小所需方　森严且肃穆　四面俗语乡　算法不随意　赛球夙愿强　赛艇随风好　索引在中央　苏醒散心去　随时酸雨汤

这次出台了制裁政策、仲裁政策和珍藏政策，统称为“三大政策”。值此转产战略时期，我真诚支持所有的正常财务支出。这里需要指出的是　战场在哪里　需要治理的种类

郅顺畅是河南轵城镇人，他有一项治理荒漠的专利，他把这项专利卖给了在陕西新畤工作的侄儿。他的侄儿写了几句诗酬谢他，诗曰：姓氏大月氏，骨殖不繁殖。认识标识符，专利叔赠侄。

＊多音字：氏～氏；殖～殖；识～识。

人为制造障碍　社会治安好转　刑警破重案　要珍爱这份友情　吸烟容易致癌　至爱是真情

查先生在看《哪吒闹海》的电视剧，看完最后一集后就开始用“ya”的

四声多音字做诗，诗是这么写的：四川鱼鲊鲞草滩，金木哪吒是哥三。查某检查要隘口，栅极管厂木栅栏。轧钢成品去轧道，炸药改用炸肉丸。量词一拃约六寸，四川有座挖口山。

正式提出道歉的要求　肇事人跑了叫做肇事逃逸　我的职务是研究植物　警惕周围的环境　战胜了对方

有位叫周舟的先生，他不仅爱喝粥还非常重视粥的质量。有一天，山东洙水河的郗中山先生和山东洙赵新河的朱昆仑先生一同到他家做客，周先生就拿出三葑大花纹碗盛满各种粥来款待他们二位。

真正整治腐败必须从源头上抓　我郑重地宣布：逃犯抓住了，重症伤者也病愈出院了。她走上了人生的正轨　最珍贵的爱情和友情　请每个人都要照顾好老人

中奖不中毒中亚共中午，种植多种树种子选种畜。正月是元月正人君子缺，尊重很重要重新即重复。

只能是听之任之了　转变职能

战争也要智能化　三年之内　侄女为人厚道　中俄已经是战略联盟　中欧影响着欧洲的格局

甄女士的名字叫甄亚琴，是广东浈水河畔人。一个周二的上午，我们在她侄女甄嫒姑娘的带领下去拜访了她，她虽然只有四十多岁，却满脸都是褶子。这大概是人在中青年时期过胖的原因所导致的吧？

准备准备就出发　会议按时召开　逐步转变有一个过程　展开了转款调查　这种状况下发动政变恐怕难以掌控　警方指控你私拿回扣　能照搬但是不能照办　这需要甄别

仉校长双掌合十站在水涨船高的小船上。河岸边，赵玉璋老师、张丽钊老师和章泽贞老师三人站成一个三角形，每人要用一个多音字组成的词编一句诗。赵说：“水涨船高涨红脸。”张说：“朝发夕至去朝鲜。”章说：“看着着火求支招儿。”仉校长在船上接着说：“召姓很少多号召。”赵说：“长大长高影子长。”张说：“鹰爪抓鸡鸡爪扬。”

冠豸山　安营扎寨　债权债务　要抓紧抓好贯彻三严三实工作　在搜查了他的住所之后还要追诉　用于周转资金的账号　追随专横者等于找死　正好周三周四工作周五休息　只好装蒜假装不知道

詹律师是福建冠豸山人，他是祭经理的法律顾问。最近，詹律师正在组织起诉材料起诉自然人占应红、翟福夫妻二人。

惴惴不安　打击的重点　可以直接支配使用，不要竞争也不要着急　赶紧装点房间准备招待　照片上的展品是赝品　要知道政治制度是一个国家的统治模式　以招聘为名实施诈骗　重点针对证据　至今没有落实震级级别　占据了整个房间　2015 年 11 月 27 日，土耳其击落一架俄罗斯战机。

把他从车上拽下来，拽紧，再拽就断了。

这是新职业之一　只有维护正义才有法律天平　要注意住房安全问题　主要是证人的证词　他既是我们的主任也是我们的主人　执法者必先守法　我们向那些为国家发展而身肩重任的人祝福吧！中方为转让技术而振奋

庄小姐头上盘着鬈鬏站在五层楼的楼顶对着麦克风说："身高腰奘陈玄奘，取经路上背箩筐。戆头戆脑戆直人，北宋传记传潘杨。转身转告转圈人，湖北沌口混沌汤。"

＊多音字：奘～奘；戆～戆；传～传；转～转；沌～沌。

终于得到证明　在正常状态下　这些正确的主张正在得到实施　制造恐怖袭击的人今天被执行死刑　专门负责制作　整体来说还是比较准确的　住院这么久了我祝愿你早日康复　周末之前出版这本著作　一整天都在追踪　有没有哲学准则需要展现　折腾了一个中秋也没有招募到志愿者　桌面需要更新　战前需要支援　站在职员的角度　振兴中华是几代人的重托　著名的中文拉丁化专家住在颐和山庄　准予转型　展厅正在装修　有正气的人永远振作　只想挣钱不择手段是致命的　《正面最卓越》的专题有侦探的角色　债权和债务

叱咤风云　我住在长城脚下，常常出差。超出了查处范围　处处有风险　铲除和惩处的词义　足有 5 尺长　差错和出错的词义有原则的区别　初次乘坐这趟车次　唱词中有"冲刺"这样的单词　成立了一家"处理矛盾"的公司　产量的数字刚刚出来　陈列着符合潮流的书籍

迟永生是湖南龙摛田人，池浩是山东茌平县人，二人都是中医。有一位眼睛经常有眵目糊，名字叫吕静篪的人去找他们看病。迟永生对他说："你这是魑魅附身，须画一道符贴在你住宅的门中间。"说完，就在黄纸上画了一些符号，写上"饬令"二字递给了吕先生。

撤案前要先查案　唐朝的长安就是现在的西安　李隆基宠爱杨贵妃　把内奸处死了　她说："天天吵啊！都要吵死了！"　他很出色　他故事被人人传颂　为什么撤诉呢

柴老板从辽宁的坨子里迁到了河南嵖岈山。有一天，下起了雨夹雪，他

的鞋子被踏湿了，他就一边踏着雪水打镲，一边吆喝着："到我家喝棒碴粥啊？到我家喝棒碴粥啊？"

海关查获了出口违禁产品，传唤了绰号黄二的当事人，此事很快就传开了。警察要求敞开仓库察看　有一名乘客很猖狂，在法官的教育下，他知道自己闯祸了，就诚恳地向大家道歉。凡是公共场所和场合都有程控监控　创汇是为了偿还国外贷款　你不要掺和进来

澶振昶先生在自家的场院里建了一个习武场，凡是来习武场比武的都要带一些当地的鱼作为见面礼。因此，他家里就有了瀍河产的鲳鱼、浐河产的鲙鱼等等。

谶语　趁热打铁　帮衬　称心如意　承诺消除城乡差别　提前超额完成　出纳初步确定了差额税　查办和承办超标的单位被惩办　扣除成本的产能　吹牛者被嘲弄　丑恶的一面　中学初二　大年初二　嫦娥二号　时代宠儿

晁金花科长请陈局长吃饭，她请了谌副科长在厨房里打下手。她说："小谌，你把芹菜焯一下，再把海带洗一洗，防止牙碜。"说着，就抄起用塑料管做成的擀面杖擀饺子皮。

如何处置出轨者　她坐在垂直起降的直升机上唱歌　按常规产值查找　超过20%的人出国　成功的成果谁来摘　成长的烦恼　你的体重超重

程琛对晟果说："汉字的多音字真挺多的，有些字只是声调不同，但有些字的读音其元音和辅音都不同，比方说'铛'字，在'电饼铛'一词中，它的辅音是'v'，元音是'ey'；在读'铛铛'一词中，它的辅音是'd'，元音是'ak'。"晟果说："是啊，这种多音字只有编成对应的诗句，多读几遍才能记住。"他一边说一边用抹布擦桌子掌儿，随口吟道：盛饭盛菜难盛情，铛铛响处电饼铛。广东虾涌人涌动，大门冲北兵冲锋。沪有漴缺皖漴河，重大场合警重重。

这成为她产生动力的思想源泉　想尝试一下当常委的感觉　被称为阐述丑闻的载体　不要插手这样的丑事　城市承受着人口环境的压力　窗外的田野有成熟的庄稼　诚实、沉稳就是他的传闻

仇老师对学生楚元春说："处长被处分，仇家无仇敌。"她想通过这句区分多音字的诗，说明她们学校科研处的褚处长和人事处的裘处长都因贪污被判刑了，仇老师清白无事的意思。

面对这种场面他沉默了　这是成人出入的场所　充满了神秘色彩的倡议由官员出面干预　他阐明了没有查明的问题　传媒加大了宣传的筹码　你承

认了通过触摸就能传染的事实　出让专利使用权　出任司法部长　与你这样的人交朋友简直就是耻辱　在创业的征途上加上创意的砝码　承认地域的差异性和产业的社会性　持有商标、商号和诚意的品牌

啜团长在江苏曈口服役，是某坦克团团长。他走进食堂，看见一个士兵双手揣在裤兜里站着看另一个士兵搋面，啜团长揣摩他肯定是班长。

绰绰有余　有成绩就有成就　春节来春季到　人没有持久的纯洁　已察觉到彼此的差距　这是我们常见的产品　长度不足尺度不够　看似纯朴实则狡猾　他用颤抖的手接过传票　一时冲动赔了不少钞票　差点迟到和彻底迟到结局不一样　车牌号是蒙 H48052　去承德的车票

赵春在发货单的发货人一栏盖上有自己名字的方形印章（也叫手戳），又搬了几箱香椿芽放到汽车的后备箱，就开车直奔山西的堎坪而去。

有充分的理由重复建设，除非有处罚或惩罚的成分规定或约束条款，否则会出现持续的冲突。

要先查询后查清这种产权纠纷防止彼此串通

争取在出发前吃饭和出院　传统的塞外的春天是指清明前后　他因超载而触犯了法律被罚款

处于畅通方面的考虑我们将撤退和撤销沿线阻击人员　出于安全考虑我们须重新出台筹资方案　我查阅了所有成员的资料　从长远来看春运现象还要持续若干年　我国的每一个成语都有一个历史故事，它穿越和超越了两千多年的历史时空　出庭作证不要掺杂　创作的小说很畅销　出席创新会议　长期抽取地下水　炒作纯情是为了衬托获得称赞　创造必须有超前的意识　出去逞强没有人成全你　充足的睡眠是保证长途安全的条件之一　趁早澄清事实　拉丁中文程序设计语言是迟早的事

市场首次开放就很顺利　上次生产的数量比这次多　商场的生存空间不是商量的事而是市场的需要　经理率领的是一个奢侈的领导层，因此深层腐败在所难免。善良的收藏家首创实操大王之名　审理数次都不顺畅　成效并不显著　贸易顺差

施世仁是山西繁峙县人，石德是河南浉河河畔人，史文斌是山东小郭村人，奭荷花是内蒙古多伦人。这四位大学同学毕业五年后，在一次学术研讨会上相聚了。晚上会餐喝酒，施世仁倡议，每人用自己姓名中的任何一个字说一句成语，成语中的第一个字必须与前一个人所说的成语最后一个字一样。说不出来罚一大碗酒。大家表示同意后，他先说:“仁义道德。”

石德说："德高望重。"史文斌说："重武轻文。"奭荷花没有答上来，她喝了一大碗酒。

鄯善县　涉案金额三亿元　古代汉语深奥的原因一是没有标点符号，二是用字量大。世界各国每四年申奥一次　深爱的人　世奥是世界奥运会的简称　上诉能胜诉，申诉胜诉难度大。为社会输送人才的时候　受损不太严重　财政收缩进一步深化　时速 130 公里　解决食宿　你说话呀！她过着非人的生活　你理解上诉和申诉的单词词义吗？把米中的沙子沙一沙　用扇子扇风

沙姗姗手里拿着一把钐镰，她冲着门口的石狮子一边喊着："杀！杀！杀！"一边潸然泪下。她的男朋友从山西北墒骑着一匹黑白相间的骟马走了 14 天才来到浙江剡溪看望她。当他看到自己深爱的人竟是这种状态时，心里有一种铩羽而归的悲伤。他决定陪伴她，为她治疗精神疾病。不久，沙姗姗病愈，这一对"有情人终成眷属"。真正是：天道酬智 地道酬勤 人道酬和啊！

失败的教训是深刻的　时刻注意失控　设备质量的识别必须有专业人士或是专家　面对数倍于我的敌人势必要特别警惕　上课后才知道这节课是数控　被双开的官员表示他们不能进入党政机关上班了　有没有申报"受苦"吉尼斯世界纪录的？

清明那天，邵书记和商乡长买了 10 斤酒装在水筲里，让群众分组绱鞋，共用废布料制作了 20 双鞋。然后，坐上马车去当地的一个烈士陵园祭奠。到达地点后，赶车的车夫让马倒车，他嘴上说："捎！捎！"马就用屁股向后用力，一直准确地把车停在车夫所需要的地方。这时，邵书记和商乡长把 20 双鞋分别摆在刻有姓名的墓碑下，把水筲里的酒用碗舀出来倒在每一个墓碑前。商乡长神情肃穆地说："英灵们，我们今天为你们举行国殇！你们安息吧！"

贪污数额不小　两国首脑举行了会谈　少年少儿频道　税额达到 17%　时而冲入海浪时而飞向云端　起到舒缓交通的枢纽作用　谗言顺耳忠言逆耳　室内卫生不可忽视　韩国把汉城改为首尔

佘阿姨从广东登雈镇嫁到歙县已经五年了。她说有一次去河南椹涧串亲戚时，感觉待在那里头皮就发瘆。那里的亲戚也不知道什么叫什锦。

这些人是否始终是少数？双方对上述问题的理解甚至超出了范围　你的身份是对上市进行说明以及上市前的流程设置　事实说明你们所谓的货币升值是有水分的　睡眠不好就设法数数防止影响生长　首府的一把手正在受审　要慎重收费　农产品的价格又上涨了　他上访时受伤　不能束缚税收政策

深受长辈们的赏识

我的办公桌上放着一封信，信封上写着：浙江省嵊州市笙歌区　刘升收

上面都说明了什么　生命的使命并不神秘　世贸数码大厦　省委发表声明　首位处级领导因公身亡　稍微失误就有可能导致撤职　身为机关事务管理局的局长

黄淑苹从小在沭河河岸长大。每到看见秋天稻菽和黍子成熟的时候，就想起了妈妈做的年糕真好吃。

瞬息万变　媒妁　媒妁之言　闪烁　众口铄金　铄铁为刃　铄石流金　硕大　硕大无比　我们的生意受到时间限制　上级正在审计税票的事　省级的数据和市级的数据不一样　商铺的货架上摆满了各种商品和食品，生怕不够卖似的。你手段颇有水平　深度开展实验试点工作以适应事业的发展　这种使用视频审判的办法在世界还不多见　少将的名字叫鲁耀霜　涉及受骗人数达到千人　这位刚刚上任的市长是我的熟人　商人的收入时高时低　你稍等我马上输入　已收到你的设计，很生动，也很现代。举办了盛大告别酒会　善待老人的宣传工作必须深入

李爽说："游说靠说理，北礵在闽西。浙江七里泷，泷岗在江西。"又说：使馆商讨给水果，要钱时光事故多。胜任首先身体好，申请上岗谁说过。升学深造上学忙，授予授权为什么。试图审讯已受阻，受灾受罪问奈何。善于试探去市院，实行省钱结硕果。上调顺序意深远，省厅手续是首个。水灾数字擅自改，失去时效会闯祸。剩余事情伤员干，深感势头已衰弱。审阅衰退神情肃，赎罪十足确胜过。渗透属于政治事，深情疏远日蹉跎。如若手头实在紧，实现共产听佛说。

大嚷大叫　熙熙攘攘　让步　瀼渡河　礼让　如此仁慈可以容错　日出时入场　认出你是人才　每天不少于上万人次　我揉搓了你必须向你认错　日常收取的费用　请让出入场通道　我国是世界上人口最多的国家

不予认可　他不让开你就绕开　仍可继续任课　任何一个借口都会惹祸　容留妇女卖淫罪　请喝一杯热茶　不管谁来都热烈欢迎　大自然赋予人类的燃料是取之不尽，用之不竭的。扰乱社会治安被刑拘，后来改邪归正还荣获了发明三等奖。他的双眼在柔和的灯光下显得特别锐利　日后给你让利　把这个熔炉换成容量更大的如何？

色厉内荏　万仞高峰　不分日班和夜班　要了一份肉饼和一碗豆腐汤

人脑设计了电脑，因此说，电脑染病的病毒肯定是人脑设计有漏洞的结

果，如能解决电脑病毒的问题，首先要解决人脑不受病毒感染的问题。

任老师接受了一项去惹怒狮子的任务，很多人也想看看热闹。有人担心，狮子的忍耐是有限的，一旦惹恼狮子，它若发起进攻怎么办？一个容纳一百人的礼堂挤满了看热闹的人。

鞣皮子　揉眼睛　柔情似水　矫揉造作　肉食　肉麻　如果认识就请认真准备　请认准商标标志　吃皇粮的人数若干　在激情燃烧的岁月里　在人生的舞台上　把这间房子腾出来让给你用　学习是一个认知的过程　人事上的安排归人事局　不做有损人格的事　培训和认证彼此应该分离　具备任职条件吗　瑞士是西欧国家　把人工降雨的工作扔给了人工　绑架人质的事件有人证　张三弱智而李四睿智　拎包入住是房产商的标语口号　日光有紫外线　凉水经过加温就成了热水了　如实说明认购办法　不可饶恕的错误　忍受着非人的煎熬　日工是 8 小时

荣辱看人品　软弱志气高　让我坐软卧　容忍不绕道

人间自有真情在　我仍然认为你们的任务还没有完成　已认定人家是搞软件和软件开发的，如若不信请查看日记。是热点问题不是弱点问题　他大声嚷道："给我揉揉！给我揉揉！我入围了。"由于你柔软的性格，忍让仍将持续。小说所塑造的人物仍未离开作者的喜恶　卖国者扔掉大片国土，惹得民众敢怒不敢言。热带在赤道　人均收入税减　如今由于人为因素造成的灾害很多很多　他仍旧被软禁在偌大的一片厂房里

发源于北京密云的泇河遇山绕弯，一路缓缓地流向河北省。

江西坑塽有一家肉铺，肉铺的老板来自广西郗太，叫郑瑛。他的肉铺卖肉票，凭肉票可以到任何一家商铺买乳品、肉片、肉排、肉皮等。有一位来自甘肃汭丰名叫林嫄的女子与丈夫芮云山来到这里做生意。她们与肉铺的郑老板商议，拟在云南那婼和瑞典国各开一家类似郑老板所开的卖肉票的肉铺，问如何让客户拿着肉票去其他商铺买到上述肉食品。

我仁爱的母亲热爱生活　关于"人民"和"人们"的名词解释　一般人都说不清楚　这次有关任免后的任命人名名单还没有公开　让容貌更美丽的化妆术已是热门　他所在的单位出了人命案子　很强的人脉关系　融资入资问热线　任意与约束

人造人体话人权，人群人员出人犯。热天让与热风吹，日语任由用日元。冗员若要不如意，日月如约相转寰。揉碎肉色做肉松，如同荣幸在日前。若非仁义人情在，日夜绕远难如愿。燃油燃放快如风，冗杂仍在让座

难。染色如图需润色，热情融洽日趋全。荣誉荣耀不染发，仍有认同容易见。如同任性如期至，容许弱小喝乳酸。绕嘴绕行是弱项，热土热心用心专。

第三章　速录稿（笔录）的制作格式与内容

我国的书记员工作及书记员名称，在英、美、德、日等欧美国家称之为书记官，名称不同，但工作性质和工作职责是完全相同的。

书记员作为司法系统的辅助工作人员，承担着大量的基础性工作。在法律活动中，凡是以讯问（询问）的性质将声音语言记录下来的文字材料，均可被统称为笔录。所谓“笔录”，就是在没有计算机以前用“笔（软笔、硬笔）”记录语言，故沿用此名。而在有了计算机特别是有了计算机速录软件以后，传统的手写“笔录”正在被计算机速录所取代。

我国的书记员工作，是司法工作的重要组成部分。司法系统书记员笔录，主要包括公安、检察、法院、司法行政机关在进行诉讼和非诉讼的活动中如实记载当事人的各种口语转为书面语的文字材料。笔录可以分为诉讼笔录和非诉讼笔录两种。诉讼笔录，是公、检、法、司各机关书记员的重要工作，它不仅是各机关的基础性工作，而且还反映着司法工作质量的高低。

人民法院书记员诉讼笔录是指人民法院书记员在依法定程序办理民事、刑事、行政等各类具体案件的过程中，对诉讼活动的如实记录。包括民事诉讼笔录、刑事诉讼笔录、行政诉讼笔录。法院书记员诉讼笔录，要求用语规范、专业性强，特定性特征明显。从制作主体上看，法院书记员诉讼笔录具有特定性特征，表现在一般情况下笔录要由书记员制作、书记员署名；从制作时间上看具有特定性特征，要求在特定的时间里完成；从制作形式上看，最高人民法院规定的各类文书式样，给书记员制作诉讼笔录提供了参照样本。

依据相关规定，人民法院书记员制作的诉讼笔录，包括送达起诉书副本笔录、讯问笔录、询问笔录、勘验笔录、搜查笔录、调解笔录、法庭审理笔录、合议庭评议笔录、审判委员会讨论案件笔录、宣判笔录、执行和解笔录等。人民法院书记员的诉讼笔录是以规范的汉语语言文字形式作为载体，采用计算机速录方式制作笔录要比传统的手写快 5 ~ 10 倍，有记录快速、详实、真实、完整、时效性强、能够大大提高审判效率和工作效率的作用和效果。

制作笔录应注意的事项：人民法院书记员应依法制作各种各类诉讼笔录，要按照不同的要求和制式制作刑事诉讼笔录、民事诉讼笔录、行政诉讼笔录等。在具体制作各种各类诉讼笔录时，特别强调要清晰记明各笔录要求的具体内容。按照首部、正文和尾部的结构方式进行完整、详尽的记录。录入时要对不同当事人、执行人员及其他诉讼过程中所涉及的参与人员的称谓和姓名的准确使用。在制作笔录过程中，要充分行使和保障当事人的诉讼权利和自由，要注意把人民法院书记员诉讼笔录与公安机关的诉讼笔录、检察机关的诉讼笔录加以区别，保证人民法院书记员诉讼笔录制作内容完整、格式规范、文字清晰。

第一节　送达起诉书副本笔录格式与内容

送达起诉书副本笔录，是指人民法院审理刑事公诉案件，向被告人送达人民检察院起诉书副本时所作的笔录。送达起诉书副本笔录由首部、正文、尾部组成。送达起诉书副本笔录要标明标题、送达时间、送达地点、送达人、记录人等，也要标明送达人核对被告人姓名、性别、出生年月日、民族、出生地、文化程度等基本内容的情况，告知被告人检察机关起诉他（她）的罪名、被告人依法享有的诉讼权利。起诉书副本笔录要交给被告人阅读或者向被告人宣读，被告人认为记录无误后，应签名或盖章。对于被告人要求委托辩护人的，需要告知被告人写一份委托辩护申请书。

（此处印制人民法院名称）

送达起诉书副本笔录

（______案件用）

送达时间：______年____月____日____时

送达地点：____

送达人：____________　记录人：________________________

送达人核对被告人姓名、性别、出生年月日、民族、出生地、文化程度等情况。

被告人答：我叫________性别，______年____月____日出生，民族____，____省____市人，文化程度____，职业______，捕前住______________

问：你__________时被拘留？__________时被逮捕？

答：____

送达人告知被告人：________人民检察院指控你犯有________罪向本院提起公诉，我院已经受理。根据《中华人民共和国刑事诉讼法》第____条第____款的规定，现将______人民检察院×检刑诉（　　）第____号起诉书副本送达给你。我院即将开庭审理。除你自己行使辩护权外，还可以委托律师等辩护人为你辩护。

问：你听清了吗？有什么要说的？

答：听清了。请法院转告____

____

____

____

以上笔录我已看过或已经向我宣读，记录无误。

被告人：______（签名）

送达人：______（签名）

记录人：______（签名）

______年____月____日

第二节　讯问笔录格式与内容

讯问笔录是人民法院审理刑事案件过程中讯问被告人时所制作的笔录。讯问笔录由首部、正文、尾部三部分构成。讯问笔录首部要标明笔录标题、讯问时间、讯问地点、审判人员、书记员等，也要标明审判人员核对被告人姓名、性别、出生年月日、民族、出生地、文化程度等基本内容的情况，告知被告人检察机关起诉其的罪名及其依法享有的诉讼权利。正文要记录讯问的过程和活动，包括反映被告人罪与非罪、罪轻罪重、认罪悔过等相关内容。尾部要由审判人员、书记员签名。被告人认为笔录无误的，也应签名或盖章。起诉书副本笔录要交给被告人阅读或者向被告人宣读，对于被告人要求委托辩护人的，需要告知被告人写委托辩护申请书。

（此处印制人民法院名称）

讯问笔录

（______案件用）

讯问时间：____年____月____日____时____分至____年____月____日____时____分

讯问地点：____

审判人员：____

书记员：____

审判人员首先要核对被告人姓名、性别、出生年月日、民族、出生地、文化程度等基本内容的情况，告知被告人检察机关起诉他（她）的罪名、被告人依法享有的诉讼权利。

讯问内容：____

____

____

起诉书副本笔录已交给被告人阅读或者向被告人宣读，笔录无误。

被告人：______（签名）

审判人员：______（签名）

书记员：______（签名）

______年____月____日

第三节　调查笔录格式与内容

人民法院在办理具体案件过程中，依法向被害人、证人、知情人及其他人员或单位调查、询问案情时所作的记录。制作调查笔录，要详尽、完整地记录首部、正文和尾部的内容。记录方法可因人或情况不同而异，对于重点内容的记录可以采用问答式记录方法，而对于表达能力较强的被调查人的记录，可以采取综合式记录方法，也可以采取问答和综合相结合的方法进行记录。制作调查笔录，还应注意：一是案件刑事、被调查人称谓的不同；二是要记明调查人与被调查人的关系；三是要记明材料来源。

（此处印制人民法院名称）

调查笔录

（______案件用）

调查时间：____年____月____日____时____分至____年____月____日____时____分

调查地点：______________________________________

调查人：____

记录人：____

被调查人：（应写明姓名、性别、出生年月日、民族、籍贯、文化程度、职业、工作单位和职务等）

____

____

____

被调查人：______（签名）

第四节　勘验、检查笔录格式与内容

勘验、检查笔录是人民法院审理具体案件时，对案件现场及有关场所、物品、痕迹等进行勘验、检查时所制作的笔录。勘验、检查笔录要依勘验、检查的具体顺序依次记载勘验时间、天气情况、勘验地址和场所、勘验人、记录人、在场当事人或者其成年家属、被邀参加人、勘验对象、勘验情况和结果等内容，最后由勘验人、记录人、当事人或者其成年家属、被邀参加人分别签名或者盖章。其中，“被邀参加人”是指人民法院邀请的当地基层组织或者有关单位的人员。清点财产时，要进行编号笔录，必要时，绘制现场方位图。现场照片要依勘验的目的和要求分别依次留存方位照片、全貌照片、中心照片、细目照片等，在勘验笔录后黏附。对于当事人或者其成年家属拒不到场的情形，应将其记入笔录。

（此处印制人民法院名称）

勘验笔录

（______案件用）

勘验时间：____年____月____日____时____分至____年____月____日____时____分

天气情况：______________________________

勘验地址和场所：______________________________

勘验人：______________________________

记录人：______________________________

在场当事人或者其成年家属：______________________________

被邀参加人：（笔录中应写明其姓名、性别、工作单位和职务等）

____

____

____

勘验对象：______________________________

勘验情况和结果：______________________________

勘验人：______（签名）

记录人：______（签名）

当事人或者其成年家属：______（签名）

被邀参加人：______（签名）

（此处印制人民法院名称）

检查笔录

（______案件用）

检查时间：____年____月____日____时____分至____年____月____日____时____分

检查地址：______________________________

检查人：______________________________

记录人：______________________________

在场被检查人或者其家属：______________________________

见证人或者被邀到场人：（笔录中应写明其姓名、性别、工作单位和职

务等）

____
____
____
____

检查对象：______________________________________

检查情况和结果：________________________________

检查人：______（签名）

记录人：______（签名）

在场被检查人或者其家属：______（签名）

第五节　法庭审理笔录格式与内容

法庭审理笔录，是指人民法院开庭审理具体案件时，当庭对法庭审判活动的记录。在制作法庭笔录前，要注意先熟悉案情，掌握庭审重点，做到既不随意取舍，又能重点突出，书记员要如实记录，记原话。法庭审理笔录不能随意涂改，必须改写或补充的，要在改写的地方由当事人捺指印或由记录人盖章。审判长（员）审阅后，审判长或者审判员和书记员应在该笔录上签名。

（此处印制人民法院名称）

法庭审理笔录

（______案件用）

（第____次）

开庭时间：____年____月____日____时____分至____年____月____日____时____分

开庭地点：______________________________________

是否公开审理：________旁听人数：________

审判人员：______________________________________

书记员：____

审判长（员）宣布开庭审理______________________一案。

记录如下：

[审判长（员）依法依次核对当事人到庭情况、宣布案由、宣布审判人员、书记员、原被告双方当事人委托人名单、告知当事人诉讼权利和义务、是否行使申请回避的权利等。]

____

____

____

____

第六节　合议庭评议笔录格式与内容

合议庭评议笔录，是指人民法院在审理具体案件过程中，合议庭根据查明的事实、证据、依法对案件当事人行为定性和处理进行评议时所制作的笔录。包括评议时间、评议地点、评议案由、评议内容等。制作合议庭评议笔录，应如实记录评议过程，特别要抓住案件事实、证据、定性、处理等重要问题。评议中如有不同意见，应如实记录。在该笔录结尾处由合议庭成员签名。此外，还要注意保持合议庭成员发言原意，注意保守秘密。

（此处印制人民法院名称）

合议庭评议笔录

（_____案件用）

（第___次）

评议时间：___年___月___日___时___分至___年___月___日___时___分

评议地点：____

合议庭成员：____

审判长：____

审判员（人民陪审员）：______________________________

书记员：____

评议__________________一案。

记录如下：____

____

____

____

合议庭成员：______（签名）

______（签名）

______（签名）

第七节　审判委员会讨论案件笔录格式与内容

审判委员会讨论案件笔录，是指人民法院审判委员会讨论案件时，由审判委员会依法作出处理决定的笔录。在笔录的首部，应记明讨论案件的时间、地点、会议主持人、出席委员、列席人员的姓名、单位、职务、案件汇报人、记录人、讨论案由、讨论内容等，在结尾处由审判委员会成员签名。

（此处印制人民法院名称）

审判委员会讨论案件笔录

（______案件用）

评议时间：____年____月____日____时____分至____年____月____日____时____分

评议地点：____

会议主持人：____

出席委员：____

列席人员：________________一案

案件汇报人：____________记录人：________________

讨论________________________一案。

记录如下：____

____

____

审判委员会成员：______（签名）
______（签名）
______（签名）

第八节　调解笔录格式与内容

调解笔录，是指人民法院对案件进行调解时所制作的文书。具体使用在刑事自诉案件、民事经济案件、行政赔偿案件以及刑事附带民事诉讼案件中。调解笔录要记明调解时间、调解地点、审判人员、书记员、当事人、调解的经过和结果等。审判人员和书记员要在笔录上签名。当事人校阅后，也在该笔录上签名或者盖章。

（此处印制人民法院名称）

调解笔录

（______案件用）

调解时间：___年___月___日___时___分至___年___月___日___时___分

调解地点：________________________________

审判人员：__________书记员：__________

被邀协助调解人员：________________________________

调解经过和结果：（首先核对当事人，宣布案由，告知诉讼权利和义务等。）

____

____

____

____

当事人：______（签名）
审判人员：______（签名）
书记员：______（签名）

第九节　宣判笔录格式与内容

宣判笔录，是指人民法院制作的向当事人宣布裁判结果时使用的笔录。当庭宣判的，可不用另行制作宣判笔录，在法庭审理笔录中记录即可。宣判笔录首部应具体记明宣判时间、宣判地点、旁听人数、到庭的公诉人、到庭的当事人和其他诉讼参与人，正文中需记明宣告判决或者裁定的结果、告知的有关事项和当事人的表示等内容。审判人员、书记员应当在笔录上签名，当事人应当在笔录上签名或者盖章，拒绝签名、盖章的，应当记明情况。委托代为宣判的案件，在笔录中应写明代为宣判人员的姓名、单位和职务，也应写明到庭的公诉人的职务和姓名，到庭的当事人和其他诉讼参与人的称谓和姓名。

（此处印制人民法院名称）

宣判笔录

（______案件用）

宣判时间：______年____月____日____时____分

宣判地点：______________________________

审判人员：__________书记员：__________

到庭的公诉人：______________________________

到庭的当事人和其他诉讼参与人：______________________________

记录如下：______________________________

审判长（员）宣读人民法院______年____月____日（　　）字第____号____判决书。

（要记明宣告判决或者裁定的结果、告知的有关事项和当事人的表示等内容。）

____

____

____

____

当事人：______（签名）
审判人员：______（签名）
书记员：______（签名）

第十节 查封（扣押、冻结）财产笔录格式与内容

查封（扣押、冻结）财产笔录，是指人民法院在查封（扣押、冻结）财产时所制作的笔录。笔录中应记明查封（扣押、冻结）财产的时间、地点、执行人员、书记员、被查封（扣押、冻结）财产人或者其成年家属、被邀到场人姓名、查封（扣押、冻结）令的具体内容等。在查封（扣押、冻结）财产笔录后附查封（扣押、冻结）财产清单。

（此处印制人民法院名称）

查封（扣押、冻结）财产笔录

（____案件用）

时间：____年____月____日____时____分至____年____月____日____时____分

地点：____

执行人员：____

书记员：____

被查封（扣押、冻结）财产人或者其成年家属：________________

被邀到场人：____

执行人员宣读人民法院作出（ ）字第__号查封（扣押、冻结）令的具体内容。

查封（扣押、冻结）情况记载如下：____

____

____

____

____

______年____月____日

附：查封（扣押、冻结）财产清单

查封（扣押、冻结）财产清单

编号	财务名称	面额/型号	数额/数量	规格	重量	质量	成色	颜色	新旧程度	缺损特征
被查封（扣押、冻结）财产人或其成年家属（签名）： 执行人员（签名）： 书记员（签名）：										

第十一节 执行笔录格式与内容

执行笔录，是指人民法院在执行判决或裁定时制作的笔录，包括刑事案件执行笔录、民事案件执行笔录和行政案件执行笔录。刑事案件执行笔录主要有验明正身笔录和执行死刑笔录，验明正身笔录是人民法院执行人员在执行死刑案件中验明正身时制作的笔录，执行死刑笔录，是指人民法院对死刑罪犯执行死刑时，由在场书记员制作的笔录。民事案件执行笔录主要有执行和解笔录、搜查笔录和其他执行笔录，执行和解笔录是指人民法院在民事案件执行过程中，就双方当事人自行和解达成协议的内容和事项所制作的笔录，搜查笔录是人民法院在民事案件执行过程中，就被执行人及其住所和财产隐匿地依法实施搜查时所制作的笔录。行政案件执行笔录主要有强制执行财产笔录和强制执行行为笔录。在制作执行笔录时，要注意案件性质、执行内容等方面的不同要求。

（此处印制人民法院名称）

验明正身笔录

（执行死刑用）

案由：______________________________

死刑罪犯姓名：______

执行时间：______年____月____日____时____分

执行地点：______________________________

指挥执行人员：______________________________

书记员：______________________________

临场监督人员：______________________________

执行人：______________________________

执行记录如下：______________________________

（核对死刑罪犯的姓名、性别、出生年月日、民族、出生地、文化程度、住址等）。

____

____

____

答：______________________________

（核对犯罪事实）

答：______________________________

问：你有没有遗言和信札，还有什么话要说？

答：______________________________

执行人员：______（签名）

书记员：______（签名）

（此处印制人民法院名称）

执行死刑笔录

（______案件用）

案由：______________________________

死刑罪犯姓名：______

执行方法：______________________________

执行地点：______________________________

执行时间：______年____月____日____时____分　天气：

指挥执行人员：______________________________

临场监督人员：______________________________

执行人员：______________________________

执行死刑情况：______________________________

法医（或者检验人）验明毙命情况：

____

____

____

指挥执行人员：　　　　（签名）

临场监督人员：　　　　（签名）

法医或者检验人：　　　　（签名）

书记员：　　　　（签名）

死刑罪犯______照片

执行前照片	
执行后照片	
备注	

（此处印制人民法院名称）

搜查笔录

时间：____年____月____日____时____分至____年____月____日____时____分

搜查地点：______________________________

执行人员：______________________________

书记员：________________________________

在场被执行人或其家属：________________________

见证人或被邀在场人：__________________________

执行依据：______________________________

搜查对象：______________________________

搜查情况和结果：

____

____

____

执行人员：______（签名）

书记员：______（签名）

申请执行人：______（签名）

被执行人：______（签名）

在场被执行人或其家属：______（签名）

见证人或被邀在场人：______（签名）

（此处印制人民法院名称）

执行笔录

（______案件用）

执行时间：____年____月____日____时____分至____年____月____日____时____分

执行地点：______________________________

执行人员：______________________________

书记员：________________________________

在场被执行人或其成年家属：

____

被邀在场人：____________________________

执行依据：______________________________

执行标的：______________________________

执行情况：______________________________

执行人员：______（签名）

书记员：______（签名）

在场被执行人或其成年家属：______（签名）

被邀在场人：______（签名）

第四章　诉讼卷宗的整理、装订

人民法院诉讼卷宗，是人民法院审理具体案件的真实记录，人民法院诉讼卷宗的立卷、整理、排序与装订工作，是人民法院书记员诉讼工作的重要内容。按照人民法院审理案件性质的不同，人民法院诉讼卷宗有刑事案件诉讼卷宗、民事案件诉讼卷宗、行政案件诉讼卷宗及经济案件诉讼卷宗等类别。各类诉讼卷宗按照年度、审级、一案一号的原则，单独组卷。人民法院在收案后，书记员便应开始案件诉讼文书等材料的收集、整理工作。但是，有些文书可以不做入卷处理，如转交有关单位办理的，没有诉讼参考价值的，内容相同的，法律法规复制件的。根据诉讼卷宗查考利用的情况不同，诉讼卷宗的保管分为永久保管、长期保管和短期保管三种情况，其中，长期保管期限为60年，短期保管期限为30年，保管期限从每个案件终审判决结案后的下一年起算。

做好人民法院诉讼卷宗的整理、装订工作，具有十分重要的意义。

第一节　诉讼卷宗的整理

根据关于诉讼卷宗的相关规定，刑事、民事、行政、经济案件诉讼卷宗的立卷、整理如下：

一、刑事案件诉讼卷宗的整理

（一）刑事一审案件诉讼卷宗的排列顺序

1. 卷宗封面

人民法院刑事案件诉讼卷宗封面有卷宗名称、卷宗年度、卷宗字号、案由、诉讼双方称谓和姓名、案件审判人员、书记员、收案日期、结案日期、处理结果、归档日期、保管期限等内容。

（附：刑事一审案件诉讼卷宗封面格式）

__________人民法院

刑事一审案件诉讼卷宗

<table>
<tr><td colspan="4">（　）年度　字第　号</td></tr>
<tr><td>案由</td><td colspan="3"></td></tr>
<tr><td rowspan="2">诉讼双方的
称谓和姓名</td><td></td><td colspan="2"></td></tr>
<tr><td></td><td colspan="2"></td></tr>
<tr><td>审判长</td><td>审判员</td><td>审判员</td><td>书记员</td></tr>
<tr><td></td><td></td><td></td><td></td></tr>
<tr><td>收案日期</td><td>年　月　日</td><td>结案日期</td><td>年　月　日</td></tr>
<tr><td>办理
结果</td><td colspan="3"></td></tr>
<tr><td>归档日期</td><td>年　月　日</td><td>保管期限</td><td>年　月　日</td></tr>
<tr><td colspan="4">本卷　共　　页
立卷人：　　　（签名）</td></tr>
</table>

2. 卷内目录

该卷内目录通用于人民法院刑事、民事、行政案件诉讼卷宗的整理、装订。

（附：卷内目录格式）

卷内目录

序号	法律文书名称	页号
1		
2		
3		

续表

序号	法律文书名称	页号
4		
5		
6		
7		
8		
9		
10		
11		
12		
13		
14		
15		
16		
17		
18		
19		
20		
21		
22		
23		
24		
25		
备注		

3. 案件移送文书（收案笔录）
4. 起诉书（自诉状）正本及附件
5. 送达起诉书笔录
6. 聘请、指定、委托辩护人文书材料

7. 自行逮捕决定、逮捕证及对家属通知书

8. 搜查证、搜查勘验笔录及扣押物品清单

9. 查封令、查封物品清单

10. 取保候审、保外就医决定及保证书

11. 退回补充侦察函及补充侦察文书材料

12. 撤诉书

13. 调查笔录或调查取证文书材料

14. 赃、证物鉴定结论

15. 审问笔录

16. 被告人坦白交代、揭发问题登记表及查证的文书材料

17. 延长审限的决定、报告及批复

18. 开庭前的通知、传票、提押票换押票

19. 开庭公告底稿

20. 开庭审判笔录（公诉词、辩护词、证人证词、被告人陈述词）

21. 判决书、裁定书类文书正本包括刑事附带民事部分的调解书、协议书、裁定书正本等文书材料

22. 宣判笔录具体包括委托宣判函及宣判笔录

23. 判决书、裁定书送达回证

24. 司法建议书

25. 提押票

26. 抗诉书

27. 上诉案件移送书存根

28. 上级人民法院退卷函

29. 上级人民法院判决书、裁定书类材料

30. 执行通知书存根和回执（释放证回执）

31. 赃物、证物移送清单及处理手续材料

32. 备考表

33. 证物袋

34. 卷宗封底

如果刑事一审案件诉讼卷宗是关于死刑、死缓案件的诉讼卷宗，其文书材料的排列顺序依次是：

1. 卷宗封面

2. 卷内目录

3. 案件移送书（收案笔录）

4. 起诉书（自诉状）正本及附件

5. 送达起诉书笔录

6. 聘请、指定、委托辩护人文书材料

7. 自行逮捕决定、逮捕证及对家属通知书

8. 搜查证、搜查勘验笔录及扣押物品清单

9. 查封令、查封物品清单

10. 取保候审、保外就医决定及保证书

11. 退回补充侦察函及补充侦察文书材料

12. 撤诉书

13. 调查笔录或调查取证材料

14. 赃、证物鉴定结论

15. 审问笔录

16. 被告人坦白交代、揭发问题登记表及查证材料

17. 延长审限的决定、报告及批复

18. 开庭前的通知、传票、提押票换押票

19. 开庭公告底稿

20. 开庭审判笔录（具体包括：公诉词、辩护词、证人证词、被告人陈述词等证据材料）

21. 判决书、裁定书正本（具体包括：刑事附带民事部分的调解书、协议书、裁定书正本）

22. 宣判笔录具体包括委托宣判函及宣判笔录

23. 判决书、裁定书送达回证

（1）死刑、死缓的复核报告及上诉移送函

（2）最高人民法院或高级人民法院判决书、裁定书或批复

（3）退卷函

（4）执行死刑命令

（5）暂停执行死刑的报告及批复

（6）死刑执行前验明正身笔录

（7）执行死刑笔录

（8）执行死刑布告签发稿

(9) 执行死刑报告
(10) 死刑执行前后照片
(11) 死刑犯家属领取骨灰或尸体通知
(12) 尸体处理登记表
24. 司法建议书
25. 提押票
26. 抗诉书
27. 上诉案件移送书存根
28. 上级人民法院退卷函
29. 上级人民法院判决书、裁定书
30. 执行通知书存根和回执（释放证回执）
31. 赃物、证物移送清单及处理手续材料
32. 备考表
33. 证物袋
34. 卷宗封底

（二）刑事二审案件诉讼卷宗的排列顺序

1. 卷宗封面
2. 卷内目录
3. 上（抗）诉案件移送书
4. 原审法院判决书、裁定书
5. 上诉书（抗诉书）
6. 答辩状
7. 聘请、指定、委托辩护人材料
8. 调查笔录（调查取证材料）
9. 撤诉书
10. 审问笔录
11. 公诉人、辩护人出庭通知书
12. 开庭公告底稿
13. 传票、提押票
14. 开庭审判笔录
15. 公诉词、辩护词、陈述词
16. 庭审后的补充调查材料

17. 司法鉴定材料
18. 被告人坦白交代、揭发问题登记表及查证材料
19. 延长审限材料
20. 判决书、裁定书正本
21. 刑事附带民事部分调解书、协议书、裁定书
22. 宣判笔录、委托宣判函
23. 判决书、裁定书送达回证
24. 退卷函
25. 执行通知书存根和回执
26. 备考表
27. 证物袋
28. 卷宗封底

如果刑事二审案件的诉讼卷宗是关于死刑案件的诉讼卷宗，其文书材料的排列顺序依次是：

1. 卷宗封面
2. 卷内目录
3. 上（抗）诉案件移送书
4. 原审法院判决书、裁定书
5. 上诉书（抗诉书）
6. 答辩状
7. 聘请、指定、委托辩护人材料
8. 调查笔录（调查取证材料）
9. 撤诉书
10. 审问笔录
11. 公诉人、辩护人出庭通知书
12. 开庭公告底稿
13. 传票、提押票
14. 开庭审判笔录
15. 公诉词、辩护词、陈述词
16. 庭审后的补充调查材料
17. 司法鉴定材料
18. 被告人坦白交代、揭发问题登记表及查证材料

19. 延长审限材料
20. 判决书、裁定书正本
21. 刑事附带民事部分调解书、协议书、裁定书
22. 宣判笔录、委托宣判函
23. 判决书、裁定书送达回证
24. 退卷函
(1) 执行死刑命令正本
(2) 暂停执行死刑的通知、批复
(3) 死刑执行报告及死刑执行前后照片
(4) 执行通知书存根和回执（释放回执）
(5) 备考表
(6) 证物袋
(7) 卷宗封底

二、民事案件诉讼卷宗的整理

（一）民事一审案件诉讼卷宗的排列顺序

1. 卷宗封面
2. 卷内目录
3. 起诉书或口诉笔录
4. 立案（受理）通知书
5. 缴纳诉讼费或免费手续
6. 应诉通知书回执
7. 答辩状及附件
8. 原、被告诉讼代理人、法定代表人委托授权书、鉴定委托书及法定代表人身份证明
9. 原、被告举证材料
10. 询问、调查取证材料
11. 调解笔录及调解材料
12. 开庭通知、传票及开庭公告底稿
13. 开庭审判笔录
14. 判决书、调解书、裁定书正本
15. 宣判笔录

16. 判决书、调解书、裁定书、送达回证
17. 上诉案件移送函存根
18. 上级法院退卷函
19. 上级法院判决书、调解书、裁定书正本
20. 证物处理手续
21. 执行手续材料
22. 备考表
23. 证物袋
24. 卷宗封底

（二）民事二审案件诉讼卷宗的排列顺序

1. 卷宗封面
2. 卷内目录
3. 上诉案件移送书
4. 原审法院判决书、调解书、裁定书
5. 缴纳诉讼费或免费手续
6. 上诉书正本
7. 答辩状
8. 询问、调查笔录或调查取证材料
9. 调解笔录及调解材料
10. 撤诉书
11. 开庭通知、传票
12. 辩护委托书及辩护词
13. 开庭审判笔录
14. 判决书、调解书、裁定书正本
15. 司法建议书
16. 宣判笔录委托宣判函
17. 送达回证
18. 退卷函存根
19. 备考表
20. 证物袋
21. 卷宗封底

三、行政案件诉讼卷宗的整理

(一) 行政一审案件诉讼卷宗的排列顺序

1. 卷宗封面
2. 卷内目录
3. 起诉书、口诉笔录及附件(行政处罚及处理材料)
4. 受理案件通知书
5. 缴纳诉讼费通知及预收收据
6. 应诉通知书回执
7. 答辩状及附件
8. 法定代表人及诉讼代理人的身份证明及授权委托书
9. 询问、调查笔录及调查取证材料
10. 开庭通知、传票、公告底稿
11. 停止行政机关具体行政行为继续执行的法律文书
12. 开庭审判笔录
13. 代理词、辩护词
14. 撤诉书
15. 判决书、裁定书正本
16. 宣判笔录
17. 送达回证
18. 诉讼费收据
19. 上诉或复核案件移送书
20. 上级法院退卷函
21. 上级法院的判决书、裁定书或批复
22. 证物处理手续
23. 备考表
24. 证物袋
25. 卷宗封底

(二) 行政二审案件的诉讼卷宗的排列顺序

1. 卷宗封面
2. 卷内目录

3. 原审法院案件复核或上诉移送书
4. 原审判决书、裁定书
5. 上诉状或申请复核书
6. 缴纳诉讼费通知及预收收据
7. 上诉状副本或申请复核送达回证
8. 答辩状
9. 法定代表人、代理人身份证明及授权委托书
10. 询问、调查笔录及取证材料
11. 鉴定委托书及鉴定报告
12. 开庭通知、传票、公告
13. 开庭审判笔录
14. 代理词、辩护词
15. 撤诉书
16. 判决书、裁定书、复核批复正本
17. 宣判笔录
18. 送达回证
19. 诉讼费收据
20. 退卷函存根
21. 司法建议书
22. 备考表
23. 证物袋
24. 卷宗封底

四、经济案件诉讼卷宗的整理

（一）经济一审案件诉讼卷宗的排列顺序

1. 卷宗封面
2. 卷内目录
3. 立案审批表
4. 起诉书及附件
5. 受理案件通知书
6. 缴纳诉讼费通知及预收收据
7. 送达起诉书回执

8. 答辩状及附件
9. 原告、被告、第三人法定代表人身份证明及授权委托书
10. 原告、被告举证材料
11. 诉讼保全或先行给付申请及本院裁定
12. 诉讼保全或先行给付的执行记录
13. 询问、调查笔录及调查取证材料
14. 调解笔录及调解材料
15. 撤诉书
16. 鉴定委托书及鉴定书
17. 开庭通知、传票、开庭公告底稿
18. 开庭审判笔录
19. 判决书、调解书、裁定书正本
20. 宣判笔录
21. 诉讼费收据
22. 上诉案件移送书存根
23. 送达回证
24. 上级法院退卷函
25. 上级法院判决书、调解书、裁定书
26. 证物处理手续材料
27. 司法建议书
28. 备考表
29. 证物袋
30. 卷宗封底

（二）经济二审案件诉讼卷宗的排列顺序

1. 卷宗封面
2. 卷内目录
3. 上诉案件移送书
4. 原审法院判决书、裁定书
5. 上诉书及附件
6. 缴纳诉讼费通知及预收收据
7. 答辩状及附件
8. 诉讼代理人和法定代表人的身份证明及授权委托书

9. 上诉人、被上诉人举证材料
10. 询问、调查笔录或调查取证材料
11. 调解笔录及调解材料
12. 撤诉书
13. 开庭通知、传票等
14. 开庭公告
15. 开庭宣判笔录及辩护材料
16. 判决书、调解书、裁定书正本
17. 宣判笔录
18. 送达回证
19. 诉讼费收据
20. 司法建议书
21. 退卷函存根
22. 证物处理手续
23. 备考表
24. 证物袋
25. 卷宗封底

另外，再审、申诉案件诉讼卷宗的排列顺序依次为：

1. 卷宗封面
2. 卷内目录
3. 立案审批表或提起再审决定书
4. 申诉书
5. 原审判决书、裁定书
6. 提审、询问当事人笔录
7. 提押票、传票
8. 调查笔录或调查取证材料
9. 判决书、裁定书、批复正本
10. 宣判笔录
11. 送达回证
12. 退卷函存根
13. 备考表
14. 证物袋

15. 卷宗封底

有关复核案件、减刑/假释案件、执行案件诉讼卷宗的文书材料，可参照所属类别案件一、二审诉讼卷宗的排列顺序办理。

第二节　诉讼卷宗的装订要求

人民法院诉讼卷宗的装订，如公安机关诉讼卷宗、检察机关诉讼卷宗的装订一样，要注意卷宗文书格式、文书内容、卷宗用纸笔等方面的要求。人民法院诉讼卷宗的卷宗封面、卷宗封底、卷内目录及备考表等，均应按照相关的法律规定制作与编写，如：人民法院诉讼卷宗的整理与装订，要依据最高人民法院印发的关于法院诉讼文书的规格和样式的具体要求。人民法院的诉讼文书材料，单独立卷，按照具体文书形成的时间顺序进行排列，如果案件诉讼材料过多，分册订卷。

对于已经破损的一些文书材料，要注意进行必要的修补或复制，对于装订部位有字迹的材料，或者装订部位过于窄的文书材料，要进行处理后再装订，如用纸加衬边，而对于纸面过小的材料，还需要加贴衬纸，对于纸张大于卷面的材料部分，要根据具体情况，采取修剪或者折叠等方法进行处理，做到修复的文书材料与卷宗大小相同。对于字迹难以辨认的文书材料，还应附上抄件。对于诉讼过程中采用的外文材料，译成中文后附在该文书材料的后面。

需要特别注意的是，卷宗内的材料，每页只能有一个页码，即整个诉讼卷宗应做成流水页码予以记明。对于单独的，已经编了页码的诉讼文书材料，在入卷后，要将材料上原有的页码划掉，保证在一页诉讼文书材料上不能出现多个页码的现象。正确的页码编在每页的固定位置，如在右上角使用阿拉伯数字标注。诉讼卷宗封面、卷内目录、卷宗封底、备考表几个部分不编写页码。文书材料中有关数字部分，也应使用阿拉伯数字表示。在卷内目录中，一份诉讼文书材料编一个顺序号。同时，卷内目录上，还要注意在每份文书材料上要标明具体文书的起止页码。

需要附卷的信封，应保留邮票，打开贴平。此外，还要把诉讼材料上的金属物，剔除干净。

能够附卷保存的证物应装订入卷，无法装订的证物等案件材料可装入证物袋，标明证物的名称、数量、特征、来源等，不便附卷的证物拍照片附卷。随卷归档的录音带、录像带、照片等声像材料，按照相关规定办理。

应在卷宗封底装订线结扣处粘贴封志，由档案管理部门及立卷人加盖骑缝章。

不得随意从已经归档的卷宗内抽取、增添材料，确需增添诉讼文书材料的，应征得档案管理人员同意后，按立卷要求办理。

案件结案后由承办书记员编写归档清册向档案管理部门移交归档，接收人要逐卷检查验收。卷宗质量不符合本办法要求的，应退回立卷单位重新整理。

第五章　书记员法制新闻写作能力

新闻，是新近发生的具有新闻特性的事实报道；是以传播反映现实生活的一种社会意识形态；是报刊、广播、电视等媒体经常大量运用的一种文体，具体体裁有消息、通讯、特写、纪实、评论、照片等。

新闻最大的特征是具有社会传播性，新闻是满足人们精神需求和知情权的一种特殊产品，它充满着对人的关怀、对社会的关注和对自然界的认知。

法制新闻，是社会生活中新近发生的与法制相关的报道，是新闻中较为常见的一种题材。随着我国民主与法制建设的不断加强，法制新闻已成为广大人民群众最为普遍的关注。

法制宣传是国家司法机关工作的重要组成部分，是弘扬法制精神、建设法制社会、树立法律权威的重要方法。加强法制新闻宣传，对推动司法改革和司法公开，提升政法队伍建设水平，增进社会对司法工作的理解和支持，振奋精神、鼓舞士气、凝聚力量，有着不可替代的作用。

政法系统的书记员在司法一线工作，近距离接触法制建设的方方面面，具备一定的法制新闻知识和法制新闻写作水平是书记员的一项基本素质和基本能力。

第一节　法制新闻写作的基本要求

法制新闻是指围绕法制事件、法制问题、法制动态而新近发生的法制事实，其具有法制事件公开、法制信息传播、法制宣传教育、法制舆论监督、法制预警引导、法制咨询服务、法制文化传承等作用。新形势下，司法工作越来越广泛地受到社会的关注，越来越多地引起新闻舆论的注意，政法部门只有不断加强法制新闻报道，大力弘扬主旋律，掌握主动权，才能保司法不受外界的干扰和影响，为司法工作创造良好的舆论环境。

法制新闻稿件与机关公文材料不同。公文是一种告示性的文体，它具有语言直白、条理分明、概括性目的性强的特点。而法制新闻是新闻的一个门类，它具有事实表达准确、时效性强、语言简洁、事例生动具体等特点，公文主要是围绕职能工作的进行而出台的，具有安排部署、号召指导、总结推广的特点，其受众范围主要是在系统内部。而法制新闻是一种面向大众的社会文体，它的基本功能就是让最多的人了解某一法制事件或法制人物，受众比起公文的人数多，层次深，范围广。公文讲求观点数据，讲求指导性思想性、逻辑性。而法制新闻讲求典型性、新颖性、启示性、讲求宣传效应和社会效果。

一、真实性和客观性是法制新闻的生命线

新闻的真实性是指新闻报道中的每一个具体事实必须符合客观实际，表现在新闻报道中的时间、地点、人物、事件、原因和结果都经得起检验。《中国新闻工作者职业道德准则》第三条规定："坚持新闻真实性原则。要把真实作为新闻的生命、坚持调查研究报道做到真实、准确、全面、客观。"法制新闻的本源是法律事实，法制新闻写作的第一要义，就是用法律事实说话，要用"充分证据证明的事实"和"与事实相关联的法律"为依据进行新闻写作。相比娱乐性新闻而言法制新闻对真实性的要求更高，稿件叙述的事实必须准确无误，不能有任何的差错、虚构、夸大或缩小。

人名、地名、数字、引语和法律条文、法律解释等既要有出处又必须与实际相符合。具体到每个事实、每个细节、每句话、甚至每个字都要认真斟酌，看是否与事实相符，是否与法律相悖。尤其是涉及一些案件的报道，常常牵扯当事人的利益和命运，稍有失误就会给当事人造成不可弥补的损失。因此法制新闻写作必须秉承公平公正的原则，客观公正地进行报道。作者所阐述的思想观点，即对事实的判断、评论、分析，也必须符合客观实际，不能张冠李戴，不能随心所欲、添油加醋、画蛇添足，所有的评论、判断、议论，都必须符合事实。法律是严肃和神圣的，法制新闻的真实是指所反映的是现实生活中确实发生的有证据证明的事实，绝不是个人主观想象"可能发生"的事实，更不是像文学作品创作出来的传奇故事；法制新闻的素材是作者通过合法途径得来的，是可以证明的事实。

新闻的客观性是新闻真实性的延伸和另一种表述。作为法制事实在新闻稿件中的反映，法制新闻稿件必须遵循以客观事实为依据的原则，而不能凭

主观想象行事。事实的本来面貌是什么样，稿件就应当是什么样，不能随意加入主观虚构的东西和主观情绪，稿件中涉及的法律条文及司法解释，也必须尊重它们的本来面貌，不容许随意编造或者随意曲解。

二、公正性和严肃性是法制新闻的基本要求

公正是法制的灵魂也是法制新闻的最基本要求。法制新闻稿件必须做到报道公正，以体现法制的公正与公平原则。案件报道不能影响法律判决和司法公正，不偏袒诉讼中的任何一方。案件判决前，不作定罪、定性报道。对公开审理案件的报道要遵守相关法律规定。在某些媒介报道中，往往只报道或者比较详细地报道媒介自认为正义一方的诉讼请求和理由，而对另一方的答辩理由和请求忽略不表，或者以极其简略的话语一笔带过，这些做法都是不公正的。对检察机关裁决的案件报道，要以检察机关的法律文书为重要依据；对公安机关侦破案件的报道应持谨慎态度，因为公安机关侦破的案件，要通过检察机关的讼诉和法院审理，有些事实和证据会发生变化，报道中对犯罪嫌疑人一般采用化名，对公安机关的侦破手段不宜过多描述，对犯罪细节不宜过分渲染。

法制新闻稿件所叙述的事件或者案件，必须出之依法，言之在理，严格按照法制既定的程序去采访写作，从而体现法制的尊严。比如我国司法审判实行的二审终审制度，一个案件只有经过二审终审才算终结。如果案件只是一审判决了，相关新闻报道必须明确是一审判决而不是终审判决。法制新闻稿件的内容也必须都是严肃的，即使是那些凶杀、强奸、贪污贿赂、走私贩毒案件，从法制的范畴来看，都是严肃的，正义与邪恶的斗争，真善美与假恶丑的斗争，违法犯罪与依法处罚，都是严肃的话题。法制新闻稿件在面对这些事实时，必须站在法制的严肃性上作出适当的回避或淡化处理，而不能抱着欣赏的态度、猎奇的态度、宣扬的态度去过度描写，以致将严肃的法制精神淹没在庸俗的情节之中。否则，那就不是法制新闻稿件，而是社会花边新闻稿件。

三、时效性和可读性是法制新闻的生存之本

随着人们法制意识的提高，相比较而言，法制新闻的社会关注度更高。在现实社会生活中，与法制相关的各种信息层出不穷、千变万化。同时，进入互联网时代，每天都会有海量的信息扑面而来，因此，法制新闻必须是新

近发生的、是大多数受众尚未知晓而渴望了解的鲜活的法制信息。如果新闻报道的不及时就会成为过时的旧闻，就不具备社会传播意义了。新闻媒体对新闻时效性都有具体要求，一般性的消息类新闻过一周以上媒体就不好采用了。政法干警工作在国家法制建设第一线，或亲历或耳闻目睹，很多新闻线索就在身边，具有先天优势，一旦具备报道价值，就要在最短的时间内以最快的速度报道出去，这样才能提高上稿几率并达到更好地传播效果。

新闻的可读性是指新闻方便阅读、吸引读者的特性。可读性的本质是吸引读者阅读并顺利愉悦地接受新闻信息。各种媒体上的新闻面对的是不同年龄、性别、职业和文化程度的读者对象，要使绝大多数人爱看爱读爱听，必须要研究读者的阅读视听习惯与思维方式和接受能力。新闻的可读性强才会吸引更多的受众，增强新闻的可读性即是写作人的追求更是媒体的生存之本和核心竞争力的具体体现。

新闻的可读性表现写作形式，就是要采取读者喜闻乐见的写作手法和表达方式，进而激发读者的阅读性趣。

第二节　法制新闻的写作技巧

法制新闻作为社会新闻最重要的组成部分，涉及面十分广泛，既包括立法、司法、执法也包括守法、违法、犯法以及法律宣传和法制建设成果等；公检法司安以及环保、工商、税务等行政执法部门新近发生的典型事件、先进人物乃至社会各阶层的法制行为，诸如普法教育、社会治安综合治理、普法进社区进校园等等都是法制新闻的素材源头，既涉及政法系统各部门、也涉及所有机关团体和各个社会层面及所有社会成员。

法制新闻最常见的体裁主要有消息、通讯、评论、新闻特写、系列报道等，其结构一般分为标题、导语、主体和结语。

消息是最常见、应用最广泛的新闻载体。消息报道迅速，文字简洁；通讯是由消息演变而来，篇幅一般较消息要长，可采用抒情，议论等修辞方式进行叙述和描写，对现实生活中有影响的事件、人物、典型经验和风土人情展开更具体更形象更深度的报道；新闻特写是截取新闻事实的一个横断面，抓住具有典型意义的一个片断、一个场面、一个镜头甚至一个瞬间对事件或人物做出形象化的现场报道，使受众如临其境、如闻其声、如见其人，从而留下鲜明深刻的印象；评论是对现实社会新近发生的重大新闻事件提出见解、看法和意见的文章；系列报道在法制新闻中经常运用，一些法制案件，案件复杂，社会各界看法不一，其侦破和审理过程很长，对这样的新闻题材，媒体一般采用系列报道或追踪报道形式。

一、法制新闻标题的写作

顾名思义，新闻标题就是新闻的主题、题目，是对新闻内容的高度概括或评价。标题一般分为主题和副题，主题集中表达文章的主旨和内涵，副题是对主题的衬托和补充。新闻标题的主要功能就是用凝练、生动、形象的语言阐明文意，吸引受众。现代社会中的人们面对每天如潮涌来的海量信息，很多人只看新闻的标题，可见标题在以文字为传播媒介的过程中是多么的重要。标题是新闻的“眼睛”，是文章的神来之笔。新闻标题一定要紧扣最具新闻价值的核心，文字一定要准确、生动、简洁。一篇文章，如果标题做好了，就等于成功的一半。那么，什么样的标题才算是“好标题”呢？复旦大学新闻学院一位教授认为好标题的9条标准：

（1）就它的生动感人讲，应该使读者“一见倾心”；

（2）就它的简洁明快讲，应该让读者“一目了然”；

（3）就它忠于新闻事实讲，应该是“一片丹心”；

（4）就它对新闻内容高度概括讲，应该是“一语破的”；

（5）就它提供的信息的价值讲，应该是“以一当十”；

（6）就它的笔触灵犀讲，应该是“一针见血”；

（7）就它的逻辑说服力讲，应该是“一言九鼎”；

（8）就它的含义深刻来讲，应该使读者“一唱三叹”；

（9）就它给读者的印象讲，应该是“一曲难忘”。

符合这9条标准的新闻标题肯定是好标题了，但作为业余作者，这样的要求确实有点过高。本人认为，就法制新闻而言，只要能把标题写准确，能够突出“最有价值的新闻元素”，能够“吸引人”让人“一目了然”是可以了。概括地说就6个字即：“简洁、准确、生动”。

（一）简洁

简洁是新闻作品的整体要求，不仅标题，而且主体、背景、结尾都要简洁，但简洁对新闻标题来说尤其重要。新闻媒体对标题的字数都有明确要求，很多留传下来的新闻作品的标题都很简洁。1979年8月，党中央为马寅初平反，《光明日报》作出的新闻报道的标题只用了8个字：“错批一人，误增三亿”，而有些媒体同样报道这件事标题用了几十个字，但留传下来的让人过目难忘的却是这简短的8个字。2009年12月4日《解放日报》一篇消息的题目是：“短短一个月，拒资十亿元”这篇10个字标题消息获得了第12届中国新闻奖“一等奖”。2003年4月25日《南方都市报》以“被收容者孙志刚之死”为标题报道了“孙志刚”事件。大学生孙志刚在2003年3月17日被收容后60小时惨死于收容站，此事件的报道不仅引起社会的强烈反响和广泛关注，更是我国民主与法制建设的一块里程碑，导致运行了20多年的收容法被废除，新的救助管理法出台。

（二）准确

标题是对整篇新闻的高度概括和浓缩，因此必须准确。如果概括浓缩的不准确，就会误导读者。

成瑞龙身负13人命一审判死罪有应得

——《广州日报》2010年2月22日

读者看到了这个标题，对新闻的核心内容就有了大概地了解了，因为标题准确地交代了案件的性质、犯罪是谁、所造成的后果、一审的判决结果等基本要素。

周久耕：天价烟局长的罪与罚

——《国际先驱导报》2009年10月15日

此案是一起典型的由网络而引发的反腐案例，“周久耕”点明新闻人物是谁，“天价烟”由网络照片而来，“局长”明确了新闻人物的身份，“罪与罚”给出了案件的性质和最终结局。

（三）生动

生动才能鲜活，鲜活才能明亮。这样的标题会吸引眼球，让人眼前一亮，从而抓住受众的注意力和阅读欲。

“伊妹儿”揪出五贪官

标题借助网络语言“伊妹儿”，新颖生动，很容易抓住读者注意力。

70码？“欺实马”？

——《南方周末》2009年5月14日

“欺实马”与“70码”谐音，网络的谐音造词被作者引用为新闻标题，可谓巧夺天工。

新闻标题的确定是一种创作过程，一般来说没有固定的模式。但什么事情都有一定规律，法制新闻标题的主题最常见的有以下几种，初学者可以从中掌握一定技巧。

（1）“地名 + 人名”式主题。其中人名有时并不是当事人本名，而是影响力较大的其他案件当事人名。

例如：首都“王海”走上法庭讨说法

云南许霆由无期改为 8 年《南园都市报》

柜员机取钱到天亮 广州女“许霆”盗走 27 万《新快报》

（2）“地名 + 专属类词语”式主题。专属类词语是指新闻中当事可以类归的词语。如职业“官员、运动员、服务员、教师、律师、工程师”等；如性别“男、女”；如年龄“老年、青年、少儿”等；如亲属“父母、夫妻、子女”等等。

例如：温州火锅店服务员开水浇女顾客（网络　2015. 9）

北京男子上海袭警 5 死 5 伤《京华时报》2008. 7. 2

北京驴友被困大海陀景区（长城网　2015. 10. 4.）

（3）“地名 + 身份 + 称谓 + 案件”式主题。这里的人名一般是当事人的本名。

例如：江西厅官陈金城潜逃 5 年武汉落网（楚天网　2015. 10. 11）

河南开胸验肺农民工张海获赔 60 余万元（新华网 2009. 9. 17）

（4）“xx 事件 + 补充短语”式标题。

例如：山西“割舌事件”真相调查《南方周末》2000. 5. 12

应对突发事件：法治的力量《光明日报》2008. 6. 2

北京福寿螺事件：一个人和一场灾难《法治早报》2006. 8. 30

二、法制新闻导语的写作

任何文体都有其自己的风格特点，导语就是新闻文体的重要特点和专门用语。导语，顾名思义就是导言，就是开场白，就是整篇新闻最新鲜、最精彩、最重要事实的简明概括。如果说标题是新闻的“眼睛”，导语就是新闻的脸面。导语是新闻的开头部分，是能否抓住受众吸引人往下看的关键，在新闻中起到举足轻重的作用。写好新闻的导语，可以从以下几个方面入手。

（一）简明扼要 直击事实

1963 年 11 月 22 日，《纽约时报》报道肯尼迪被刺事件的导语就一句话：“肯尼迪总统今天遇刺身亡。”

第十五届中国新闻奖“一等奖”新闻《中国国家主席与艾滋病人握手》（新华社电讯稿）的导语是：“世界艾滋病日”前夕，国家主席胡锦涛30日下午走进北京一家医院与艾滋病病人握手、交谈，用实际行动推动中国抗击艾滋病魔的斗争。

导语简洁明了，干净利落没有一句套话，没有一句官话，更没有一句废话。类似这样的导语，实在是时政新闻导语的典范。

“昨日上午，李庄案在重庆市一中院公开宣判。二审法院终审改判其有期徒刑一年六个月。听完判决后，李庄高喊此前认罪是受到公安机关和检察机关的诱导，承诺其认罪就判缓刑。他表示受骗、要上诉到底。”

导语用简单几句话，就把一起引起社会广泛关注案件的庭审现场情况、判决结果、当事人的反映等非常清晰地呈现给了读者。

（二）巧设悬念 发挥联想

“人们大都因为将遗失物及时送归原主赢得赞誉，但一名出租汽车司机却因没有这样做而受到表彰。今天，他荣获了三等功证书和奖金。”

这则导语故设悬念，促使读者把缘由弄清。看完之后，“包袱”自然解开，原来是出租车司机拾得装有巨款提箱后，没有及时寻找失主，而是送到公安机关，结果帮助破获了一起重大受贿案。

导语写作中要善于发挥联想，将稿件中的事物同读者熟悉的事物联系起来，使作者和读者距离，心理互动。

战军隆隆，铁流滚滚。人民解放军的千军万“马”英姿勃勃走过天安门广场。

“千军万马，‘马’的概念需要来一个更新了。今天的人民解放军，伴随着集团军的出现，汽车、坦克、直升机乃至航母已成为主要机动力量，铁马代替了军马。”

“千军万马”，有史以来用以描绘军队的这个成语如今用在人民解放军身上不那么贴切了，“千军”犹可，“万马”那个“马”字已经不是原来意义的“马”了，这样一联系，导语的内涵就陡然丰富起来，引发读者的阅读性趣。

（三）突出特点 使用问句

要想写出真正有吸引力的导语，作者就要下工夫从新闻事实中寻找、去挖掘，把最具新闻价值的东西展现出来。《华夏日报》2009年6月22日刊登的一篇新闻的导语：

对内蒙古自治区赤峰市市委副书记、市长徐国元来说，每一分钟都很“贵”，在他任职赤峰市的6年时间，平均每分钟约“进账”10.14元，日均“进账”1.5万元。

但这是违法违纪所得。

显然，平均每分钟“进账”多少，日均“进账”多少肯定不是法院公布出来的数字，一定是记者自己算出来的。记者为何要这样做呢？因为一个地级市的市长6年时间贪污3200万元，这个数额不能算是大新闻了，记者不从这普通的数字写起，而是从每分钟、每天的贪污额写起，这样就有了一线新意，从而吸引读者。

“横看成岭侧成峰”，同样的新闻事实，从不同角度观察，就可以看到不同价值，写出不同的导语。

“最近钢铁价格上涨，用来制造30加仑热水器的钢材将涨价21美分——这个消息，是阿姆科钢铁公司透露的。这家公司是继内地钢铁公司之后第二家宣布其产品涨价的企业。”

钢铁价格上涨似乎不会对人们的日常生活产生影响，但是，记者是从钢铁涨价与人们的利益关系这个角度下笔，见微知著，这样就收到了使读者像关注粮食、副食品涨价一样，关注这条消息的效果。

新闻导语使用的句式主要是陈述句，偶尔恰当地使用一次问句就显得很新颖。

新华社参考消息：2004年7月6日《男女比例失调造成中国“光棍”阶层》的导语：

如果社会上数以千万计的青年男子娶不到老婆，你会担心吗？这正是中国和印度现在所必须面对的令人感到烦恼的一幕。

“文章不厌千遍改。”新闻导语是整篇新闻最为凝练的部分，好的导语都是作者对新闻素材反复思考，对缩写出的导语进行反复修改而得来的。

第三节　新闻正文和结尾的写作

一、正文

新闻正文部分也称新闻的主体部分或新闻的躯干部分。紧接于导语之后，是针对导语内容进行的展开、深化和补充。主体部分内容量大，写好主体部分总的要求一是要精选素材。作者要善于从已掌握的大量素材中筛选出最具新闻价值的典型事例、新鲜经验、人文背景等围绕新闻主题而展开；二是要巧用材料。写文章如同做菜，各种食材备齐后，要会如何搭配，如何添加佐料，如何掌握火候。这些把握好了，一盘色、香、味俱佳的菜就做出来了。新闻主体写作具体要求是：

（一）层次清晰，环环紧扣

新闻主体部分的内容量是很大的，它所包括的内容也是比较复杂的，写作中必须从全盘出发，抓住主线，按照层次步步展开，只有这样，才能主题鲜明，层次清晰，结构严谨，顺理成章。

（二）叙述为主，事实说话

新闻主体部分的写作要求以叙述为主，用事实说话。要选择那些具有代表性、典型性的事实，用事实来阐明观点或倾向，表达主题思想。这样的新闻才能令人置信，可读性强。

（三）通俗易懂，生动引人

新闻应为大多数人所接受。所以，在写作中应注意雅俗共赏，要符合广大群众的口味，力求通俗易懂，使其准确、朴实、鲜明、生动，并有起伏、波澜，符合广大读者的阅读习惯。

（四）简短凝练，寓意深远

新闻提倡简短凝练，主体部分的写作尤其是这样。“新闻要写短，主题是关键”。写作中不能因为主题的内容量大而洋洋洒洒。相反，它的写作是非常考究、非常严谨的。动笔之前作者必须首先在认识事物、提炼主题、剪裁取舍、结构设计、谋篇练字等方面下一番工夫。这样才能使主体部分语言凝练，以一当十，含蓄有味。

二、结尾

结尾，是新闻的最末尾的部分，由此结束全文。结尾的方式有如下几种：

补充式。拾零遗补缺，对事实作适当的补充。比正文背景更为次要的材料，便可置于结尾。

评点式。适当评点，回应全文。

缺省式。即干脆不再添加任何文字，顺其自然，悄然收笔。

在法制新闻稿件中，结尾最好是点化主题，道出文章所传递的事实或案件对于人们现实生活的意义和启示。

法制新闻写作范例：

重庆“黑老大”樊奇杭今日被执行死刑

经最高人民法院核准，重庆“黑老大”樊奇杭今日被执行死刑。同案被告人吴川江因犯参加黑社会性质组织罪，故意杀人罪，贩卖、运输毒品罪，同日也被执行死刑。

2010年2月10日，重庆市第一中级人民法院作出一审刑事判决，认定被告人樊奇杭犯组织、领导黑社会性质组织罪，判处有期徒刑十年；犯故意杀人罪，判处死刑，剥夺政治权利终身；犯非法买卖、运输枪支、弹药罪，判处死刑，缓期二年执行，剥夺政治权利终身；犯贩卖、运输毒品罪，判处死刑，缓期二年执行，剥夺政治权利终身，并处没收个人全部财产；犯非法持有枪支、弹药罪，判处有期徒刑六年；犯非法经营罪，判处有期徒刑六年，并处罚金人民币五十万元；犯开设赌场罪，判处有期徒刑二年六个月，并处罚金人民币二十万元；犯容留他人吸毒罪，判处有期徒刑二年六个月，并处罚金人民币一万元；决定执行死刑，剥夺政治权利终身，并处没收个人全部财产。一审宣判后，樊奇杭提起上诉。重庆市高级人民法院经依法开庭审理，于2010年5月26日裁定驳回上诉，维持原判，并报请最高人民法院核准。

最高人民法院复核认为，被告人樊奇杭组织、领导人数众多、骨干成员基本固定的较稳定的犯罪组织，有组织地通过违法犯罪活动或者其他手段获取经济利益，具有支持该组织活动的经济实力，以暴力、威胁或者其他手段，有组织地多次进行违法犯罪活动，称霸一方，为非作恶，欺压、残害群众，严重破坏当地经济、社会生活秩序，其行为已构成组织、领导黑社会性质组织罪。该黑社会性质组织严重危害了当地的社会管理秩序，造成了极其恶劣的社会影响，社会危害性极大。樊奇杭系黑社会性质组织的组织者、领导者，也是该犯罪集团的首要分子，应当按照该组织和该犯罪集团所犯的全部罪行处罚。樊奇杭指使该组织成员故意非法剥夺他人生命，其行为已构成故意杀人罪。樊奇杭首先提出犯意，明确授意组织成员杀害被害人李明航，提供被害人信息、作案工具枪支经费，并通过视频辨认确认被害人身份，在案发后指示组织成员转移、销毁作案用的枪支，并提供资金资助。樊奇杭作为该组织的组织者、领导者和该犯罪集团的首要分子，应当对该起故意杀人罪承担全部罪责。樊奇杭所犯故意杀人罪情节恶劣，后果和罪行极其严重。樊奇杭曾因犯敲诈勒索罪、寻衅滋事罪被判处有期徒刑，在刑罚执行完毕后五年内又犯罪，系累犯，表明其不思悔改，主观恶意极深，人身危险性和社会危害性极大，应依法从重处罚。对樊奇杭所犯数罪，均应依法惩处并予以并罚。第一审判决、第二审裁定认定的事实清楚，证据确实、充分，定罪准确，量刑适当，审判程序合法，核准重庆市高级人民法院的二审刑事裁定，并下达了执行死刑的命令。

同案被告人吴川江因犯参加黑社会性质组织罪，故意杀人罪，贩卖、运输毒品罪，同日也被执行死刑。

参考文献

第二章参考文献：

寇森：《检察机关书记员速录职业能力培训教程》，中国检察出版社2016年版。

第三章～第四章参考文献：

1. 李后龙主编：《人民法院庭审和文书制作规范与技巧》，人民法院出版社2013年版。

2. 刘玉民、马军编：《最新法院民事诉讼文书格式样本》，中国市场出版社2013年版。

3. 宋永君：《法院书记员职务概论》，法律出版社2014年版。

4. 最高人民法院行政审判庭编：《行政诉讼文书样式（试行）》，中国人民法院出版社2015年版。

5. 郭伟清主编：《基层法院判决书参考样式》人民法院出版社2015年版。

6. 徐文海主编：《法院书记员工作实务》，中国政法大学出版社2015年版。

7. 司法文书研究中心：《人民法院诉讼文书样式、制作与范例》（刑事卷），中国法制出版社2015年版。

8. 司法文书研究中心：《人民法院诉讼文书样式、制作与范例》（行政卷），中国法制出版社2015年版。

9. 司法文书研究中心：《人民法院诉讼文书样式、制作与范例》（民商事卷），中国法制出版社2015年版。